阅读推广服务体系的苏州实践与创新

苏州图书馆服务案例汇编

接晔　主编

国家图书馆出版社

图书在版编目（CIP）数据

阅读推广服务体系的苏州实践与创新：苏州图书馆服务案例汇编/接晔主编. 北京：国家图书馆出版社,2024. --ISBN 978-7-5013-8190-6

Ⅰ. G259.275.33

中国国家版本馆CIP数据核字第2024GB1690号

书　　名	阅读推广服务体系的苏州实践与创新——苏州图书馆服务案例汇编 YUEDU TUIGUANG FUWU TIXI DE SUZHOU SHIJIAN YU CHUANGXIN——SUZHOU TUSHUGUAN FUWU ANLI HUIBIAN
编　　者	接　晔　主编
责任编辑	王炳乾
封面设计	项梦怡

出版发行	国家图书馆出版社（北京市西城区文津街7号　100034） （原书目文献出版社 北京图书馆出版社） 010-66114536　63802249　nlcpress@nlc.cn（邮购）
网　　址	http://www.nlcpress.com
排　　版	北京德彩汇智图文设计有限公司
印　　装	河北鲁汇荣彩印刷有限公司
版次印次	2024年9月第1版　2024年9月第1次印刷

开　　本	710mm×1000mm　1/16
印　　张	26.25　　**彩插**　1
字　　数	439千字
书　　号	ISBN 978-7-5013-8190-6
定　　价	138.00元

《阅读推广服务体系的苏州实践与创新——苏州图书馆服务案例汇编》编委会

主　编：接　晔

副主编：郭腊梅　金德政　费　巍　万叶君

编委会成员（按姓氏笔画排序）：

孔玲燕　杨利清　张喜年　邵喆燕

徐　荣　卿朝晖　黄　洁

"E"家人老年人智能手机培训

"领读+"系列活动之阅读挑战赛

“妙BOOK言”阅读市集

“苏图首发”系列讲座“加油吧，大脑！”

“我们的节日”——元宵猜灯谜

“我是你的眼”视障读者主题活动之“真人图书馆 · 大石金生雅石根雕艺术”

“一起来读‘苏’”全民阅读活动

“吴门缥緗”之“粽”情端午香囊制作活动

“手”护的声音——“与众不同的绘本”亲子手语绘本阅读

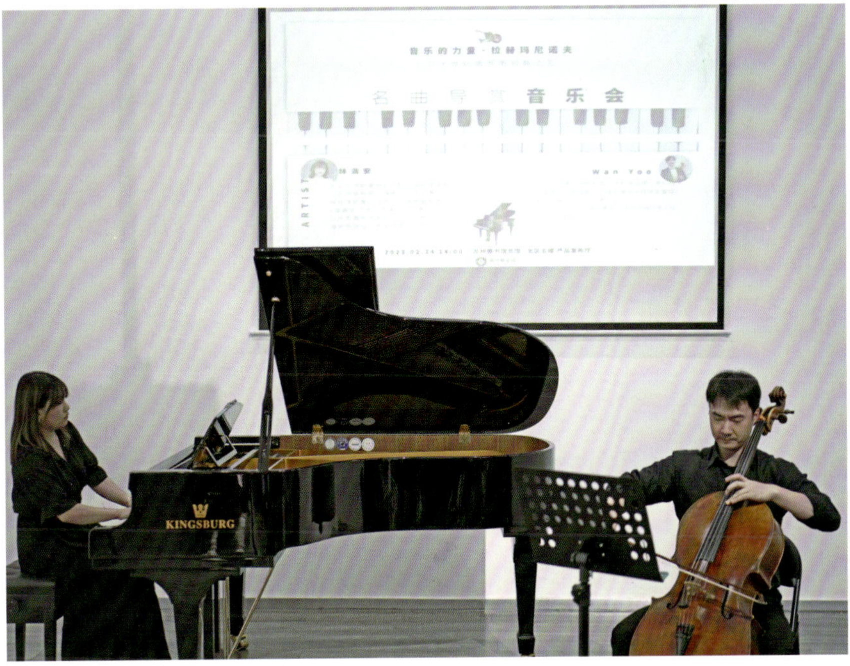

“音乐的力量”主题阅读推广活动

“不一样的两岁半”之“颜色和形状”主题的肢体运动环节

“典范江南”系列讲座之“古、雅、隐：明代美学生活启示录”

“共读·共富”全城领读接力活动启动仪式暨范小青领读沙龙活动

“千场阅推活动”家门口图书馆之“书香伴童年”主题活动

“说园 · 虎丘山里的文化课”之“苏州园林”

“听 · 说 ‖ 乐读课堂”之“天堂姑苏好风光”

苏图志愿者讲解服务现场

天香读书会之“花好月圆话中秋”主题活动

“听故事姐姐讲故事”——《缤纷的春天》

“悦悦姐姐教我念儿歌”——《快乐起床歌》

潼泾分馆“小候鸟”迎六一活动

“文明探源”系列讲座之“古文化古城古国与长江下游社会复杂化进程”

“珍享学苏州闲话”之“童谣里的苏州”

“我们的节日”之“新年新书缘”

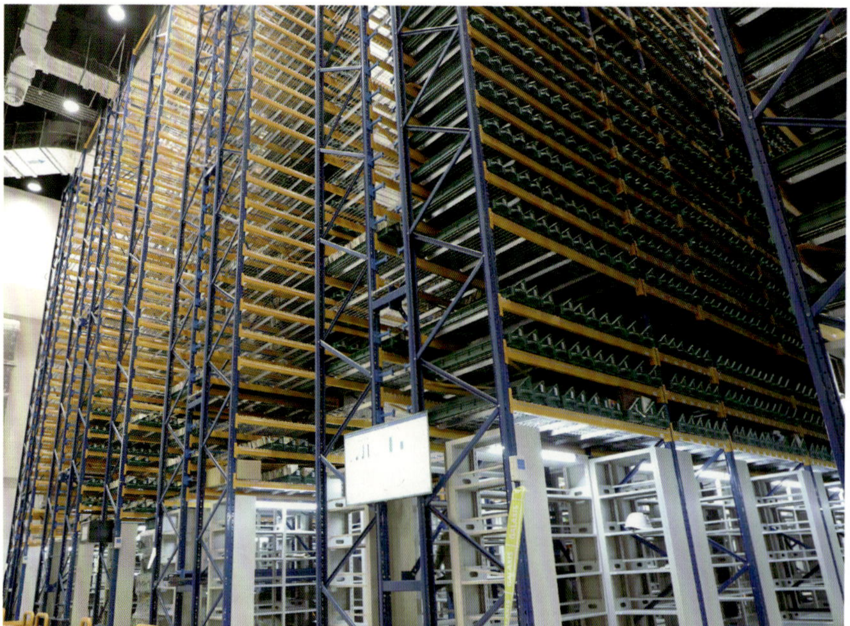

智能书库窄巷道（VNA）书库全景

中国特色公共图书馆服务体系建设的苏州贡献（代序）

曾任阿根廷国家图书馆馆长的著名作家博尔赫斯以绝妙的畅想把图书馆和天堂联系起来，说“天堂是图书馆的模样”。在我国，苏州有“人间天堂”之誉，当今苏州的公共图书馆服务体系真切地展现出了与“天堂”媲美的模样，成为我国构建公共文化服务体系以来公共图书馆事业跨越式、高质量发展的标杆，为中国特色公共图书馆服务体系建设做出了具有开创性、引领性的苏州贡献：

苏州图书馆是我国公共图书馆总分馆制的发源地之一；

苏州图书馆创造了我国公共图书馆总分馆制的“契约型垂直管理模式”；

苏州图书馆开启了我国超大城市公共图书馆的大规模、标志性“双馆舍”时代；

苏州图书馆建设了我国首个图书馆大型智能书库；

苏州图书馆开创了我国公共图书馆“网上预约、社区投递”服务模式；

苏州图书馆以丰富多彩、立体化、对象化、接地气的阅读推广活动引领示范了新时期公共图书馆的全民阅读推广服务体系建设。

眼前这部为纪念苏州图书馆建馆 110 周年而编写的服务案例汇编，是苏州图书馆新世纪以来服务创新、高质量发展的历史记录，我认为也堪称新世纪以来我国一批走在前列的公共图书馆瞄准中国特色世界一流水平奋力追赶、勇毅前行的缩影。

由于工作和研究的关系，近 20 年来我一直在跟踪、关注苏州公共图书馆事业的发展，目睹了苏州图书馆从设施建设到观念变革到服务创新等一系列深刻而显著的变化。苏州图书馆 20 年来的创新发展是全面的、系统的、持续的，给我留下最为深刻印象的，是新世纪以来在公共图书馆总分馆制建设中所做的创新探索、所发挥的引领示范作用。

20 年前，公共图书馆总分馆制在我国开始了最初的探索实践，当时出现了苏州、嘉兴、佛山禅城区三大模式。苏州的做法是，苏州图书馆作为总馆，与合作方通过协议约定分馆的建设、管理和服务方式：合作方提供分馆馆舍、设施设备以及物业管理；合作方向总馆提供基本运行经费（包括人员费用、资源费用和运行费用）；总馆按照统一的标准实施对分馆的运营管理，全权负责分馆的资源建设、人员使用、服务提供、阅读推广等，简单地说就是在双方契约的框架内，实现总馆对分馆人财物的统一管理使用。这就是当时所说的公共图书馆总分馆制“苏州模式”，我将其称为“契约型垂直管理模式”。今天返回头来看，苏州图书馆创造的这一模式，称得上是开了当今深化总分馆制进程中出现的政府主导型垂直管理模式之先河，是一种符合总分馆制发展规律、能够充分发挥总分馆制优势的模式，高质量总分馆制建设的核心理念——“事权责任和支出责任适当上移”在这一模式中已经体现了出来。2008 年，时任苏州图书馆馆长邱冠华和南开大学教授于良芝、时任苏州图书馆副馆长许晓霞等人合作出版了《覆盖全社会的公共图书馆服务体系：模式、技术支撑与方案》一书，对当时我国公共图书馆总分馆制探索过程中出现的各种模式进行了广泛调研，并提出了“建设主体上移”“变分层管理为集中管理”“浮动馆藏”“动态资产权”等具有前瞻性的观点主张和政策建议，我理解，其中就蕴含了由苏州图书馆的探索实践提炼升华的普遍原理、一般规律。该书在我国公共图书馆总分馆制建设的研究和实践中产生了很大影响，也是苏州图书馆对我国公共图书馆总分馆制建设的贡献之一。

总分馆制是公共图书馆组织体系的变革。变革组织体系的目的，是要推动资源共享、服务创新，促进公共图书馆服务的普遍均等、优质高效、惠及全民。苏州图书馆在持续推进总分馆制的进程中，创造出了一系列具有引领性的服务项目、服务方式，既拓展和深化了总分馆制服务模式，又体现出了总分馆制所具有的体制优势。

“网上借阅　社区投递”是苏州图书馆首创的体现互联网和总分馆制结合优势的服务项目。互联网把总分馆体系中的所有服务点连为一体，星罗棋布的分馆、服务点、自助借书柜，再加上送书上门，让图书借阅突破了时间、空间、距离、馆藏限制，市本级总分馆体系中的400多万册藏书实现了通借通还，2023年网借图书达到158万册，占到了总借阅量的28%。总分馆制+互联网，让图书馆的借阅流程、方式、便捷性发生了革命性变化。

“苏州·书仓”通过推动市域公共图书馆纸电一体优质资源的整合共享，实现高效便捷的现代公共图书馆服务覆盖全域市民群众。苏州图书馆以“中心馆”的角色统筹协调“大苏州”7个区县的总分馆体系，构筑了全市公共图书馆文献资源跨区延伸、全域流动的“一张网”，实现了“大苏州”之“大书仓”所有数字和纸质资源直达百姓。“苏州·书仓”建设实质性地带动了苏州全域公共图书馆的书目数据统一、加工整序统一、检索查询统一、借阅规则统一、配送体系统一，打通了县域总分馆体系之间的横向阻隔，是公共图书馆服务供给机制上的创新。数据显示，截至2023年底，“苏州·书仓”汇聚开放借阅图书590多万册，平台注册用户20多万人，跨馆借阅图书70多万册。

苏州图书馆北馆的大型智能书库为苏州公共图书馆总分馆体系服务提供了坚实的技术支撑。大型智能书库所具有的海量存储、高速分拣、自动存取、快速输送等功能，使“大苏州”公共图书馆总分馆体系的文献保障、资源调配、通借通还、数据管理跨入智能化时代，为公共图书馆总分馆体系进一步创新发展增添了新引擎。在我国，图书馆建设大型智能书库发端于苏州图书馆，近年来在北京、深圳、杭州等地相继出现，这是新质生产力在公共图书馆服务中的具体应用，是公共图书馆服务顺应信息技术迅猛发展趋势的创新之举，苏州的图书馆的开创之功必将载入我国公共图书馆发展史册。

丰富多彩的全民阅读推广活动，厚植了总分馆制的服务内容，体现了总分馆制的生机活力。阅读推广是公共图书馆的常态化工作，公共图书馆在构建覆盖城乡的全民阅读推广服务体系时怎样充分发挥推动、引领、示范作用？苏州图书馆开展的一系列具有开创性、示范性、品牌化的全民阅读推广活动，让总分馆体系有了血肉之躯、生机活力。苏州图书馆始于2011年的“悦读宝贝计划”，在我国率先开展了免费向0—3岁婴幼儿家庭发放阅读礼包活动，其中不仅有婴幼儿绘本读物，还有亲子阅读指导书、阅读测量尺等实用工具。十多年来，关于“阅读大礼包”的活动持续推进、渐次升级，发展出了“蹒跚起步来看书”“不一样的两岁半”“悦读妈妈志愿者”“悦读姐姐团队”等系列活动，形成了特色鲜明的婴幼儿阅读推广品牌。根据“悦读宝贝计划”十年回访调研，接受礼包的3万多个婴幼儿在阅读行为、阅读能力、家庭阅读环境等方面明显优于同龄人参照组，显示了从零岁抓起的婴幼儿阅读对终身阅读习惯、能力养成的巨大潜能，关于“阅读大礼包”的活动成为我国公共图书馆婴幼儿阅读推广的典型范例、标志性事件。

面向残疾人的阅读推广服务是公共图书馆促进社会公平正义功能的重要体现，同样是公共图书馆的常态化工作。苏州图书馆十多年来持续开展的“我是你的眼”“‘手’护的声音”等特色活动，已经由初期的盲文读物借阅、听书等简单活动，发展为走出户外、触摸世界、无障碍电影、真人图书馆、盲人朗诵、Hi-Fi体验室、“声音房子”、亲子手语阅读、“手说江苏”、手语快闪、微旅行等多样化的、体系化的活动，创造出了一系列真正适应视听特殊人群现实需求的服务。其他像这本服务案例汇编中展现的“芸香江南”“寻香拾艺”“丝竹之韵”“苏韵流芳”“虎丘山里的文化课”“江南深处是姑苏”等项目，展现了苏州图书馆在传承弘扬地方优秀传统文化上的担当；“我们的节日”“音乐的力量”“科普阅读”“妙BOOK言阅读市集”“轨道交通的阅读之旅”等独具特色的跨界融合阅读推广活动，体现了苏州图书馆秉持“大阅读”理念推动全民阅读的创新实践；“苏图首发”创造性地搭建起了公共图书馆、出版社和书店汇聚合力开展全民阅读推广的平台，并进一步延展出了“出版社专题优秀书展”、与“你选书　我买单”有机结合等服务项目，开拓出了公共图书馆促进事业产业融合发展的新天地。

党的二十大擘画了2035年建成社会主义文化强国的宏伟目标。祝愿苏州图书馆在一百多年辉煌历史的基础上，以坚定扎实的步伐向中国特色世界一流公共图书馆迈进，为建设社会主义文化强国做出新的更大的苏州贡献。

李国新

2024年8月

（北京大学教授、文化和旅游部国家文化和旅游公共服务专家委员会首席专家）

目　录

服务阵地建设

地域文化推广

分级分众服务

构建创新机制

服务阵地建设

“苏州模式”的总分馆体系

一、发展历程

1. 建设背景

“苏州模式”总分馆体系建设起步于2005年，是苏州图书馆立足苏州经济社会发展节奏，借鉴国内外先进经验，探索普遍均等公共图书馆服务理念的一种职业创新。

进入21世纪，十六届五中全会首次提出要“逐步形成覆盖全社会的比较完备的公共文化服务体系”。这段时间正是苏州文化事业被赋予战略性地位的时期，苏州市先后出台了《苏州市2001—2010年文化强市建设规划纲要》和《“文化苏州”行动计划》，这两个文件都针对“文化强市”战略提出具体的发展规划，强调要推进以苏州图书馆为龙头，各县级市、区图书馆、文化馆（站）联动的文化资源共享工程，加快苏州城区图书馆设施网络的规划和建设。

2001年，苏州图书馆人民路馆建成开馆，深受读者欢迎，平均每天接待读者4300人次，高峰时超过8000人次（馆舍设计容量最高为3000人次/天），读者数量迅速超出了馆舍的设计容量，如何满足苏州市民对公共图书馆服务的需求成了苏州图书馆必须解决的问题。

在此背景下，苏州图书馆开始调研国内外的体系建设途径，总结基层图书馆建设运动，特别是乡镇“万册图书馆”以及之前分馆建设的失败教训，寻找保障分馆可持续发展的有效途径，即总馆对分馆由“指导”变为“指挥”，强化总馆对分馆的人、资源、服务的管控权，即全委托的紧密型总分馆制。在这样大胆创新的思路下，苏州图书馆于2005年初起草了《苏州市城区公共图书馆网络建设方案》，得到政府的支持。同时，主动积极寻找分馆建设的合作伙伴，在2005年10月，与苏州市沧浪区政府合作在沧浪少年宫建设一个由苏州图书馆直接管理的分馆——沧浪少儿分馆。由总馆直接向分馆派遣工作人员，保证了分馆正常开放、资源适用、服务专业、活动统一。该馆建好开放后，深受读者欢迎，社会效益显著。其他区政府、街道办事处从沧浪少儿分馆看到了将图书馆委托给苏州图书馆建设运行是一项投入少、效益好的合作，便纷纷开始与苏州图书馆洽谈合作建设分馆。

2. 行业的自主创新

2005 年至 2010 年期间，“苏州模式”的总分馆体系从无到有，从小到大，凭借着良好的社会效益吸引了多个街道/镇政府的信任，依靠职业自觉与合作意愿成功地实践了紧密型的全委托总分馆模式。

截止到 2010 年底，苏州图书馆已建成分馆 26 家，其中除了与基层政府合作建设的社区分馆，还有与学校合作建设的学校分馆。2008 年 9 月 9 日，首个与学校合作建设的胥江实验中学分馆正式开馆，该分馆作为一种特殊的分馆，肩负公共图书馆和学校图书馆的双重使命，苏州图书馆委派人员并直接负责业务运行。

随着总分馆体系规模的扩大，建立在双方的契约精神上的合作因为缺乏制度的保障而无法得到稳固的发展，也因为缺乏上层的建设主体而导致体系的布局规划不够科学合理。此外，苏州图书馆要花费较多的精力来和多个合作方沟通、签订合作协议。这种行业自主创新合作模式的弊端也逐渐显现，“苏州模式”总分馆体系的发展受到限制，遇到瓶颈。

3. 制度化的保障

2011 年，文化部、财政部启动国家公共文化服务体系示范区创建工作，苏州市成为第一批示范区创建城市，这为“苏州模式”总分馆体系带来了历史性的机遇。苏州图书馆抓住机遇，配合主管局为市政府起草创建规划和方案的机会，制订《苏州市总分馆建设实施方案》，该方案明确了总分馆模式的建设主体、管理单元、布局规划、业务运行。该方案得到了市政府和相关部门的审核，2011 年 9 月 14 日，市政府颁布了《苏州市公共图书馆总分馆体系建设实施方案》，指出“苏州市区公共图书馆总分馆体系建设所需场馆、设施设备、文献采编、日常运行、人员及免费开放等经费，由市、区两级财政给予保障”。至此，“苏州模式”总分馆制由政府主导，完美实现了由社会合作到政府主导，由职业创新到制度保障的过渡。

依据《苏州市公共图书馆总分馆体系建设实施方案》，姑苏区、高新区、相城区将整个区的公共图书馆服务体系一揽子委托给苏州图书馆，将分馆的建设主体由原来的基层街道政府上移至区级政府，区政府作为建设主体负责区域内的建设布局工作，让总分馆建设有了稳定的财政保障。至今，苏州图书馆与三区的合作模式依旧是区域内的一揽子委托。

4. “网上借阅 社区投递”项目推出

2014 年 9 月 20 日，在建馆百年之际，苏州图书馆依托总分馆服务体系正式推出“网上借阅 社区投递”服务，读者通过电脑、手机等智能终端设备访问图书馆的网上借阅平台（书香苏州App）并发送图书需求，并从现有总分馆服务体系中选择取书点，图书馆收到请求书单后，从体系内的开架文献中寻找到目标图书，再通过物流系统将图书调配至读者选定的取书点。

该服务项目的推出打破了总分馆体系文献资源分散、读者分散带来的供需不匹配问题，大大提高了图书馆的资源和服务的利用效率。项目推出后深受读者喜欢，两个月借出图书 2.32 万册。苏州图书馆在总分馆体系基础上，继续探索新的体系建设方式，在不具备分馆的建设条件但依旧有读者需求的地方建设自助网投点，比如在地铁站、商业中心等，自助网投点和分馆共同构成了总分馆服务体系，体系内文献资源依托“网投项目”得到了充分的共享，读者在家门口就可以获取到体系内的所有可外借文献。

截至 2023 年，苏州图书馆已建成拥有 100 个分馆、69 个自助网投点的服务体系，2023 年全年通过网投外借图书 1578435 册，其中分馆为网投找书 334535 册。

5. 智能化的文献资源管理

2019年12月10日，苏州图书馆北馆建成开放，北馆的落成让“苏州模式”的总分馆体系文献资源管理更加科学智能。苏州图书馆拥有国内首座藏书容量700万册的先进大型智能书库，成立了文献典藏部，专门负责总分馆体系的文献资源调配与管理。依托大数据平台，分馆可以随时向总馆发送调配图书请求，总馆可以及时监控每一个分馆的文献资源状态，包括是否出现图书胀库、是否出现资源种类分配不均衡、是否有系列文献分散等现象，平台可以第一时间发现问题并通过物流进行科学调配。

智能书库为总分馆体系的文献资源的管理与流通提供了科学精准的保障，依托文献资源管理系统，100个分馆的文献资源得到有序化管理，资源的流转得到规范化的记录与追踪，技术使零散分布的“苏州模式”总分馆体系资源得到了科学化的统一管理。

6. “苏州·书仓”项目

2020年12月21日，由苏州图书馆领衔，苏州市各辖区的公共图书馆联合打造的“苏州·书仓”平台正式投入运行。该平台整合了苏州图书馆、昆山市图书馆、吴中区图书馆、吴江区图书馆、苏州工业园区图书馆、常熟市图书馆、太仓市图书馆、张家港图书馆的丰富图书资源。该平台的推出旨在解决各地图书馆借阅平台不兼容的问题，盘活各成员馆现有书目和馆藏资源，打破时间和空间的局限，提升图书馆藏利用率及共享性，让苏州市域范围内公共图书馆在多区域间的网上借阅从理想变成现实。读者可以通过其中任何一家共享平台成员馆，阅读更多的文献资源，体验更加人性化的服务，并通过本平台完成线上线下图书借还的各种手续。

该项目的实施让苏州图书馆总分馆体系与苏州大市范围的公共图书馆实现资源共享，苏州地区的读者可以随意预约任何一家图书馆的图书，总分馆体系走进了更为广阔的共享平台。

二、模式特点及建设类型

1. “苏州模式”总分馆体系特点

苏州图书馆建设分馆的基本方式是：由分馆合作方提供场地、装修、设施设备及后期的物业管理，并向苏州图书馆支付一定的运行费用（包括人员费用、资源费用、网络费用）；由苏州图书馆负责文献资源采配、业务软件安装、人员招聘与管理；双方以协议的方式确定合作关系。分馆执行总馆的服务标准，读者在总分馆体系内可以通借通还，这一模式被业界专家称为“苏州模式”。

“苏州模式”总分馆建设的特点是通过动态资源实现文献资源的统一采编调配和通借通还，通过总馆直接向分馆派遣工作人员实现紧密型的统一管理，通过统一的服务规范实现服务质量的相对一致，通过统一的技术支撑实现业务规范的一致与资源共享①。

2023 年 4 月 6 日，由苏州市市场监督管理局发布的《公共图书馆分馆服务规范》正式实施，该规范由苏州图书馆起草，苏州市文化广电和旅游局提出并归口。这是苏州出台的首个公共图书馆分馆服务地方标准，在苏州公共文化事业发展历程中具有里程碑式的重大意义。

2. 建设类型

（1）社区分馆

社区分馆是苏州图书馆总分馆体系的主要形式，目前 100 个分馆中有 75 个社区分馆。这些分馆基本位于居民区内或者社区服务中心、党群服务中心、街道文体中心内，面积在 200 平方米至 400 平方米，一般配备 2 名工作人员，馆藏图书 1 万册左右，设有儿童阅览区、成人阅览区、电子阅览区、报刊阅览区，提供图书借还、报刊阅览、自修、信息查询等服务。

---

① 许晓霞．“苏州模式”的演进及价值再挖掘——写在苏州图书馆服务体系建设十周年之际［J］．国家图书馆学刊，2015，24（3）：16–23.

（2）区分馆

高新区、姑苏区、相城区三区的公共图书馆服务体系委托苏州图书馆运行管理，其中区馆在馆舍面积、馆藏容量、馆员数量、功能区划、开放时间上比其他分馆有更高的要求，现有的3个区馆（高新区文体中心分馆、姑苏分馆、相城分馆）中，高新区文体中心分馆面积最大，相城分馆最新。这些区级馆不仅是苏州图书馆的区级分馆，而且也承担着区域内总馆的职能，苏州图书馆给各区级分馆都委派了专职执行馆长及副馆长，他们负责区域内服务体系的业务运行。

（3）学校分馆

2008年，苏州图书馆与苏州市胥江实验中学合作建设了第一个学校分馆——胥中分馆，苏州图书馆向该馆委派专业馆员负责日常开放运行，该馆肩负公共图书馆与学校图书馆的双重职能，周末及寒暑假对周边青少年开放，教学工作日内对校内师生开放，并承担校内阅读辅导课的开展。随后，苏州图书馆又与其他小学、中学、大学合作建设了7个学校分馆，这成为苏州图书馆总分馆体系的一大特色。

（4）轨道交通图书馆

2014年9月20日，苏州市首座“轨道交通图书馆——轨交分馆（狮子山站）”启用。这是一座微型多媒体图书馆，是由苏州图书馆与苏州轨道交通公司因地制宜、合作建设的微型图书馆。考虑到往来乘客多为上班族，生活节奏较快，信息需求多样化，对现代信息设备使用熟练，因此在建设之初该分馆定位为“微型多媒体图书馆”，不到50平方米的馆舍内设有信息检索区、阅览区和多媒体服务区。为了打造便捷的轨道交通阅读服务体系，苏州图书馆相继在2号线广济南路站、4号线的红庄站建设了轨交分馆。2021年，建党百年之际，苏州图书馆依托轨交枢纽节点优势，融合党建和图书馆主题，相继对3个轨交分馆进行了装修改造，创新推出“红色活力站”，内外整体设计风格凸显红色文化主题，又嵌入苏式传统建筑特色。除具备基本的图书借还功能外，还设有红色初心书架，涵盖习近平总书记著作、“四史”教育学习主题图书、党建理论知识图书等，方便群众在上下班路上、在家门口就能感受到便捷、优质、集成的红色文化。

（5）主题特色分馆

2018 年 12 月 28 日，苏州图书馆首家特色分馆——阳澄湖度假区分馆开馆。该分馆采用“岛”式的动线设计，错落有致，唯美文艺。馆内藏书共有 3000 余册，主要以阳澄湖文化、休闲度假主题图书为主。馆内还有“耳机森林”有声阅读空间、非遗展示区、智能文旅交互墙、自助查询区、文化体验区及休憩茶吧区。此后，特色分馆全面开花，以科普为主题的高铁新城分馆、以金融为主题的狮山商务分馆、以诗词为主题的树山分馆、以街巷为主题的太平老街分馆、以运河文化为主题的文昌分馆、以吴门画派为主题的文征明主题分馆、以文学艺术为主题的玉山分馆相继建立。

三、服务效益

1. 构建了便捷高效的公共阅读服务体系

总分馆体系是苏州推进“10 分钟文化生活圈”建设的一个重要阵地，家门口的图书分馆为市民提供了便捷高效的公共阅读服务和信息服务，打通了公共阅读服务的“最后一公里”，织密了苏州地区服务体系的布局，培养了读者就近使用图书馆的习惯。市民通过苏州图书馆微信公众号中的“附近图书馆”功能就可以定位到距离自己最近的分馆或自助网投点。姑苏区、高新区、相城区的常住人口为 275.64 万人，城区已实现了每 3 万人一个图书馆的体系覆盖目标，构建了高效便捷的公共阅读服务。

2. 提供了丰富多样的公共文化服务

分馆作为基层图书馆，在提供基本借还服务的同时，发挥着解答读者信息咨询、开展阅读推广活动、提升市民信息素养等各方面的功能。近几年，分馆平均每年解答读者咨询 3 万余条，累计开展各类读者活动 5000

余场，与科协、轨道交通集团、教育局、农工党等社会各界合作开展了多种活动，发挥了阵地服务的平台作用。此外，2023 年暑期，苏图总分馆推出延时错时服务，16 家分馆在炎炎夏日提供了夜开放服务，服务推出后深受市民好评；2024 年图书分馆推出期刊外借服务，提高资源开放度，吸引了不少读者到馆借阅。近几年，苏州图书馆委托第三方对分馆运行进行读者满意度调查，从调查结果看，满意度较好（见表 1）。

表 1　苏州图书馆分馆 2021—2023 年读者满意度调查结果表

年份	总体满意度	环境和设施满意度	公众服务满意度	文献资源满意度	读者活动满意度	馆员服务满意度
2021	96.25%	96.10%	96.97%	94.76%	94.89%	98.51%
2022	97.36%	97.67%	97.74%	96.57%	96.47%	98.36%
2023	96.89%	97.06%	97.82%	96.17%	95.85%	97.57%
平均	96.83%	96.94%	97.51%	95.83%	95.74%	98.15%

3. 得到了业界同行的认可

高新区文体中心分馆、姑苏分馆、相城分馆在第七次全国县级以上公共图书馆评估定级中均获评一级图书馆，漕湖分馆获评江苏省 2021—2022 年度五星级示范农家书屋，树山分馆、星河平江分馆、昭庆寺分馆先后获评江苏省“最美公共文化空间”。“夜里厢的阅读园”获评 2022 年度全省公共图书馆儿童阅读推广优秀案例；“银领”潮流系列活动获评 2022 年苏州市优秀阅读推广创新项目。

参考文献

[1] 邱冠华. 示范区创建中深化“苏州模式”的制度设计研究 [J]. 中国图书馆学报，2012（3）：20-25.

[2] 邱冠华. 从职业创新到建立制度——“苏州模式”的新进展 [J]. 上海文化，2014（4）：4-10.

［3］许晓霞．“苏州模式”的演进及价值再挖掘——写在苏州图书馆服务体系建设十周年之际［J］．国家图书馆学刊，2015（3）：16-23.

［4］邱冠华，于良芝，许晓霞．覆盖全社会的公共图书馆服务体系：模式、技术支撑与方案［M］．北京：北京图书馆出版社，2008：8.

（撰稿人：分馆管理部　陆秀萍）

网上借阅　社区投递

一、案例背景

2021 年 3 月 5 日，国务院政府工作报告中提出：推进城乡公共文化服务体系一体建设，创新实施文化惠民工程，倡导全民阅读。自 2014 年以来“全民阅读”连续八次被写入国务院政府工作报告。

早在 2017 年 4 月 19 日，李克强总理就在国务院常务会议上明确指出：“要想搞好图书馆的建设，一定要从线下线上两方面同时入手，只有彼此结合好才能实现真正的网络资源共享，从而推动国家图书馆事业的发展。”

在当今互联网时代下，人们普遍工作压力大、生活节奏快，传统的公共图书馆服务模式已很难满足读者多元化、个性化的阅读需求，继续对公众提供传统文献服务恐将造成读者流失，进而影响公共图书馆的发展。顺应时代变化，融入“互联网+”思维是图书馆发展的积极探索，只有充分了解读者的想法才能有效满足读者的需求，突破传统文献服务模式是现代图书馆可持续发展的必然趋势。

传统的图书借阅方式以书为本，以图书馆为中心，读者在图书馆开放时间内持借书证到图书馆借阅图书，图书馆被动地接收读者的服务需求，传统借阅方式主要存在以下问题：

（1）借阅图书整个过程包括交通出行、检索、找书、出库等众多环节，整个借阅流程通常需要一小时以上，时间成本偏高。

（2）读者对馆藏地分布、索书号排列不熟悉，图书被其他读者放错位置等因素都会给读者找书带来一定困难。

（3）图书馆开放时间有限制，大部分场所无法实现 24 小时的借阅服务。

“网上借阅　社区投递”是一种新型图书馆服务方式，以苏州图书馆为依托，以RFID技术为基础并集成各种高科技技术手段，在全市范围内选择社区投递点，将市民需要的图书送到居民身边，在方便市民借阅图书的同时，也能提高文献资源的使用效率。读者可以通过电脑或手机、平板电脑等移动智能终端访问苏州图书馆网上借阅平台，提出借阅请求。图书馆找到图书后，通过物流系统将其配送到读者指定的社区分馆或者社区投递点，同时以短信通知读者，读者凭证或凭取书码取书，还书时也可就近还到社区分馆或者投递点。简单来说，市民只需要一张借阅卡、一部手机或一台电脑，就能轻松享受到图书投递服务。这是数字技术、智能技术和传统图书馆的完美结合，网上借阅社区投递总体流程图见图 1。

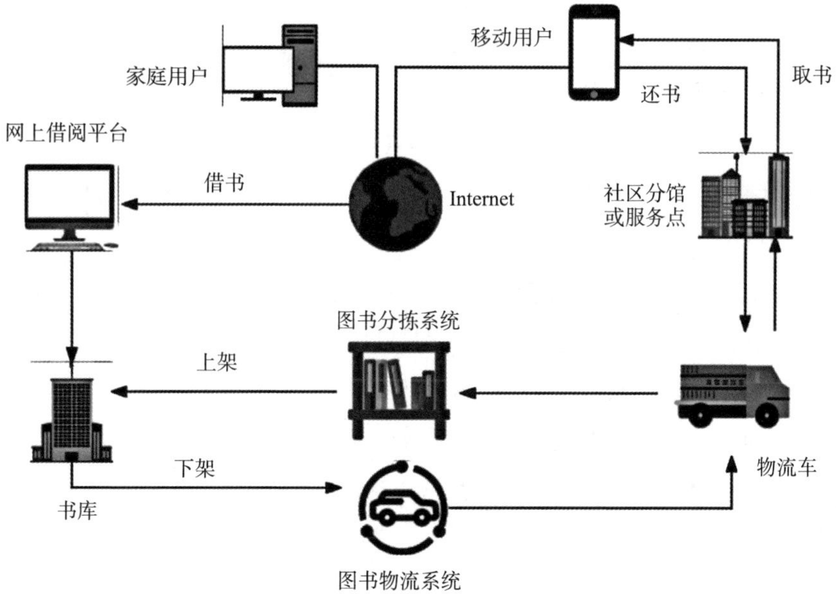

图 1　网上借阅社区投递总体流程图

二、案例实施

当前，“网上借阅　社区投递”支持4种接入方式，包括书香苏州App、微信、支付宝和借阅柜。

1. 苏州图书馆“网上借阅　社区投递”借还流程

此种接入方式适用人群为持有苏州图书馆读者证、苏州市民卡或有支付宝桂花分第三方信用授权并使用书香苏州App的读者。

书香苏州客户端是针对苏州图书馆馆内读者进行网上借阅的平台。读者借阅时需要先设置相应取书点才能借书。读者查询到想要的图书，进行预借或者预约后，馆内工作人员会收到相应的请求，并找到相应的图书，通过一系列操作后将书送到读者要求的取书点。读者使用读者证到对应的取书点刷卡开箱取书后，完成整个借阅流程。

网上借阅社区投递的流程如下：

（1）下载平台

读者可以进入应用市场搜索、下载、安装手机客户端“书香苏州”，安装完成后，点击手机上已经安装好的“书香苏州”，进入客户端首页。

（2）登录

①读者进入“我的→登录”，可以通过以下4种方式注册成为“书香苏州”App用户（“书香苏州”App登录页面见图2）：

●使用苏州图书馆发放的借阅证登录；

●拥有苏州市民A卡的读者，使用身份证号登录；

●市民B卡用户，在苏州图书馆缴纳押金之后，通过512开头的卡号登录；

●使用支付宝桂花分第三方信用授权登录。

图 2　“书香苏州”App登录页面

（3）加入借书架

①通过“新书/分类/搜索/你选我买”选择图书，查看该图书的详情页面（见图 3）。

②图书详情页面显示该图书的信息，读者可将图书收藏、加入借书架，把借阅的图书加入借书架才能借阅。

（4）借阅结算

①在图书详情页面或者在“我的→我的借书架”选择需要借阅的图书进行结算（见图 4）。

②图书借阅，每次最多借 5 本，总借阅数量上限为 10 本，借阅结

图3 借书页面（1）

算页面显示图书的投递地址（投递方式）、借阅图书的数量、借阅费用等内容。

③送书至取书点为免费服务，读者需要去自己设定的取书点凭借取书密码，用App扫码取书。

④送书上门服务，则是把图书送到读者设定的地址，读者支付一定的快递费用，点击“帮助”可查看具体的快递费用。

⑤若读者选择送书上门，可点击地址栏，页面切换到选择地址列表（借书结算页面见图5），读者点击“管理”可对地址进行修改、删除，也可以添加地址，送书上门订单需要在30分钟内付款。

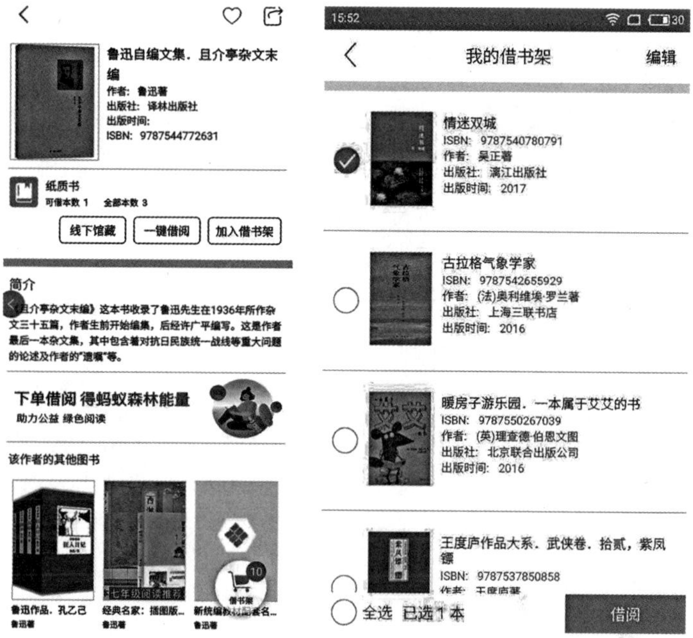

图 4　借书页面（2）

图 5　借书结算页面

⑥送书至取书点时，读者点击“取书点”，可进入取书点页面，切换自助取书点。

⑦图书送至取书点后，App提示借阅完成，读者在“当前借阅”中可以查看。

⑧送书上门后，借阅页面将转跳到支付页面，支付完成后，读者在“我的订单”中可以查看。

⑨送书至取书点时，若状态为“工作人员找书中”，读者可以取消借阅，送书上门完成支付后，读者不可以取消。

（5）当前借阅

①“当前借阅”记录当前借阅（在借中）、借阅历史的图书的列表，读者可以查看历史借阅。

②只有借阅状态为“工作人员找书中”时，读者可取消借阅，对于借阅成功的图书，可借阅 2 次，每次 10 天。

2. 网上借阅　社区投递的主要模式

“网上借阅　社区投递”的核心是网借中心平台。网借中心平台的系统功能模块包括：借阅管理平台、积分管理系统、物流管理平台、运营支撑系统、监控系统、数据交换中心。网借中心平台能够：与图书馆业务管理系统对接，实现全市网借数据同步和共享；与物流系统对接，提供送书服务；对接馆内数字、电子资源，在平台内进行发布展示。

“网上借阅　社区投递”的重要实现载体是自助借阅柜（见图 6）。自助借阅柜指的是可以对接网借系统的 90 门至 240 门分格式立柜，包含主机、触屏屏幕、扫描口和异常还书箱，主要有借、还、取、查四大功能。同时还支持预约图书的投递、存放、上架、下架，支持用取书码、二维码等方式开箱、取书、还书，支持现场图书自助借还，支持屏幕信息展示、操作。

目前“网上借阅　社区投递”服务主要有 3 种模式，依托自助借阅柜和分馆的就近投递、依托物流系统的送书上门，以及读者自行在自助借阅

图 6　苏州图书馆“网上借阅　社区投递”自助借阅柜

柜上进行操作的柜上借还。

（1）就近投递

“网上借阅　社区投递”服务物流工作人员，负责将读者下单的书籍就近投递至自助借阅柜。读者在线上检索挑选喜欢的图书并提出借阅请求，网借中心平台接到读者请求后，在馆藏图书内找到书籍，重新登记书籍状态，将书籍分拣打包生成包裹，按投递点分类，留待投递员收取。投递员根据订单情况和排班情况，确定当天的投递路线，收取各投递点书籍，前往各自助借阅柜进行批量投递。

包裹投递完成后，读者会收到短信及系统内短消息，提示书籍已投递至自助借阅柜。读者需自行前往各自助借阅柜，凭借信息中的六位数字取书码或在柜上扫描支付宝二维码来打开柜门、获取书籍。若超过三天未取，读者将收到收回通知，苏州图书馆“网上借阅社区投递”自助借阅柜见图 7。

就近投递模式是苏州图书馆“网上借阅 社区投递”服务中读者使用最为广泛的服务方式，目前已建成涵盖社区、商业中心、轨道交通、学校、车站等场所的服务投递点146个，基本覆盖苏州市姑苏区、相城区和高新区。苏州图书馆“网上借阅 社区投递”服务中95%以上的用户选择了就近投递模式。

（2）送书上门

通过“书香苏州”App，读者在线上可以检索挑选喜欢的图书并提出借阅请求。网借中心平台在接到读者请求后，要经历找书、登记、打包、分类等一系列与就近投递相同的步骤，再加上打印快递面单，留待与物流公司对账。苏州图书馆的“网上借阅 社区投递”的送书上门服务与中国邮政合作，其负责从网借服务中心取书，并将快递通过物流系统配送至读者指定的地点。

还书时除前往自助借阅柜和人工还书点外，读者还可在系统中选择“预约还书”，由物流系统匹配好快递员并选定取书时间后，读者在线支付物流费用，快递员上门取书，将书籍配送至网借服务中心，真正做到家与图书馆零距离。

（3）柜上借还

柜上借还为读者自助自主行为，读者需自行前往各自助借阅柜，在柜上进行各项操作。自助借阅柜支持借书、取书、还书、查询操作。读者可在柜上完成取走预约图书、归还已借图书、查看并借阅柜上剩余可借图书、查询个人借阅情况等多项服务操作。

三、案例成效

“网上借阅 社区投递”系统借助互联网模式创新了公共文化服务方式，改变了传统公共图书馆的图书借阅方式，有效地解决了传统借阅方式的痛点，真正践行“平等、免费、专业、高效”图书馆办馆宗旨。

1. “网上借阅　社区投递”项目的实施系统解决的问题

（1）突破时间限制，读者任何时候均能发起借阅，改变了传统的图书馆服务模式。它突破了传统的在规定时间、地点完成图书借阅服务等限制，可 24 小时提供借阅服务；也推动了公共图书馆图书借阅从被动服务向主动服务，从“来借书”到“去送书”的重要转变。

（2）突破空间限制，系统可以开放所有总分馆体系内的可借图书，读者也可以借阅总分馆体系内的所有可以外借的文献。

（3）突破身份的限制，平台与信用相结合，同时提供网上办证功能，市民通过信用或者网上办证就可享受图书馆的借阅服务。

（4）突破距离限制，读者可通过移动终端和网络，以及遍布全市的分馆或投递服务点享受图书馆的借阅服务。同时，图书馆体系的网络化、智能化管理，很大程度上缓解了图书馆读者集中的问题。

（5）突破藏书限制，图书馆馆藏建设突破订单的局限，读者通过“你选书我买单”参与到图书采访中。

2. 运行效果

苏州图书馆“网上借阅　社区投递”系统于 2014 年 9 月 20 日正式上线，建成涵盖社区、商业中心、轨道交通、学校、车站等场所的“网上借阅社区投递”服务投递点 146 个，基本覆盖苏州市姑苏区、相城区和高新区。系统上可借图书数量 400 多万册，读者在线上可以享受到与线下一致的借阅服务。

系统上线以来读者数和借阅量稳步增长，到 2017 年 8 月每天的平均借阅量超过 3000 册，较高时能达到 6000 册/天，寒暑期高峰时最高达到 10891 册/天。平台累计借阅量超过 1053 万册。系统现有活跃用户数超过 25 万。2023 年度，苏州图书馆“书香苏州”App年度启动次数 484 万次，年外借文献 158 万册次，占苏州图书馆总分馆体系借阅量约 28%（见表 1）。

表1　苏州图书馆“书香苏州”App运行数据

年份	“书香苏州”用户增量/人	“书香苏州”网借量（借出量）/册	网借量占苏州图书馆总借阅量比例/%
2019	100092	1511496	30
2020	95306	1163678	32
2021	125036	1512799	25
2022	90144	1457773	40
2023	92691	1578435	28

系统通过线上线下相结合的方式完成对图书的借阅，吸引了更多的青年读者前来使用公共图书馆的服务，系统上62%的用户群体处于20岁到40岁的年龄段，40岁以下超过80%。系统上活跃的读者中50%的用户是以前没有到图书馆来借过书的市民，这些市民在图书馆的第一次借书体验是通过“网上借阅　社区投递”服务来完成的。“网上借阅　社区投递”吸引了潜在读者来使用图书馆服务。

3. 取得的成绩

苏州图书馆“网上借阅　社区投递”系统上线之后获得了广大市民的一致认可和好评，2015年、2016年、2017年连续三年被列为苏州市政府实事工程项目。

2014年11月项目荣获“2014年度全民阅读活动创新奖”。

2015年10月项目荣获2015“创客天堂”移动互联网创新创业大赛最佳生活服务应用奖。

项目荣获2015年度苏州市精神文明建设十佳新事荣誉称号。

项目服务团队在2016年度苏州市区群众文化活动扶持项目中获群众文化“优秀团队”称号。

2016年项目入选江苏省优秀全民阅读新媒体推广平台。

2016 年 8 月项目在首届苏州市群众文化“繁星奖”评比活动中荣获公共文化服务项目奖。

项目荣获 2016 第十一届苏州阅读节优秀活动奖。

2016 年 12 月项目在第七届江苏省公共图书馆优秀服务成果评奖中，荣获一等奖。

2017 年项目获得 2016 年度苏州中心城市科学发展创新奖（单项奖）。

“网上借阅　社区投递”系统用O2O的方式激活公共图书馆的藏书，作为服务业新业态、新模式的项目不但解决传统借阅模式的痛点，完善了图书馆总分馆运行机制，把优质公共文化服务延伸到基层，扩展图书馆服务范围，增加公共文化产品和服务供给，有效解决图书借阅“最后一公里”问题，为更好地满足广大群众基本文化需求创造良好条件，为推进全民阅读提供有力保障。

（撰稿人：文献典藏部　叶菲）

苏州市公共图书馆资源共享平台

2020年，根据市委、市政府有关“紧盯民生关切，大力推进市域一体化相关重点工作”的指示精神，苏州图书馆主动推动市域公共图书馆优质资源整合共享、纵向流动、跨区延伸，使高效便捷的现代公共图书馆服务覆盖全域市民群众。

2020年12月21日，由苏州图书馆领衔，苏州市各辖区的公共图书馆联合打造的“苏州·书仓”平台正式投入运行。该平台整合了苏州图书馆、昆山市图书馆、吴中区图书馆、吴江区图书馆、苏州工业园区图书馆、常熟市图书馆、太仓市图书馆、张家港市图书馆的丰富图书资源。平台的推出旨在解决各地图书馆借阅平台不兼容的问题，盘活各成员馆现有书目和馆藏资源，打破时间和空间的局限，提升图书馆藏利用率及共享性，让苏州市域范围内公共图书馆在多区域间的网上借阅从理想变成现实。读者可以通过其中任何一家共享平台成员馆，阅读更多的文献资源，体验更加人性化的服务，并通过该平台完成线上线下图书借还的各种手续。覆盖苏州大市的资源共享平台大流通网络，让所有人都可以平等无差别地享有公共文化服务的福利。

一、建设背景

一是图书馆原有服务模式的局限性。读者只能线下借书，图书不流通，借阅范围有限。以图书馆为中心的借阅模式下，图书分布在全市总分馆体系，读者借阅图书时间成本高、找书难，借阅时间受限于图书馆开放时间。

二是全市公共图书馆的分散化状态。苏州市公共图书馆以其独创的“苏州模式”而闻名，在全国处于领先地位。但是在苏州市域范围内，苏州图书馆总分馆（已将姑苏区、相城区、高新区纳入）与张家港、常熟、太仓、昆山、吴江、吴中、工业园区等其他 7 个地区的图书馆总分馆之间仍是各自独立的，馆藏资源无法共享，通借通还尚未实现，服务效益有待提升。

三是公共图书馆发展的智慧化需要。当前，以人工智能为引领的大数据、云计算、物联网等新一轮技术革命与各个行业的结合愈来愈紧密，“智慧社区”“智慧校园”“智慧城市”等概念随之而来，经济社会发展全面进入了智慧化建设新时代。在数字图书馆发展的基础上，公共图书馆向智慧化转型成为社会各个方面的合理期望。

二、功能特色

一是实现大市内线上借书，线下取书。读者通过“苏州·书仓”小程序，选择图书并提出借阅请求，图书馆通过物流系统免费配送到读者指定的线下 289 个取书点，读者凭密码或借阅卡刷卡取书。二是统一管理和服务标准。实施“五统一”标准，即统一总书目库、图书条码和读者证编号、借阅规则、图书调配以及文献编目，统筹网投点的设置、实效，在服务半径、运维响应时间、配送和回收服务、开闭架图书管理等多个维度达成共识，管理和服务体系更加规范。苏州图书馆制定的国内首个《公共图书馆网借服务规范》已于 2023 年 12 月 28 日起正式实施。三是拥有高效的物流配送。读者线上下单后，订单信息反馈至藏书所在地馆员，馆员完成找书后，反馈给物流取书完成配送，下单至物流配送到读者约定取书点的时间小于 72 小时。

三、建设内容

苏州市公共图书馆资源共享平台，实现了纸质图书、电子资源、数字资源的共建共享，向全市图书馆提供包括线上、线下图书的通借通还功能，电子资源、数字资源的统一发布和统一检索功能，以及资源协同采购、大数据分析等功能。

接入的每个图书馆继续使用原业务管理系统开展业务工作，同时建设本地资源共享子平台，实现与中心平台的对接和数据交互。这样既保障了图书馆原开展业务的延续性，减少工作人员因对新系统业务不熟练造成的问题，也能很好地实现全市资源共享的目标。

结合苏州地区公共图书馆的现状，资源共享平台的基础建设包含以下内容：

1. 统一书目库

这就像是一个巨大的在线书目，通过将各个图书馆的藏书信息集中管理，实现资源的整合与共享，最大限度地提高馆藏利用率，使得读者可以更便捷地获取到所需的图书资料。平台会把所有的书目数据经过完善、清洗和去重后存储至书目库，并且随着图书馆的日常工作更新这些数据。这意味着读者可以实时地查找书目信息，借阅书籍。如果不同图书馆的书目信息有冲突，系统会用一种特殊算法来决定哪个是对的。

2. 统一条码和读者证

为了避免图书条码和读者证号码重复，平台会检查所有图书条码和读者证号码，确保没有重复。如果发现了重复，它会指导你怎么解决，比如可能需要更换图书的条码或者更换新的读者证。对于图书的电子标签（RFID），各个图书馆也会一起制定一个统一的标准，这样不管你在哪个图书馆借书，都能用同样的方法检查和处理。想象一下，如果每次你走进一家不同的超市，都需要重新学习如何结账和打包你的东西，那该有多麻烦！

3. 统一借阅规则

受馆藏量、读者数量、服务范围等的影响，各成员馆借阅规则不尽相同，加入共享平台后势必对读者造成困扰。为了读者的良好体验，为了平台在落地、宣传、服务等方面的统一标准和口径，平台在借阅规则上做了进一步的统一。这意味着无论我们去哪家图书馆，借书的数量限制、借书的时间限制、续借的次数和续借的时长都是一样的。

统一借阅规则后，平台制定统一的借阅册数上限、统一的借阅时长上限、统一的续借次数、统一的续借时长和统一的超期影响等规则标准。

这样一来，读者就不用每次借书时都费心记住不同的规则了。一切都变得简单统一，就像我们在任何一家连锁超市购物一样便捷。对读者来说，这无疑是个大大的好处，也让图书馆的服务更加友好，更容易被大家接受和理解。简而言之，借书就像享受一项标准化服务，轻松而又方便。

4. 统一物流建设

想象一下，苏州市的各个图书馆要像快递公司一样，把书籍运送到各个角落。要做到这点，就需要建立一个物流网络，就像快递公司有分拨中心一样。这个网络分为两级：一级共享中心和二级共享中心。物流网络见图 1。

一级共享中心就像是大本营，位于苏州图书馆，它负责书籍在各个二级共享中心之间的调配和送达。这些二级共享中心分布在苏州图书馆北馆、苏州工业园区图书馆、吴中区图书馆、吴江区图书馆、昆山市图书馆、太仓市图书馆、常熟市图书馆、张家港市图书馆等各个区县图书馆，它们负责把书送到读者手中。

一级共享中心每天将各二级共享中心送来的图书完成分拣后再下发给

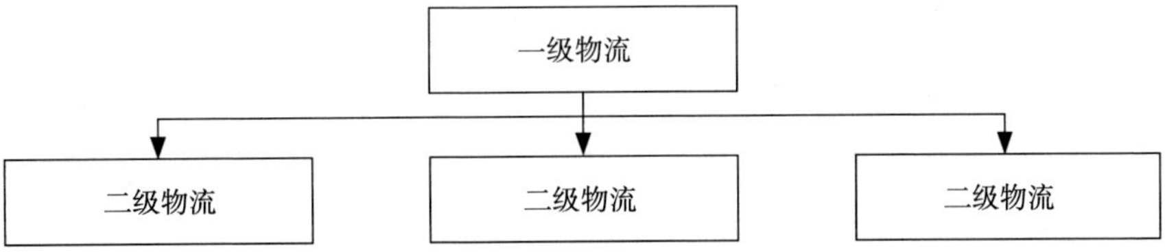

图 1 物流网络

各二级共享中心，安排每天调配一次书籍，这样无论你在苏州的哪个角落，想要的书都能及时到达。而且，一级共享中心还建有一个自动的分拣系统和一个巨大的储存库。这个系统每小时可以处理4000册书，确保所有书籍都能被迅速地分类和送达到10个不同的目的地。

这个共享中心还配备一个存储量多达10万册书的存储库，这是四天的最大设计运送量。这样一来，书籍就可以在分拣之后立即被存储起来，然后在需要的时候被迅速送出，无论是归还给图书馆还是借给读者。

5. 数字阅读平台建设

覆盖苏州大市的数字阅读平台，使全市读者可以访问共享平台成员馆的数字资源，特别是电子图书资源，提升苏州大市范围内的数字资源的利用率以及共享性，实现图书资源纸电一体化服务。

6. 图书馆协同采访服务

（1）协同待采目录

图书馆在面对动辄数十万的读者，完成每年近百万册图书采购量，很难有更多精力开展深层次的工作。最终的后果是图书馆的馆藏不成体系，读者需要的书没有引进，大量不适藏的图书却占据书架，读者不能在图书馆及时获得所需的生活、学习和研究资料，最终大量流失。为解决该问题，系统提供统一待采功能，将目前各个图书馆书籍和读者借阅情况加上馆配商数据进行大数据分析，提供更加清晰、智能的待采目录。

（2）辅助决策

根据馆藏和文献流通等数据，大数据平台为图书馆提供辅助决策。平台将各个馆的基本信息、馆藏结构、采购订单、流通记录、读者行为日志以及工作人员行为日志等（如读者在使用图书馆服务过程中的地理位置、进馆时间、借阅历史，浏览网页，查阅、下载电子资源，馆外访问图书馆数据，自助设备、微博微信使用情况等，工作人员在提供服务过程中产生的服务时间、内容、效率等大量的半结构化和非结构化信息数据）进行脱敏处理并存入大数据仓库，为图书馆的相关的决策提供数据支撑。

利用人工智能建模技术对数据进行分析，建立资源利用率预测模型。系统利用大数据仓库，通过人工智能模型生成图书馆对应的预测模型。各个图书馆挑选采购清单时，人工智能生成的预测模型会根据各个图书馆用户数据的行为分析，提供各个图书馆特有的采购清单。此时，系统会给出建议，比如它会告诉图书馆：这些书在过去很受欢迎，那些书可能会成为未来的热门。这样，图书馆就能确保它们的书架上都是读者真正想要的书。

（3）协同编目

编目从原本的各图书馆各自进行编目发展成协同编目，大大提高了各图书馆编目的效率，协同编目具体内容包括：统一手工编目工具、馆配商提供编目数据导入功能、集成标准编目数据套录功能。

四、运行成效

一是读者借阅成本得到缩减。平台服务于全市总分馆体系下的 289 个自助借阅点，切实拓展了图书馆文献流通业务，项目实施以来，跨馆借阅图书总册数 769941 册，跨馆借阅图书运输里程 6941780 公里，平均每本图书“行走”19.13 公里，极大地节省了读者的时间成本和交通成本。

二是图书馆服务效益有效提升。平台注册用户 269671 人，年均增长 54.4%；借阅图书 1162939 册，年均增长 46.3%；2023 年 210 万人次使用该服务，年均增长 47.6%，借阅人数和借阅总量稳步提升。

三是智慧化应用得以实现。平台采用开放开源的建设模式，模块化搭建可扩展架构，利用大数据技术和算法，研究用户在图书馆中的行为模式和阅读偏好，在此基础上，精准地为读者推送感兴趣的图书内容，同时汇总读者偏好反馈给采编部门，进行针对性图书采购，进一步优化了馆藏资源的管理和利用。

四是数字阅读的重要性凸显。在当前手机作为第一大上网终端的情况下，数字阅读平台的重要性更加凸显。通过联合购买数字资源、整合各图书馆的自建数字资源，苏州市公共图书馆数字阅读平台可以提供更为丰富的数字资源，满足读者的需求，同时也可以宣传苏州地方文化，提高数字阅读服务质量和用户满意度。截至 2023 年 12 月底，累计收录电子图书 20 多万种、视频 300 部、电子期刊 3500 种，拥有注册用户 11.56 万。

全市可流通图书总计 1500 余万册，加入“苏州 · 书仓”共享平台开放可借阅图书 590 余万册（其中苏州图书馆 403 万余册、工业园区图书馆 65 万余册、昆山市图书馆 60 万余册、吴中区图书馆 29 万余册、吴江区图书馆 27 万册、张家港市图书馆 4 万余册、常熟市图书馆 3 万余册、太仓市图书馆 1 万余册），共享平台共有注册用户 20.48 万名。自 2020 年 12 月投入使用以来，跨馆借阅图书总册数 72.02 万册，跨馆借阅图书码洋价格 1846.46 万元，跨馆借阅图书里程 1377.66 万公里，平均每本图书“行走”19.13 公里。“苏州 · 书仓”运行以来相关数据见表 1。

表 1 “苏州 · 书仓”运行以来相关数据

图书馆	书目总量/册次	馆藏册数/册次	取书点数量/个	用户数量/个	总借阅量/册次	跨馆借阅量/册次
苏州图书馆	1409907	4226660	127	103091	989310	784902
昆山市图书馆	293941	457222	46	11296	130388	118893
常熟市图书馆	92614	33578	11	1345	18658	18314
张家港市图书馆	128532	58450	1	310	7417	7382
苏州工业园区图书馆	206420	455529	75	117107	422980	420364
吴中区图书馆	230166	409665	17	26510	427167	391739
吴江区图书馆	173475	226988	13	5766	100212	96756

“苏州 · 书仓”共享平台投入使用以来，苏州地区各成员馆陆续加入开放使用，2022 年实现了全部接入。从表 2 可以看出，2021 年至 2023 年跨馆借阅的图书量呈快速增长趋势，2023 年跨馆借阅总量比 2022 年增

长 72.6%。成员馆中苏州工业园区图书馆的跨馆借阅量最高，这也说明了“苏州 · 书仓”在工业园区的读者宣传、取书点布局相对成熟。常熟市图书馆、张家港市图书馆作为新加入馆，后期需求潜力较大。

表 2 2021 年至 2023 年“苏州 · 书仓”成员馆的跨馆借阅量

成员馆	2021 年/册次	2022 年/册次	2023 年/册次	2023 比 2022 增幅/%
苏州图书馆	37016	43162	76455	77.0
苏州工业园区图书馆	75758	112684	185807	65.0
吴中区图书馆	41229	58389	91859	57.0
吴江区图书馆	17467	3983	7573	90.0
昆山市图书馆	8355	29183	59538	104
常熟市图书馆		1538	7394	381
张家港市图书馆		15	1126	740
合计	179825	248954	429752	72.6

苏州市公共图书馆共享服务平台入选 2023 年度江苏省智慧文旅示范项目名单。

（撰稿人：文献典藏部　奚时枫）

苏州图书馆智能书库

苏州市是首批国家公共文化服务体系示范区的创建城市之一，为贯彻苏州市委、市政府实现城乡一体化和建设文化强市的精神，解决苏州图书馆馆舍面积和公共藏书空间不足的问题，苏州图书馆北馆建成了集文献采编、保存、调配、周转以及全市公共文化数据中心等功能于一体的智能书库。

一、项目设计

智能书库功能定位为存储、调拨、分拣出库、现场借阅、网上借阅、文献加工整理、数据管理、基础业务处理等。

1. 存储功能

存储功能是书库的主要功能。此前，苏州图书馆的文献馆藏量已经大大超过设计容量。很多分馆的空间也已基本上无法再容纳新增加的文献。大量的图书只得打包存放（或集中存放于租用仓库）。因此，保证书库的储存功能是第一要务。苏州图书馆智能书库能够存放700万册图书，采用新风系统，恒温恒湿，能对图书进行很好的保护存储。书库拥有堆垛机、穿梭车、高密度货架、VNA窄巷道叉车等自动化设备，并依据不同的文献类别、流通方式、流通热度，将图书存储到不同的区域，使图书的出入库效率与空间利用率达到最佳平衡。

2. 调拨功能

调拨功能包括两部分：一是对苏州图书馆总分馆体系内的馆藏文献进行集中的存储、配送和回库处理，根据馆藏部署计划进行全局均衡，智能书库是总分馆体系的典藏中心和物流枢纽；二是根据图书馆业务流程需要进行点对点传送，例如采编完成分编新书的配送、网借业务中预借/预约文献调配等。在配送过程中，通过WMS系统和视觉盘点系统对配送的图书进行登记与核验，确保配送的图书准确无误。

3. 分拣出库功能

系统配备了11个拣选工作台和带56个分拣口的快速分拣系统，支持每天最高2万册图书的出入库效率。每位读者的订单图书都会进行塑封、贴标，每个取书点对应一个分拣口，方便后续装箱和发货。2023年日均出库量约4000册，寒暑假高峰期达到了日出库量8000册的峰值。

4. 现场借阅功能

读者通过自助设备、书香苏州App、苏图借书小程序的现场借阅功能检索并借阅书库内的图书，系统可在5—15分钟内通过机器人将图书送至读者指定的服务台。

5. 网上借阅功能

读者通过书香苏州App、苏图借书小程序、书仓小程序下单借阅图书，可以免费在120多个服务点领取。智能书库作为存储中心、分拣中心和物流中心，对读者的订单统一出库、分拣、打包，并与第三方物流系统对接，配送至读者指定的服务点。

6. 文献加工整理功能

文献加工整理主要是对入库的文献进行加工和整理，以方便进入各个库区。按照作业流程及业务要求，该区应分为文献加工验收、文献入藏与装订、文献中转等三部分；对入库的各种文献进行拆包验收，生成书目数据，并按照业务规范加贴相应的图书及书箱识别标志；对完成加工的文献进行分配，对破损文献进行修补，完成报纸、期刊的装订等工作，并保存各种资产票据；存放处于各个中转环节的文献，包括待加工、待分配、待装订、待修改文献等。

7. 数据管理功能

依托RFID技术，每一本库内的文献都会贴上射频识别智能光标，入库前通过视觉识别技术进行数据扫描，实现对图书存放的精准定位。同时，基于系统提供的强大的数据管理与分析功能，可根据借阅频次分析出图书的冷热度，并在库区规划出最佳存储区域和存取路径，促进文献的高效流转。

8. 基础业务处理功能

智能书库采用计算机控制的机电一体化作业方式，在图书馆行业首次集成了WMS、WCS、RCS、PLC等软件系统，可自动化实现图书出入库及库内储存作业，提高了图书馆文献查找、提取、盘点效率。系统能够根据指令，智能化地完成图书存取、传送及盘点等基础业务工作，提高了图书馆基础服务的精准度和服务效率。

二、主要内容

智能立体书库系统可以分为以下几个子系统：

1. 智能书库WMS系统

与传统物流行业WMS系统不同，智能书库WMS（见图1）不是孤立的，它打通了图书馆业务管理系统，并与网借服务系统无缝对接，使图书馆的可借图书资源成倍提高。不仅如此，智能书库WMS系统还结合了视觉识别系统，保证书箱内图书的准确性。自动分析图书冷热度，按图书热度精确调整入库策略和货位分配策略，不断优化库区存储。

2. 自动化存取系统

负责货物的自动化存取（见图2），并将出入库货物输送至拣选台。

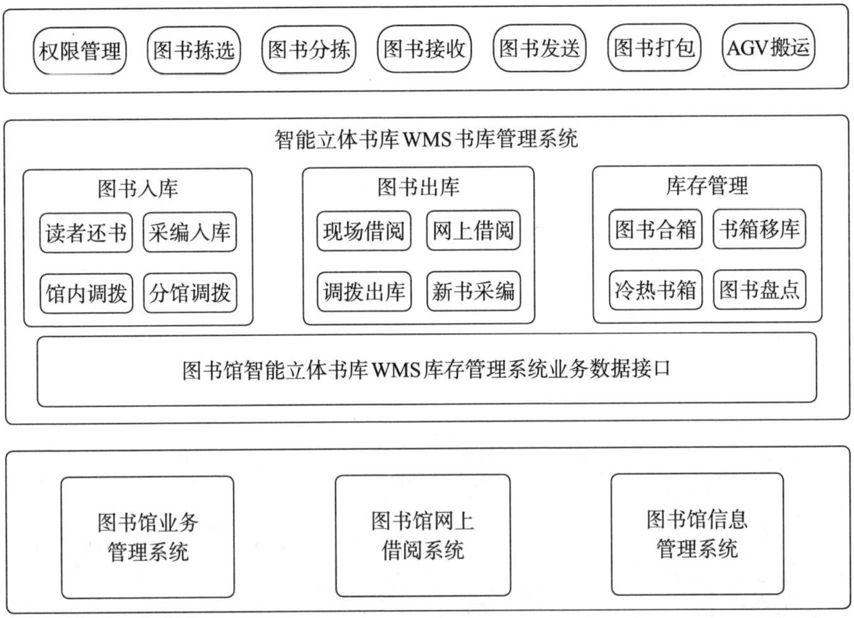

图1　智能立体书库WMS书库管理系统

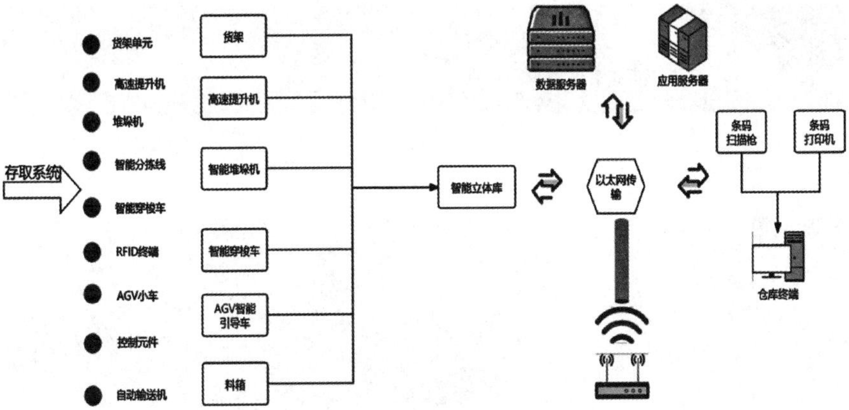

图2　自动化存取系统

3. 高速分拣系统

按照分拣策略和规则，负责按配送图书的目的地完成单册图书分拣（见图3）。

4. 货物自动化输送系统

负责将货物输送至各物流仓储配送作业区域，并将各物流仓储配送作业区域串联成统一的整体，将各设备系统资源整合（见图 4）。

5. 订单拣选设备系统

主要通过人工、手持设备、拣选工作站相结合的方式，对单册图书进行订单拣选（见图 5）。

图 3　分拣口

图 4　自动化输送线

图 5 拣选台

6. 智能AGV接驳运输系统

智能AGV（见图 6）自动将分拣好的图书运送到发货区，运输过程无人控制，实现全自动化接驳。

图 6 AGV小车

7. 设备控制和监控系统

主要对系统运行状况进行实时监控。

三、实施要点

1. 政府保障

建设智能书库前，苏州图书馆的馆藏文献资源大概每年以40万册的数量增长，各个馆舍的空间面积已经无法满足馆藏的存放需求，大量文献因没有馆藏空间而无法得到有效利用，储存图书馆由此提上日程。

市政府在智能书库建设和运营中发挥着重要作用，通过土地、资金提供项目支持，用于智能书库建设、基础设施建设和日常运营，促进了其发展与完善，进而提升了图书馆的服务效能和用户体验。

2. 技术支持

智能书库涉及复杂的自动化存取设备、智能控制系统以及大规模的物品存储设备，需要专业的技术支持来确保系统的稳定运行和持续改进。

建设初期由馆方与技术供应商为智能书库进行系统设计和集成工作，完善技术解决方案，包括自动化存储设备、智能控制软件、业务流程优化等。

除了基本的技术支持外，持续的技术创新和改进也是智能书库的关键。技术团队需要密切关注自动化存储和检索技术的最新发展，并根据图书馆的需求进行系统优化和改进，以确保智能书库能够适应不断变化的图书管理需求和技术发展趋势。

综上所述，技术支持在智能书库的建设和运营中扮演着不可或缺的角色。专业的技术团队通过系统设计和集成、设备采购和安装调试、系统培训和售后服务等多种方式，为图书馆提供全面的技术支持，确保智能书库能够高效、稳定地运行，并不断适应新的技术和需求变化。

3. 专业化运营

智能书库需要专业团队进行日常管理、维护和优化，以确保系统的高效运行和持续发展。

首先，专业化运营涉及系统的日常管理。运营团队负责监控智能书库的运行情况，包括存储容量、系统性能、故障报警等。运营团队需要及时处理系统异常，保障图书馆的正常运营，及时处理读者的查询和服务请求，提供高质量的服务体验。

其次，专业化运营需要系统的维护保养。运营团队定期对智能书库系统进行检查和维护，包括清洁设备、检查零部件、调整参数等。这些工作有助于延长设备的使用寿命，减少故障发生，保障系统的稳定运行。专业化运营还包括系统的优化和改进，运营团队能够根据图书馆的需求和用户反馈，不断优化智能书库系统的性能和服务质量。同时运营团队还需要具备相关的知识和技能，掌握自动化存储和检索系统的操作原理、维护方法以及应对常见故障的技能。

最后，专业化运营需要与图书馆业务团队密切合作。通过了解图书馆的业务需求、定期沟通和协商、提供定制化的服务支持以及积极参与业务规划和发展，运营团队能够与图书馆管理人员紧密配合，共同推动智能书库的优质运营和服务，为图书馆提供稳定高效的服务。

通过系统的日常管理、维护和优化，运营团队确保智能书库系统的高效运行，为图书馆提供优质的自动化服务。他们的专业知识和技能以及与技术支持团队的合作，共同保障了智能书库的稳定运行和持续发展。

四、成效与影响

苏州图书馆智能书库是国内首个大型智能化书库，自建成以来成效显著。

1. 空间利用最大化，解决文献存储难题

智能书库库区建设面积约 4000 平方米，其占地空间为传统标准书架存贮方式的 1/7，节省了土地资源。相比于普通书库和密集书库模式，智能书库的ASRS模式，采用高度集约化储存模式，可以在一定程度上缓解馆舍文献数量增长的库容问题。苏州图书馆总馆藏量为 7007453 册（截至 2023 年 12 月 31 日，含图书、期刊、非书资料、古籍、电子书籍），其中有 3744086 册存放在智能书库，占图书馆总馆藏量的 53.43%，实现了空间利用最大化，解决文献存储空间不足问题。

2. 为苏州图书馆总分馆体系提供文献保障服务

智能书库对总分馆的文献进行集中的存储、配送和回库处理，是总分馆体系的典藏中心和物流枢纽。新书的文献调配、预借业务的文献调配、总分馆之间的文献调剂、总分馆的馆藏结构调整等都借助智能书库实现了快捷高效的运行。2023 年，根据馆藏状况、读者需求等因素对总分馆进行了 3109 次图书调配，调配文献 570315 册，提高了文献周转率和利用率。

3. 创新借阅模式，为读者提供全新借阅体验

智能书库的图书开放给现场借阅和网络借阅，截至 2023 年底，开放外借的图书总量为 2440150 册。现场借阅依托书库自动化存取系统、自动分拣系统，读者从下单到获取图书的等待时间不超过 15 分钟，最快 3 分钟内可以取到图书。比起人工操作，效率提高了 4—5 倍，较好地提升了图书馆的服务水平。2023 年，现场借阅服务读者数量为 9496 人次。智能书库系统配合网借平台，通过物流系统和线下服务点的部署，将图书送到市民的身边，在方便市民借阅图书的同时，也能促进全城文献流动，提升图书流通服务的效能。2023 年，智能书库通过网上借阅服务借出图书 114.07 万册。这种智能化的借阅模式提高了文献借阅效率，节省读者时间。

4. 高度节约人力资源

使用智能书库，每100万册藏书仅需管理人员2—4名；使用密集架，每100万册藏书至少需要8人。以网上借阅为例，智能书库建成前，网借书库有3万册藏书，配置10位工作人员找书，平均每日完成订单约1500册，平均订单完成时间为16点，时间约为7个小时。智能书库建成后，自动化设备和智能软件系统替代了人工找书和分拣。网借书库扩容至240万册，每日在岗的拣选台工作人员约为6人，书库平均每日处理订单量约为4000册，平均订单完成时间为14点。综合指标的提升如下，拣选台工作人员数量减少了1/3，网借书库是原来的80倍，借阅订单量增长2.6倍，订单完成时间提前了2小时。

苏州图书馆智能书库项目是首个将ASRS成功应用于中国公共图书馆领域的项目，实现了ASRS与图书馆业务流程的结合，成功发挥出其在文献储存、文献采编、数字图书馆建设、图书外借功能等方面的优势并开发出服务于公共图书馆日常业务的创新模式，其突破性实践应用在国内公共图书馆领域，具有更广泛的借鉴意义。

5. 为苏州市总分馆体系建设提供保障

智能书库作为“苏州市总分馆体系建设和运营”的文献保存、共享、调配和数据管理的中心，统一解决全市各总分馆的馆藏问题，有效地提高各总分馆之间的协同效率，有利于总分馆体系服务的拓展和延伸，进而切实保障市民的基本文化权益。它是“苏州市总分馆体系建设和运营”的重要基础设施，为其持续发展提供新的动力和增长点。

2020年，智能书库凭借其创新性先后入选2020年全省文化和旅游装备技术提升优秀案例和2020年度江苏省智慧文旅示范项目。

（撰稿人：文献典藏部　齐佳佳）

苏州图书馆主题特色分馆

截至2023年，苏州图书馆总分馆体系已拥有100个分馆，其中有昭庆寺分馆、文征明主题分馆、玉山分馆等10个别具特色的主题分馆。这些主题特色分馆分布在景区、古街、轨道交通站等富有文旅融合特色的区域，以独特显著的地理位置、温馨雅致的馆舍环境、主题鲜明的馆藏资源成为苏州图书馆总分馆体系发展中可圈可点的重要组成部分。

这些主题特色分馆均纳入了苏州图书馆与各区合作的区域内公共图书馆服务体系，与其他分馆一样，苏州图书馆负责主题资源的采配调拨、人员的委派管理、业务的运行管理，建设主体负责提供场地、设施及物业管理。

一、太平老街分馆

苏州图书馆太平老街分馆（见图1）是苏州图书馆与相城区文化体育和旅游局合作建设的一个以古街巷为主题的特色分馆，该馆地处太平镇，镇政府在发展规划中明确，在保证老街整体格局不变的基础上，通过创建书香主题，打造特色小镇——太平书镇，为此双方商议建设一个特色分馆，纳入双方合作建设的相城区公共图书馆服务体系。

该馆于2019年4月19日正式对外开放，2023年1月28日搬迁至相城区太平老街西沿河弄8号书香小院。其建筑面积459平方米，依水而建，白墙黛瓦、别具一格的博士帽造型让其在一众古宅民房中格外突出。内部更是别有洞天：馆内设有休闲区、阅读区、沙龙讲座区等，打造功能复合、休闲雅致、彰显情怀的游憩场所，通过氛围营造升级的阅读空间体验，促进读者与空间的精神交流。

馆藏图书2000余册，主要涵盖党建、围棋、地方文献、经典文学等

图1 太平老街分馆室内图

书籍。市民朋友们可享受免费办证、免费阅览、通借通还、查询书目等配套服务。到馆读者还可以通过扫码在该分馆直接享用总馆的电子图书及数据库等数字资源。开放时间为周二至周日 9：00—17：00。

二、树山分馆

树山分馆（见图 2）是苏州图书馆与苏州高新区（虎丘区）文化体育和旅游局合作在苏州树山生态村建设的以诗词为主题的特色分馆，其目的是发挥文旅融合优势，在景点打造特色公共文化空间。

该馆突破传统图书馆的选址及设计模式，在树山生态村依山而立，环境幽静，是休闲度假和旅行打卡的胜地。分馆隐逸于竹林深处戈家坞上木栈道主入口的介石书院，整体风格拟重现明代时期装饰风格，整体基调与

图 2　树山分馆室内图

周边自然生态环境相互映衬，窗内古风雅韵，窗外竹林幽境。

2020 年 4 月 18 日，树山分馆正式对外开放。100 余平方米的空间里容纳图书千余册，馆藏以人文社科类书籍为主，包括大量的文学、历史、茶艺和中国古代文学类书籍。定期举行主题文化交流、文化沙龙、讲座、展览、体验、创作等活动，将阅读与旅游相结合，将阅读与江南文化相结合，为周边村民和游客打造了一个最有“文艺气息”的艺术创作聚集地。2021 年，树山分馆成功入选江苏省“公共文化空间”。

三、昭庆寺分馆

2014 年，昭庆寺分馆（见图 3）正式对读者开放，该馆是苏州图书馆与姑苏区教育体育和文化旅游委员会合作建设于苏州市控保建筑古昭庆

图 3　昭庆寺分馆室内图

寺原址内的特色文化空间。2022 年底，为了进一步推进文旅融合的深度发展，更加贴近平江路景区的整体规划，昭庆寺分馆闭馆改造。2023 年 7 月，昭庆寺分馆老宅焕新，以“非遗主题分馆”的新身份重新回归大众视野，成为“大儒巷 38 号”文旅新地标之一。馆舍场馆前后贯通，左右通达，不仅保留了古昭庆寺厚重的历史感，也融入了现代色彩。

重新开放的昭庆寺分馆馆藏图书近 3000 册，以非遗文化和姑苏历史相关的书籍为主，让市民游客进一步了解姑苏的文化底蕴。与此同时，昭庆寺分馆还开展“一月一期”桃花坞木版年画、苏扇、核雕等不同主题的非遗活动，丰富市民游客的文化生活，并根据周边业态形式采取错时开放，夏季开放至晚上 9 点。

自 2023 年 7 月改造开馆以后，昭庆寺分馆受到社会各界的关注，全年接待 91 批游客参观，围绕非遗主题开展了制香、扎染、木雕等 10 多项读者体验类活动，先后被央视及地方媒体报道 20 多次。

四、文征明主题分馆

文征明主题分馆（见图 4）位于孙武—文征明纪念园内，毗邻文征明展厅，馆舍面积 200 余平方米。馆内重现明式装修风格，书房以文征明的作品为蓝本，利用明式家具、赏石、盆景等相城非遗精品，细致还原明式家具陈列的细节、位置，辅以插花、挂画等美学实践，真实还原一个私人的、雅致的明代文人书房，重现一个明式美学空间。古风雅韵的桌椅、别具一格的书架、装帧精美的经典著作以及珍贵的文征明书画交相呼应。

图 4　文征明主题分馆室内图

2022 年 11 月 28 日，文征明主题分馆正式对外开放，现藏有古籍、文献 1000 余册，包括文征明及“吴门画派”的相关文献，还有历史、文学、艺术等类别的书籍，力争打造成为较为完备的文征明及“吴门画派”文献资料中心，向所有市民提供免费、完善、优质的阅览服务。

为了发挥主题特色，该馆 2023 年先后开展了“香草课堂——‘自然’会有答案”“文征明主题分馆特色系列活动之扎染——布里生花”等 27 场活动，让更多的市民了解、体验传统文化。

五、星河平江分馆

星河平江分馆（见图 5）是苏州图书馆与苏州星河博源房地产开发有限公司合作建设的一个设在售楼处里的城市公共阅读空间，这是苏州图书馆与社会力量合作建设分馆的一个典型案例。

该馆于 2020 年 10 月正式开馆，苏州图书馆从建设初期开始介入，针对周边楼宇住户的入住率及购房者的年龄、职业等方面对功能进行了梳理定位，针对读者行为习惯和图书馆业务流程对读者路线设计提出相关建议，

图 5　星河平江分馆室内图

针对楼宇入住率及周边土地的后期规划对馆藏容量设计进行提前布局。在设计风格上，结合读者群体年轻化的特征，以现代简约为主，结合“江南”特色，挖掘苏州城市文脉的派尚设计，将建筑、空间、自然和人文的交互一以贯之；用轻盈而简洁的设计笔触，将自然光的利用、建筑结构的融合发挥极致；用混合了姑苏记忆与希望的生活场景，营造作为一个社区学习中心的温暖感和体验感。

星河平江分馆馆舍面积近 300 平方米，馆藏图书 1 万余册，设有阅览座席 50 余个，馆内设有阅览区、展览区、沙龙区、休憩区等功能区域。该馆入选 2021 年度苏州市“最江南 · 公共文化特色空间”。

六、玉山分馆

玉山分馆（见图 6）地处“国家级著名和特色商业街区”——淮海街（一条集生活、服务、文化、历史为一体的多元化特色街道），是苏州图书馆与高新区文化体育和旅游局合作打造的一个以文学和艺术为主题的分馆，作为苏州图书馆第 100 个分馆，玉山分馆于 2023 年 4 月 21 日正式对外开放。

这是一个充满美学元素和人文艺术气息的文化空间，馆舍宽敞明朗，极具现代风格。玉山分馆虽然地处繁华的闹市街头，但这种喧闹又恰到好处地与其浓郁的文化气息融合在一起，与淮海街上的“烟火气”和“国际范”交相呼应，成为一道独特的风景。

馆舍面积近 400 平方米，馆藏图书 6000 余册，以文学和艺术类别为主。功能区域分为成人阅览区、少儿阅览区、数字阅读区以及展览区，并设有阅览座席。无论是前来打卡的游客，还是慕名而来的阅读爱好者，在闹中取静，都能体验到一种集阅读、休闲、美学为一体的图书馆阅读新模式。开放时间为周二至周日 10：00 到 21：00。

图 6 玉山分馆室内图

七、文昌分馆

2022 年 1 月，以运河文化为主题的文昌分馆（见图 7）正式对外开放。该馆地处“九达之冲，吴郡巨镇”浒墅关，位于浒墅关经开区鸿文雅苑 39 幢文昌社区党群服务中心三楼。馆舍装修设计呈现大运河特色文化，通过展示在浒墅关运河采集的历史陶瓷碎片，设立运河文化图书专架，继承和发扬苏州运河文化的地方特色，在阅读与历史记忆间架起文化桥梁。

馆舍面积近 200 平方米，馆藏图书近万册，其中特设运河文化主题图书专架，功能区域分为成人阅览区、少儿阅览区以及电子阅览区，设有阅览座席 40 个。

图 7　文昌分馆室内图

八、“红色活力站”轨交分馆

2021 年，苏州图书馆以“党建+”为核心，依托轨交枢纽节点优势和总分馆服务体系，深度挖掘馆藏红色资源，融合党建主题和图书馆特色，推出开放、集约、共享的新型党建主题特色阅读空间——“红色活力站”，项目以轨交分馆（广济南路站、狮子山站、红庄站）为重点，串珠成链，展示红色文化。“红色活力站”轨交分馆除公共图书馆服务功能外，特别推出红色初心书架、红色阅读生活、红色公益朋友圈等红色文化“套餐”，方便群众在上下班路上、在家门口就能感受到便捷、优质、集成的红色文化生活（见图 8）。站内装备智能设备和移动终端，并通过苏州图书馆“中央厨房”公共文化产品生产模式，统一配送总馆红色文化活动。

图 8 “红色活力站”轨交分馆（狮子山站）

（撰稿人：分馆管理部　陆秀萍　陆雨婷；综合办公室　万叶君　肖晗悦　高舟洋）

“学古堂·文学馆”古籍主题空间

作为历史与文化传承的载体，古籍不仅在文化遗产的继承与传播中扮演着至关重要的角色，而且是我们深入了解历史、启迪未来的宝贵资源。在此背景下，以古籍为主题的特色文化空间得以应运而生，此类空间运用现代设计手法，融合传统文化精髓，以整体的空间氛围，唤醒公众对传统文化的热爱与尊重。苏州图书馆内的“学古堂·文学馆”主题空间便是这样一个典范，它不仅设有特色的古籍阅览区、古籍知识普及区，还包括多功能的活动展示区，充分体现了苏州图书馆在古籍保护和利用上的创新服务理念。

一、“学古堂·文学馆”的历史传承与文化价值

苏州图书馆的前身江苏省立第二图书馆，成立时继承了原正谊书院以及学古堂、存古学堂的藏书。正谊书院始建于清嘉庆年间，坐落于风景秀丽的可园附近。书院曾在战乱中遭受重创，但仍有余书。光绪十四年（1888），黄彭年任苏州布政使，采纳苏州名士雷浚的建议，修复了可园，并在此基础上创建了学古堂，更增建了藏书楼博约堂，原正谊书院的留存图书也转入其中，使之成为江南地区重要的文化交流阵地。学古堂的藏书量从六万余卷迅速增至八万卷，藏书除传统的经史子集四大部类外，尚有西方声光电化等书。这批图书奠定了现在苏州图书馆古籍藏书的基础。光绪三十一年（1905），学古堂停办，改为“江苏游学预备科”，光绪三十四年（1908）又改为存古学堂。辛亥革命后，书籍房舍全部封存，随后转交给新建立的江苏省立第二图书馆。

时至今日，本馆现藏古籍中，仍有不少钤有“正谊书院藏书印”“学古堂藏书印”“存古学堂藏书印”，即为正谊书院、学古堂及存古学堂旧藏。

这不仅见证了苏州乃至江南地区文化的厚重，也体现了这些藏书机构在历史上的重要地位。如今的“学古堂·文学馆”不仅继承了苏州图书馆悠久的文化传统，更成为人们研究和探索苏州地域文明以及中华典籍文化的重要场所。其所包含的文化价值和历史传承，在当代依旧发挥着重要作用，更是活跃于当下的传统文化交流与创新的平台。

二、“学古堂·文学馆”的设计理念与功能划分

在当代文化遗产保护与传播的语境中，空间设计正日益被认为是一种重要的视觉表达方式。“学古堂·文学馆”作为古籍主题阅读和优秀传统文化展示的重要窗口（见图1），以优秀的设计理念和精细的功能布局，构筑了一个连接古今、交织传统与现代的文化空间。“学古堂·文学馆”不单单

图1　学古堂入口

是静谧的古籍阅读场所，还承担着展示苏州当地文化、承接苏州“文脉”的作用，与整个城市“崇文重教”的精神内涵相呼应。

首先，在空间的整体精神气质上，凸显“苏州特色”。设计的核心在于如何将历史文化的沉淀与现代审美巧妙融合，以达到传统气息与当代氛围和谐统一的效果。传统文化元素的合理使用，充分展现了古籍主题空间的特色。例如文学馆空间内采用的竹、石等传统陈设物以及模仿苏州园林风格的廊道设计，不仅体现了传统文化的丰富内涵，也是对苏州地区悠久的文教传统、建筑工艺、审美情趣的继承。墙面上苏州历代先贤的介绍，则犹如一条时光之线，引领读者沿着历史的轨迹，探寻苏州文化的源流，进而深化他们对苏州古代文化的认识以及作为苏州人的情感认同。

其次，在内部设计上，遵循“有序、整齐、美观”的原则，突出整体空间美感的自然呈现。具体布置上，采用了新中式风格的阅览桌椅和书架，不仅确保了空间的典雅和古朴，而且也营造了一个艺术气息浓郁的阅读和展示环境，让读者在沉浸式的体验中感受到传统文化的魅力。此外，“学古堂·文学馆”总体空间面积超过650平方米，管理制度完善、设施先进、安全措施周到，为读者带来了宽敞、舒适、安全的阅读环境。

此外，“学古堂·文学馆”在功能分区上力求精细，每个区域都有特定的功能，足以满足多样化的文化需求。整个空间被划分为三个主要的功能区：阅览区（见图2）、展示区（见图3）和活动区。阅览区内陈列的是精心挑选的大型古籍影印丛书和仿真线装书，内容丰富，包括了经史子集四部类书籍，尤其以地方文献和家谱为馆藏亮点。展示区的主要作用，是向公众展示古籍相关知识以及苏州地区浓厚的藏书、刻书、著书文化。展示内容包括图片、实物、修复工具等，紧扣古籍及传统文化主题，作为常设展，向大众宣传古籍知识和苏州优秀文化。活动区作为文化交流和阅读推广的中心，定期举办各类活动，如古籍修复展示、传统文化讲座、书法绘画工作坊、传统节日手工体验等，不仅丰富了市民的文化生活，也成为市民了解和体验古籍及传统文化的第二课堂。这些活动让古籍文化“活”了起来，变得更加生动与亲切，也增强了公众对优秀传统文化的认同感。

图 2 学古堂阅览区

图 3 学古堂展示区

三、“学古堂·文学馆”的文化推广与服务创新

“学古堂·文学馆”，作为苏州图书馆的重要服务窗口，也是致力于服务创新和中华优秀传统文化推广的特色场域。它借助丰富的馆藏古籍资源，立足本土文化，推出了“吴门缥缃”一系列文化推广活动（见图4），包括活字印刷体验、传统线装书制作、鲁班锁拼装和碑刻传拓技艺体验等众多内容。此外，还联合民间读书会、民俗团体等社会力量，展示了苏州图书馆在社会教育中的重要功能。通过讲座、体验和观摩等形式，主题空间不仅仅给读者提供了一个学习和研究的高品质环境，更创造了一个连接过去与现在、传统与现代的文化桥梁。这些丰富多样的展示与活动，不仅拉近了古籍资源与社会公众的距离，而且对宣传苏州地方文化知识、传承非物质文化遗产技艺、推动中华优秀传统文化的创造性转化与创新性发展起到了重要作用。依托“学古堂·文学馆”古籍空间开展的“吴门缥缃”品牌

图4　2023年8月，苏州图书馆在学古堂举办“吴门缥缃”系列品牌活动

活动，先后荣获中国图书馆学会“阅读推广优秀项目”“第二届公共图书馆创新创意推广活动案例”“苏州阅读节优秀活动奖”以及苏州市“优秀阅读创新项目”、苏州市群众文化“五个一百”工程优秀文化活动品牌等多个奖项。

同时，主题空间的打造，也离不开服务方式的革新和对服务质量的高标准追求。通过线上线下相结合的方式，学古堂不仅能给读者提供传统的实体书阅览服务，而且利用先进的技术手段，推出了古籍资源的数字化查询服务（见图 5）。读者在学古堂内提供的电脑上，可以使用本馆古籍资源全文检索、简繁体转换以及笔记、注解、修订等功能，显著提高了阅读的便捷性和互动性，极大地提高了读者查找资料的效率，丰富了读者的阅读体验，不仅能满足古籍爱好者个人的兴趣探索需求，也加深了专业人员学术研究的深度。

图 5　学古堂古籍数据库阅览区

在服务质量上，主题空间也始终秉承“以人为本”的服务理念，将读者的需求置于首位，致力于满足大众的精细化、多元化、个性化和体验化需求。馆内服务人员以热情、耐心、诚恳的服务态度接待每一位读者，通过定期的专业培训，不断提升自己的业务能力和专业素养，从而最大限度解决读者的疑问，满足不同读者群体的需求。

“学古堂·文学馆”在古籍内容创新和特色服务上的先进经验，得到了众多媒体的宣传报道及社会大众的广泛认可。2022 年 12 月 1 日苏州古籍馆揭牌，国家古籍保护中心官微、苏州图书馆官微就对“学古堂”古籍主题空间进行了详细的宣传介绍。2023 年《苏州全书》首批图书入藏苏州图书馆，在“学古堂”上架，苏州广电新闻频道也对此进行了宣传报道。这些媒体报道，进一步凸显了其作为传统文化传承与推广平台的重要价值。2023 年，“学古堂·文学馆”古籍主题空间入选江苏省“最美公共文化空间”打造对象名单。

综上所述，“学古堂·文学馆”作为古籍主题空间，不仅继承和发扬了中华优秀传统文化，而且巧妙地将现代审美和技术融入其中，向大众展现了传统与现代相结合的新方式。这种富有特色的文化空间设计，赋予了典籍和传统文化新的生命力，使它们不再只是历史的尘封记忆，而变成了鲜活的历史见证，持续在当代及未来社会中，发挥其特有的文化育人作用。苏州图书馆在公共图书馆服务创新领域的探索和实践，不仅为公共文化服务的未来发展开拓了新视野、提供了可能性，同时也向全社会展示了新时代下公共文化服务新动向的“苏图”模式。

（撰稿人：苏州图书馆古籍保护中心　朱海森）

地域文化推广

丝竹之韵——听·说‖乐读课堂

坚定文化自信，是事关国运兴衰、文化安全、民族精神独立性的大问题。从党的十九大报告提出“坚定文化自信，推动社会主义文化繁荣兴盛”，到党的二十大报告提出“推进文化自信自强，铸就社会主义文化新辉煌”，我国文化建设的内涵不断丰富，要求不断深化。

一、项目设计

随着社会的发展和文化的繁荣，音乐逐渐成为人们生活中的重要组成部分，尤其是中国民族音乐，得到越来越多人的喜爱。民族音乐是产自于民间，流传于民间的，表现民间生活、生产的歌曲或乐曲。中国的民族音乐艺术是世界上非常具有特色的一种艺术形式。要认识中国音乐，就必须从民族的、历史的、地域的角度去了解，从而真正理解中国音乐的内涵，了解它在世界音乐体系中的地位和历史价值。要用本民族的音乐语言，讲述中国故事，表达中国人的情感，传递中华民族文化。

文化是苏州的灵魂底色和精神基因，承载着城市精神品格和理想追求。公共图书馆作为一座城市的知识殿堂和文化中心，自然也肩负着弘扬优秀传统文化的职责。苏州图书馆有责任充分发挥公共图书馆在传承、发展中华优秀传统文化中的作用，大力弘扬优秀传统文化，同时进一步创新、拓展阅读模式。在此背景之下，苏州图书馆选择与苏州民族管弦乐团合作，以丝竹音乐与阅读文化相结合的方式，打造出极具特色的阅读平台——“听·说‖乐读课堂”。

作为苏州本土优秀的民乐乐团，苏州民族管弦乐团是由苏州市和高新区共同成立的市级职业乐团，由著名指挥家彭家鹏任艺术总监兼首席指挥，著名二胡演奏家、作曲家朱昌耀任艺术指导，苏州市文联名誉主席、国家一级艺术监督成从武任顾问。乐团先后获得全国文旅系统先进集体、全国十佳民族管弦乐团、奥地利音乐剧院奖·国际交响乐团奖、文旅部“欢乐春节”引导奖励资金评选一等奖、丝绸之路国际艺术节·丝路文化贡献奖、国家艺术基金项目、江苏省文华大奖、江苏省文明单位等荣誉。

二、主要内容

民族音乐不仅仅包含优美的旋律、浓郁的情韵和精妙的艺术，更有其传承的文化精神和引申的当代表达。苏州图书馆携手苏州民族管弦乐团共同打造出“听·说‖乐读课堂”这一品牌，它将丝竹音乐与阅读文化完美结合，旨在提升市、区民族音乐爱好者艺术素养，同时满足广大人民群众精神文化需求。“听·说‖乐读课堂”系列活动以“音乐、参与、分享”为主旨，汇聚行业大师、名家、新秀，涵括古典、传统、现代等多种音乐形式，以演出、讲解、学术讲座等多种形式开展传播交流。

1. 导赏部分

一场清晰的导赏，是聆听一场音乐会的精彩“前奏”。导赏嘉宾类似于音乐版的“导游”，他的任务是引导观众理解和欣赏音乐作品，增强音乐表演的艺术效果，以及增强观众的欣赏体验。在音乐会过程中，导赏嘉宾会通过讲解、示范、互动等方式，引导观众了解音乐作品的主题、情感和表现手法，激发观众的兴趣和热情，使观众能够更好地理解和欣赏音乐作品。同时，导赏嘉宾还会注意观众的反应和需求，及时调整讲解内容和方式，确保观众能够获得最佳的欣赏体验（见图1）。总之，音乐会导赏的意义在于提高观众的音乐欣赏水平，增强音乐表演的艺术效果，以及为观众提供更好的文化生活体验。

2. 演出部分

演奏曲目主要以传统江南丝竹音乐为主。江南丝竹音乐起源于中国江

图 1 2024 年 5 月 13 日，苏州图书馆北馆，“两岸情缘姑苏情韵”导赏音乐会导赏嘉宾王于真

南地区，特别是苏州、杭州一带的水乡地区，主要由民间小调、戏曲和曲艺等发展而来，后来逐渐形成了以丝弦和竹管乐器为主，配合打击乐器的音乐形式。江南丝竹音乐的演奏风格轻盈、优雅，旋律优美动听，具有浓厚的地方特色和民间气息。演奏曲目由苏州民族管弦乐团精心挑选，不仅有中国传统经典名曲，还有国外经典。每场导赏音乐会都有一个主题（见图 2），每场都会由一种管弦乐器作为主角，如二胡、中胡、板胡、京胡、阮、琵琶、古筝、笛子、箫、笙等。每场演出都意在能充分展示传统乐器的艺术魅力，让观众从不同的视角，近距离感受中国民族音乐欣欣向荣、蓬勃发展的时代风貌。

三、实施要点

1. 精心策划 有序实施

每场导赏音乐会都要事先确定主题，为确保音乐会的高质量、高标

图 2　2024 年 11 月 11 日，苏州图书馆北馆举办主题为
“运河两岸风情画”的导赏音乐会

准和高观赏性，需明确音乐会的主题和目标，如吸引更多观众、推广民族音乐文化或是根据节日来编排节目，后再确定演出人员。接下来需要对接乐团工作人员，对场地进行确认，确认活动场地布置（灯光、音响、屏幕等），并提前对设备进行安装、调试等。同时，媒体宣传同步进行，制作一系列宣传推广计划，包括海报设计、节目单制作。每期活动确定后，利用苏州图书馆小程序发布报名信息。除了馆内线下宣传外，同时也会通过苏州图书馆官微和官网、苏州管弦乐团官微以及苏州市广电和旅游官网等渠道同步推广，尽可能做到全覆盖。演出当天，观众凭报名二维码核销有序入场，做好现场秩序维护和安保工作，同时做好现场摄像、拍照工作，有的主题演出还会有现场互动环节。活动结束后，苏州图书馆要对本场观众进行统计，存档录像和照片，撰写活动通讯稿，收藏备案媒体报道。活动复盘时，收集各方意见，整理分析，评估活动的影响，以改进今后的活动。

2. 公益惠民　传承文化

民族音乐作为中华文化的重要组成部分，具有丰富的艺术魅力和文化内涵，公共图书馆有责任推广和传承中国的传统文化。导赏音乐会作为一项公益活动，通过极具特色的音乐阅读文化平台为大众提供了一个了解和欣赏音乐的机会，帮助观众深入理解音乐作品，提升他们的艺术审美和文化素养，同时也推动了音乐文化的传播和普及。通过导赏讲解和民族器乐的合奏，让观众更加深入地了解和感受民族音乐的魅力，增强观众对民乐的认知和了解，从而进一步弘扬民族文化，增强民族自豪感。

3. 跨界合作　优势互补

公共图书馆与苏州民族管弦乐团合作，共同策划和组织音乐会，实现资源共享和优势互补。乐团可以通过在苏州图书馆的演出和活动，接触到更广泛的观众群体，提高自己的知名度和影响力。同时，苏州图书馆通过这样的优质服务，推动传统艺术的传承和发展，拓展公共图书馆的服务范围和影响力，使更多人走进图书馆。这种跨界合作有助于推动艺术创新，能使公共图书馆更好地跨平台整合资源，提高服务水平，推动文化事业的发展，也为民族音乐提供更多的展示平台和发展机会。

四、成效及影响

苏州图书馆“听·说‖乐读课堂”导赏音乐会2023年度共计完成12场演出任务，总共参加1534人次，取得了良好的社会效益。项目还荣获“2020年第十五届苏州阅读节优秀活动奖”“2021年苏州市优秀阅读创新项目”。

“听·说‖乐读课堂”导赏音乐会向公众免费开放，使得优质文化资源和文化服务向基层倾斜。导赏音乐会为大众提供高质量的音乐演出，丰富人民群众的精神文化生活，提高音乐素养和文化素质，让更多人有机会接触和欣赏高水平的音乐演出，以满足人民群众的精神文化需求，增强文化自信心和民族自豪感，体现出了公益惠民性。导赏音乐会每场都会安排专业的导赏嘉宾对演出曲目进行讲解和赏析，帮助观众更好地理解和欣赏音乐作品。通过导赏的方式，可以引导观众深入了解音乐作品的内涵和背景，提高观众的艺术鉴赏能力和审美水平。演出涵盖不同类型的音乐作品和演出形式，保证了多样性。除了常见的江南丝竹、吴侬软语，其他还有室内乐、声乐、昆曲、京剧等。这种多样性可以让观众接触到不同类型的音乐作品，拓宽视野，增强对音乐的感知和理解。

作为公共文化服务机构，苏州图书馆通过开展此类优质的文化服务，积极履行社会责任，让更多的人走进公共图书馆，了解公共图书馆的资源和服务，进而提高公共图书馆的使用率和影响力。这也彰显了公共图书馆的社会担当，提高其在社会中的声誉和地位。

（撰稿人：会展中心　赵明　许苑）

苏韵流芳——苏剧的传承与保护

法国艺术评论家丹纳说过:“要了解一件艺术品，一个艺术家，一群艺术家，必须正确地设想他们所属的时代的精神和风俗概况。这是艺术品最后的解释，也是决定一切的基本原因。”每种艺术都有其根源，戏曲作为中国所独有的一种艺术形式亦有其深植的文化土壤。

一、项目设计

习近平总书记在给中国戏曲学院师生的回信中写到：要坚定文化自信，弘扬优良传统，坚持守正创新。传承发展戏曲艺术必须坚定文化自信。树立文化自信，就要让中华文化真正大放异彩，就要以保护为基，以做精为钥，以创新为方。唯有如此，才能真正书写中华之强、振奋民族之魂。文化自信提升了人们的思想认知，明确了前进的方向，勘定了正确的道路，也赋予人们丰饶的智慧与强大的定力。我们要推动文化建设“形于中”而“发于外”，切实传承好、发展好、传播好中华优秀传统文化，让中华文化在新时代大放异彩。

优秀传统文化的传承和发扬必须和社会实践紧密结合，必须面向群众、扎根群众。公共图书馆作为一座城市的知识殿堂和文化中心，自然也肩负着弘扬优秀传统文化的职责。为了充分发挥公共图书馆在传承、发展中华优秀传统文化中的作用，大力弘扬苏州本土优秀传统文化，同时进一步创新、拓展服务模式，苏州图书馆经过多次商讨研究，最终以“苏剧”为活动目标，开展相关传承与保护活动。苏剧是苏州的地方剧种，曲调清丽优美，唱腔婉转动听，对白吴侬软语，颇有地方特色韵味，它在中国众多地方戏曲中独树一帜，是吴地民间的音乐遗产，是戏曲文化的珍宝。其和昆曲、苏州评弹并称为苏州艺坛“三朵花”，2006 年被列入第一批国家级非物质文化遗产代表作名录项目。

二、主要内容

“苏韵流芳”系列活动一共分为四个部分，分别是名家讲座、现场展演、剧目演出和展览展示。

1. 名家讲座

主讲是以王芳、屠静亚为首的苏剧表演艺术家，通过讲演结合的方式，让市民简单地了解苏剧历史表演形式，初步体验苏剧艺术魅力。王芳（见图 1）是国家一级演员、苏昆名家。她的讲解细致温婉、丝丝入扣。从苏剧的历史与剧团的沿革，到苏剧、昆曲的异同点，再到戏曲中手势、眼神、仪态、唱腔中“四功五法”的运用，她深入浅出、讲演结合，让观众体会

图 1　王芳老师在苏州图书馆北馆多功能厅为读者讲解苏剧的渊源

到苏剧名家的大家魅力。每次讲座，王芳还会手把手地教现场听众如何做一个温柔的兰花指、如何用微笑的表情展示心理细节、如何展示大家闺秀的身段姿态，听众们获益颇多。屠静亚是国家二级演员，师从尹继梅、凌继勤，嗓音清丽，表演细致。她从一名中青年优秀苏剧演员的角度，与听众分享自己在苏剧传承、学习、发展中的心路历程。让读者看到中青年苏剧演员的才华，以及薪火相传的源远流长。最后的戏服体验活动（见图2）又一次把讲座推向了小高潮，很多听众穿着戏服，要求老师现场教上一句，亲身体验苏剧表演的魅力。

2. 现场展演

每场讲座选取一段经典剧目进行展演，通过现场表演和讲解，丰富市民对苏剧的认识，同时市民也能亲身体验苏剧的表演流程，感受苏剧的独特艺术魅力。展演选取的片段有:《精忠记·岳雷招亲》、《花魁记·醉归》、《快嘴李翠莲·辞别》(见图3)、《十五贯·访测》，这几部折子戏都有其鲜明的艺术特点。首先它们的音乐设计比较独特，运用了丰富的曲牌和唱腔，使每部戏都有其独特的音乐风格。苏剧音乐旋律优美，既有传统的韵味，又富有现代感，让观众在听觉上得到极大的享受。其次表演风格非常细腻传神，注重人物内心的情感表达。演员们的表演功底深厚，能够准确地把握角色的性格特点和情感变化，使观众能够深入地理解角色的内心世界。最后剧本改编方面也很有特色，非常注重历史真实与艺术创作的平衡。剧本情节紧凑，结构严谨，同时又能够深入挖掘历史人物的内心世界，使观众在欣赏剧情的同时，也能够了解历史、思考人生。因此，选择这四部折子戏进行演出赏析。

3. 剧目演出

演出地点选在苏州图书馆北馆四楼空中花园（见图4、图5)，以戏曲人物、传统文化等元素装点活动现场，配合戏曲主题茶歇，打造出具有浓郁传统特色的艺术氛围，以沉浸式体验的方式，让观众观赏青年演员带来

图 2　2022 年 7 月 16 日，读者在苏州图书馆北馆多功能厅进行戏服体验，屠静亚老师近距离教授读者如何摆手势

图 3　2022 年 6 月 4 日，青年演员在苏州图书馆北馆多功能厅现场为大家表演名曲《快嘴李翠莲·辞别》片段

图 4　2020 年 10 月 31 日，青年演员在苏州图书馆北馆四楼空
中花园带来《十五贯·访测》的剧目演出

图 5　2020 年 10 月 31 日，苏州图书馆北馆四楼空中花园剧目演出的现场读者

的经典苏剧折子戏。整个活动现场着重突出苏剧的艺术特征，即“唱、念、做、打”基本四功和“手、眼、身、法、步”五法。青年演员们悠扬婉转的唱腔和惟妙惟肖的演技为观众们献上了一场精彩纷呈的文化盛宴，他们富有青春气息的表演，让更多人看到了优秀传统文化在青年演员身上生生不息、代代相传！现场讲解和展演，更直观地加深了市民对苏剧的认识，同时市民也可以亲身体验苏剧的表演流程。举办这样一场公益演出，不但展示了苏州本土艺术，也让更多的市民关注和参与苏剧的传承，为保护和传承这一非物质文化遗产奠定基础。

4. 展览展示

苏州图书馆于大厅进行了为期三个月的苏韵流芳的展览展出，从苏剧简介、经典剧目、代表人物、保护状况、获奖情况等多方面入手，突出展示了苏剧从默默无闻到备受关注，再到剧目摘夺大奖的精彩点滴，也体现了每一代苏剧人保持初心、砥砺前行的心路历程，受到了观众的广泛好评。同时苏州图书馆利用新媒体平台进行广泛宣传，吸引更多年轻观众关注和参与，让更多群众无距离地享受现代服务。如：在苏州图书馆微信公众号发布的相关讲演视频，使感兴趣的市民足不出户也能了解苏剧和苏剧演员，增强民众对本土文化的归属感、自信心和自豪感。

三、实施要点

苏州图书馆“苏韵流芳——苏剧的传承与创新”系列活动通过“讲、演、观、课”四个方面，全方位地展示苏剧艺术，体现苏剧魅力，让更多的群众了解苏剧、认识优秀的青年演员，让苏剧艺术薪火相传，经久不衰。

1. 讲演结合：从“纸上之曲”到“场上之曲”

坚持问需于民，创新供给，以实现公众满意为出发点和落脚点。传统的文化讲座形式显然已经无法满足新时代观众对于文艺表演的需求。单一的表演形式缺乏创新性，让戏曲文化走进公共图书馆，除了在环境氛围上给予人们新鲜感外，还需要在表演形式上下点工夫。

苏州图书馆邀请到的“苏韵流芳”几场讲座的主讲老师都不仅能讲述还能表演。她们从苏剧的历史与剧团的沿革开始讲述，到苏、昆的异同点，再到戏曲中手势、眼神、仪态、唱腔中“四功五法”的运用以及自己在苏剧传承、学习、发展中的心路历程，最后亲身演唱了一段折子戏，让观众们感受到不同演员对同一个角色的不同理解和演绎，从最直观的角度感受优秀传统文化在经历了历史沉淀之后，焕发出的勃勃生机。

2. 由观入课：初闻不识曲中意，再闻已是曲中人

服务主体多元化，创新体制，依靠公共力量实现服务效果最大化。戏曲不仅是一种舞台艺术，同时也是现实生活的一种反映。正所谓艺术来源于生活，剧中人物之间的矛盾冲突某种程度上是现实生活中人与人之间矛盾冲突的反映。苏剧不仅仅是一首首戏曲的集合，更是特定历史条件下苏州时代精神的集中反映。

看一段戏曲演出，可能还不足以领会一个剧种的魅力，但当人们身临其境，看到戏曲人物在身边穿行，历史故事在眼前上演，这种沉浸式的体验让人回味无穷。穿越岁月，跨越空间，苏剧唱着它自己的故事，让人们透过表演观看到了历史与文化的印记。这是一场戏曲演出，同时也可以说是一种文化课堂。台下观众的欢笑和掌声都是对这段表演最好的肯定，这是因为人们听懂了故事，也找到了苏剧与当下现实生活交汇的接点。

四、成效与影响

“苏韵流芳——苏剧的传承与创新”系列活动开展以来，服务人次 15 万左右，普惠民众，取得了良好的社会效益。本系列活动荣获中国图书馆学会 2020 年阅读推广示范项目、2020 年度省社科联社科普及资助基地项目、苏州市 2020 年度社科普及创新引导扶持一类项目、苏州市“优秀阅读创新项目”等荣誉称号。

泱泱华夏，历尽千帆归来，代代传承，展现着属于其特有的阅历与气质。传统文化需要以人为本，以文化人。文化是苏州的灵魂底色和精神基因，承载着城市精神品格和理想追求，苏剧更是经历过时间萃取和沉淀下来的优秀本土文化之一。苏州图书馆作为一座极具人文温度的公共图书馆，不仅仅要对文化进行传承与保护，更要守正创新，让中华文化焕发出新的生机与活力，以时不我待的昂扬姿态，守望江南文化之魂，打响“江南文化”品牌，助推文旅融合高质量发展。

（撰稿人：会展中心　许苑　雷茜）

珍享学苏州闲话

文化永远是一个民族屹立不倒的灵魂标杆，方言作为中华传统文化的重要组成部分一直哺育并熏陶着人们的思想和灵魂，对我们的生活产生深远持久的影响。吴语，作为汉语方言大家庭中的一员，其分布区域涵盖了长江以南的广大地区，包括上海、浙江、江苏、安徽以及福建等地。吴语的起源可追溯到春秋战国时期，其承载着深厚的历史底蕴和文化内涵。苏州话是吴语的代表，她的轻清柔美，在很久以前就已成为一种文化的标识，顾况《南归》诗说："乡关殊可望，渐渐入吴音。"辛弃疾词里有"醉里吴音相媚好"的句子。在城市化进程中，方言逐渐被遗忘，利用率也越来越低，很多人已经很难开口讲苏州话，同时还有传统俗语、俚语中的地方文化也在丢失。城市文化是一个城市的灵魂，图书馆作为传播先进文化的阵地，承载着城市的文明积淀和记忆。苏州图书馆自 2018 年起每周六举办读者主题活动"跟伲喻老师学讲苏州闲话"，深受读者欢迎，该活动在 2019 年获评"中国图书馆学会 2019 年阅读推广优秀项目"。

一、项目设计

为了更好地传播苏州方言，2019 年由苏州图书馆全新推出的苏州方言教学及阅读推广服务活动"珍享学苏州闲话"上线，该活动对苏州图书馆原有的读者主题活动"跟伲喻老师学讲苏州闲话"进行了重新定位与升级。活动由馆员珍珍作为主讲人，以"传承吴文化　学好苏州话"为宗旨，以线上视频、互动+线下课堂、沙龙为主要形式，联合社会各界有吴文化专业背景的单位以及专家、志愿者进行吴语教学，普及江南文化。"珍享学苏州闲话"活动打破原先传统的上课模式，以图书馆为中心，把阅读推广服务配送进各企事业单位，受众人群范围也在原有的基础上扩大了，深受广大读者的欢迎。

二、主要内容

1. 线上课堂

“珍享学苏州闲话”线上课堂，面向全年龄段的市民朋友，馆员珍珍带领吴语志愿者以录制音频、视频和直播，为主要形式，以公众号与直播间为主要平台，拓宽苏州方言与江南文化推广的宣传渠道，满足读者对于地方文化的多样化需求，为读者提供个性化的便利阅读服务。此外，“珍享学苏州闲话”还设立多样化的互动方式。如设立微信互动课堂，开展“每日一句”“线上答疑”等互动活动，为读者教授苏州方言常用语的同时，增加读者与活动品牌的黏性。

截至 2023 年底，“珍享学苏州闲话”线上课堂共开展 169 场，参与人数 81478 人次，线上视频 54 期，转发量 20000 余次，观看人数 168346 人次，并通过苏州图书馆视频号、人民日报客户端直播（见图 1），观看人数超 300000 人次；被央广网、中国日报网、中国经营网等数十家国家级媒体报道。参与过的读者纷纷表示这种新颖的学习方式既可以满足学习方言的需求，又不被时间、空间所束缚，无论你在哪里，就连躺着也可以学讲苏州话、了解苏州风土人情，老师还会每周在线上进行辅导、答疑解惑。也正因为有了线上教学，“珍享学苏州闲话”的影响范围越来越大，服务人群不仅限于苏州地区，来自北京、新疆、湖北甚至身居海外的朋友也能听到来自苏州的声音。该活动在传播苏州闲话的同时，也抚慰了漂泊异乡游子的心。

2. 线下课堂

“珍享学苏州闲话”线下方言课堂（见图 2），每月围绕一个主题开展线下教学，馆员珍珍通过领读的方式面对面教授苏州方言，并根据授课人群年龄层次来设置互动环节，做到人人都开口，再对读者发音进行及时纠

图 1 “珍享学线上课堂/文化江南里的乡愁”人民日报直播

图 2 “珍享学苏州闲话”线下方言课堂

正和指导。2013年度线下课堂以“二十四节气”“童谣里的苏州”“诗词之旅”等为主线，围绕苏州特色吃食、风俗习惯、诗词歌谣等展开，除了现场教学和纠正发音，馆员珍珍还会讲解每个节气苏州人的风俗习惯。课程结束后当场检验学习成果，学员们两两一组练习对话，巩固学习成果。让读者在了解苏州风俗的同时，学会如何用苏州话来表达。另外，活动现场还有一些与本次教学相关的书籍供读者免费借阅。这种方言教学与文献借阅相结合的方式，既满足了读者对苏州方言的学习需求，又推动了江南文献的流通。

三、实施要点

1. 课程定制，精准服务

“珍享学苏州闲话”线下课堂自开课以来受到了广大读者的欢迎，很多读者来到授课现场，每场需额外增加座椅。据现场读者所述：现如今社会各个领域对苏州方言教学的需求很大，但大多数人找不到一个正规学习苏州话的地方，能参与“珍享学苏州闲话”活动的读者还是少数。为更好地做好读者服务工作，提高读者的满意度，“珍享学苏州闲话”特开设方言课堂专场，并根据不同的受众群体编写了有针对性的教案，把服务送进市广播电视总台、市志愿者总会、姑苏区区委党校、银行、学校等单位（见图3、4），现场市民积极参与互动学习，并主动加入线上互动课堂巩固线下所学。通过服务配送为民众提供更优质、更高效的公共文化服务。

2. 资源整合，学以致用

线下课堂极强的互动性激发了读者说苏州话的欲望，他们希望自己用苏州话讲的苏州故事可以被更多人所关注。为此苏州图书馆特联合苏州市语言文字工作委员会办公室、苏州职业大学石湖智库方言教学与研究中心、苏州评弹学校等单位，共同打造“遇见·吴语”首届苏州方言大赛，比赛面向社会全年龄段市民征集作品。比赛期间，珍珍老师被邀请走进大学院

图 3 “珍享学苏州闲话”走进市广播电视总台

校、残障群体、街道社区进行赛前集中辅导。同时，为方便外地朋友参与，比赛还专门建立了“方言大赛微信群”，珍珍老师每周末在线进行参赛辅导，比赛进一步扩大了方言传播的范围。比赛圆满落幕后，大赛获奖选手们被赋予了新的使命，组建“珍享学苏州闲话”吴语志愿者队伍，在享受公共图书馆带来的公益服务的同时，也可以投身到活动中去，做到真正的学以致用。

3. 守正创新，活态传承

“遇见・吴语”首届苏州方言大赛成功举办，进一步证明了阅读推广多元化的重要性。不仅要满足读者“学”的需要，还要策划更多形式的主题活动。未来，珍珍将以一本书为主轴，带领读者走街串巷去苏州人生活的地方，讲一讲书本中历史名人的故事，听一听相邻间常用的苏州方言，让读者真正看到、听到书本中描绘的江南。同时，第二届苏州方言大赛将苏州方言与“经典诵读”推广相结合，用苏州声音讲好苏州故

图 4 “珍享学苏州闲话”走进苏州职业大学

事，赋予全民阅读新形式，展现江南文化魅力，坚定文化自信。

四、成效与影响

1. 传承地方文化

2019 年以来，“珍享学苏州闲话”线上、线下课堂已开设 200 余场，展露了一个城市的方言情结。“老苏州”有地方可传，“小苏州”有地方可学。“珍享学苏州闲话”为传承与发展吴文化奉献力量，得到了社会各界的认可。

2. 发挥社会教育职能，营造了终生学习的氛围

经济的发展需要文化不断滋养，公共图书馆是市民终身学习的最好场所。在相关领导和广大市民的支持下，“珍享学苏州闲话”阅读推广活动充分发挥了图书馆的社会教育职能，以全体社会成员为服务对象，不论年龄、性别、民族等，所有人都可以参与方言学习。同时鼓励外来打工者、残障群体共同参与，促进了全民学习、终身学习。

3. 吸引众多参与者，获得社会认可

“珍享学苏州闲话”活动以“传承吴文化，学好苏州话”为主旨，自开展以来深受广大市民的欢迎与全国各大媒体的关注。线上课堂“文化乡愁里的江南”人民日报客户端直播活动单场参与 300000 人次。“珍享学苏州闲话”与讯飞合作的“苏州闲话来哉”方言公开课，吸引了人民日报社、央广网等 10 家国家级媒体，新华日报社、扬子晚报社等 15 家媒体以及苏州新闻等多家地方媒体争先报道。“珍享学苏州闲话”2020 年获评苏州市优秀阅读创新项目，2021 年获评江苏省社科联拟资助基地项目，2023 年入选“苏州市社科普及惠民扶持项目”。

4. 强化乡情链接纽带

方言是一座城市的灵魂，无论身在何处，听到乡音就会有一种回家的感觉。“珍享学苏州闲话”积极为在苏求学、工作的外乡人搭建平台，经过不断努力与创新，整合相关合作单位，不但给“新苏州人”提供了学习方言的好去处，也为在城市中逐渐遗忘方言的本地人找到了“家”的感觉。

（撰稿人：借阅中心　贾珍）

苏州大讲坛之“文明探源”与“典范江南”

苏州大讲坛是苏州图书馆积极推动的公益性群体文化服务品牌项目之一，讲座内容涵盖了社会生活的各个方面。该讲坛旨在通过免费讲座的形式，为广大市民提供一个继续教育的平台。在选题策划上，苏州大讲坛一方面注重弘扬苏州优秀历史传统文化，另一方面紧扣时代脉搏，针对广大民众的求知需求和他们所关心的热点、难点和重点，努力传递时代最新思潮、最新生活方式、最新价值观，从而有效地提升市民的综合素养。

一、项目设计

2023年，为了深入贯彻学习习近平新时代中国特色社会主义思想，深刻领悟党的二十大精神，苏州大讲坛特推出两个系列讲座活动：“文明探源”系列与“典范江南”系列。

“文明探源”系列深入探讨了我国文明的发展历程，从历史、地理、文化等多个角度，解析中华文明的起源、演变及其独特性。通过这个系列，市民可以更全面地了解我国文明的发展脉络，感受中华文明的博大精深。讲座将邀请知名专家学者，运用通俗易懂的语言，使听众能够在轻松愉快的氛围中，收获丰富的知识。

“典范江南”系列则聚焦于苏州地区的优秀传统文化，从历史、人文、自然等多个方面，深入剖析江南文化的内涵与特点，围绕江南文化底蕴、历史人物、地理环境、民俗风情等方面展开活动。活动旨在让市民更加深入地了解和热爱自己的家乡，传承和弘扬江南优秀文化，增强地域文化认同感。同时，该系列还关注江南地区的现状和发展，探讨其在新时代背景下的挑战与机遇。讲座邀请的业界精英和专家学者，以生动形象的语言，带领市民领略江南文化的魅力。

二、主要内容

“文明探源”系列讲座内容涵盖了多个方面，包括优秀传统文化、重大考古发现、最新学术研究、文化遗产保护等。这些活动旨在全面展示中华文明探源的最新研究成果。讲座邀请国内著名专家、学者讲述中华文明的起源、发展和演变过程。例如，中国社会科学院考古研究所研究员、国外考古研究室主任李新伟主讲“中国式文明起源道路的考古实证”（见图 1），中国科学院古脊椎动物与古人类研究所研究员、博士生导师、国家杰出青年、美国霍华德·休斯医学研究所（HHMI）国际青年学者付巧妹主讲“探索过去人类‘螺旋博物馆’——古DNA解锁东亚人类演化历史”（见图 2），还有四川省文物考古研究院研究员、三星堆博物馆馆长、四川省第十四届人大代表雷雨，上海博物馆副馆长陈杰等分别带来专题演讲。他们不仅为读者介绍了我国近年来在文物保护、非物质文化遗产传承等方面的经验和成果，展示最新的考古发现和研究成果，为我们揭示中华文明悠久的历史和深厚的底蕴，还探讨了中华文明在世界文明史上的地位和影响。专家们表示，中华文明具有包容、创新、融合的特点，长期以来为世界文明的发展做出了重要贡献。这些讲座，让更多人了解中华文明的博大精深，进一步推动文化交流与合作。

“典范江南”系列有别于“文明探源”，更侧重于物色本地的专家、学者，请他们围绕江南文化保护、传承与创新展开论述。例如，作家、明朝艺术史研究专家、《长物志》校注者蒋晖，历史学博士、无锡城市职业技术学院教授袁灿兴，小说家、诗人、译者马鸣谦，以及竹隐造园创始人、青年造园家盛明等。他们与读者交流的方向主要是江南地区的文化特色、历史地位以及相关书籍的介绍点评，具体有袁灿兴的《大航海时代的明朝与苏州》（见图 3），以及马鸣谦、盛明的《明雅姑苏：白居易、计成与当代园林》，朱钦运的《苏州与中国新诗》，沈思睿的《双城记：一条古老河流

图 1　2023 年 3 月 11 日，“中国式文明起源道路的考古实证”讲座现场

图 2　2023 年 10 月 14 日，“探索过去人类‘螺旋博物馆’
——古DNA解锁东亚人类演化历史”讲座现场

图 3　2023 年 7 月 22 日，“大航海时代的明朝与苏州”讲座现场

的影像与记忆》等。江南自古以来就是中国经济、文化、科技的重要中心，被誉为“鱼米之乡”，也是国内外学者关注的焦点。这些讲座内容涵盖了江南地区的文学、艺术、哲学、风俗等方面，深入剖析了江南文化的独特魅力。

优秀的传统文化和地方特色文化是中华民族的宝贵财富，我们应该继续弘扬和发展这些文化，让它们在新时代焕发出新的活力。为了实现这一目标，社会各界都需要共同努力，加强文化研究与普及，鼓励更多的文化人才关注传统文化的保护和发展。

三、实施要点

（1）多学科交叉：涉及多个学科领域，包括考古学、艺术学、文学、人类学、社会学、地理学、地质学等。这些学科的交叉研究，使得研究人员可以从多个角度对中华文明和江南文化进行深入探索，从而更全面地了解中华文明和江南文化的发展历程。

（2）内容挖掘深入：讲座内容不仅关注表面的知识传授，更注重深入挖掘中华文明和江南文化的内涵。通过详细解析中华文明的发展历程、文化底蕴、历史人物、地理环境等多个方面，市民可以深入了解和感受中华文明的博大精深和江南文化的独特魅力。讲座内容既注重理论知识的传播，也注重实践应用，旨在帮助市民提高自身的综合素质。

（3）专家团队强大：讲座邀请知名专家学者参与。这些专家学者具有丰富的学术研究和实践经验，能够以通俗易懂的语言，深入浅出地讲解复杂的学术知识，使听众在轻松愉快的氛围中收获丰富的知识。

（4）互动体验丰富：在讲座形式上，苏州图书馆注重互动体验，鼓励市民积极参与。通过设置问答环节、互动讨论等活动形式，让市民与专家学者面对面交流，增强市民对中华文明和江南文化的认识和理解。同时，举办实地考察、文化体验等活动，让市民亲身体验中华文明的魅力和江南文化的特色。

（5）传播方式多样：苏州图书馆充分利用各类媒体平台，如报纸、电视、网络等，对讲座活动进行宣传推广，扩大讲座的影响力。利用线上线下相结合的方式，打破地域和时间的限制，让更多的市民能够参与讲座。线上直播和新媒体平台的运用，使得讲座的影响力得以扩大，让更多的人受益于苏州大讲坛的知识传播。

（6）管理持续发展：苏州大讲坛活动被纳入常态化管理，定期举办，形成长效机制；定期开展反馈调查，了解市民的需求和意见，结合社会发展需求，不断优化讲座内容和服务，提高市民的满意度。

（7）公众参与广泛：通过专家授课，苏州大讲坛向公众普及文明探源的知识和成果，提高了公众对文明探源活动的关注度和参与度。同时，讲座还注重培养市民对本地文化的热爱，激发市民的探究热情，让更多的人了解、热爱并传承优秀的传统文化，从而使这些文化在新时代背景下焕发出新的活力。

四、成效与影响

苏州大讲坛作为苏州图书馆公益性群体文化服务品牌项目之一，以弘扬中华优秀传统文化和江南地域特色文化为己任，为广大市民提供了一个继续教育的平台。“文明探源”和“典范江南”两大系列讲座深入探讨了我国文明的发展历程和江南地区的文化底蕴。在实施过程中，该项目注重多学科交叉、深入挖掘、互动体验、传播推广、跨区域合作和持续发展等方面，旨在为市民提供高质量的文化盛宴，提升市民的综合素养，推动社会主义精神文明建设，促进文化交流和融合，具有显著的社会效益。

2023 年“文明探源”系列和“典范江南”系列讲座成功举办 20 场，服务市民 3652 人次。活动吸引了国内外专业人士的关注以及社会普通群众的积极参与，使他们对中国文明的发展历程有了更加全面和深入的了解，对江南地区的文化特色产生了浓厚的兴趣。同时，活动也增强了参与者的文化自信，使他们更加珍视和认同中华优秀传统文化。

在未来，苏州大讲坛将继续秉承包容、创新、融合的理念，致力于弘扬中华优秀传统文化与江南文化。我们将持续不断创新优化讲座内容和服务方式，为广大市民提供更高品质的讲座体验。

（撰稿人：会展中心　许苑　崔晨　周勤）

“芸香江南”系列古籍文献展览

“芸香江南”系列展览是由苏州图书馆（苏州市古籍保护中心）组织策划的古籍文献专题展，聚焦江南主题，通过古籍文献的展览展示及其附带的文化活动，引导民众关注、参与古籍保护，了解江南文化的独特魅力。此系列展览共举办了五场，分别为2020年“风雅总持——纪念文徵明诞辰550年文献展”、2021年“册府千华——苏州市藏国家珍贵古籍特展”和“‘九如巷三号’张氏文献展”、2022年“印见风华——苏州藏书家印鉴展”、2023年“册府千华——《永乐大典》与苏州文献展”。通过“芸香江南”系列展览，苏州图书馆贯彻落实了党中央、国务院关于传承发展中华优秀传统文化的相关精神，同时也积累了宝贵的展览经验，收获了良好的社会效益。

一、项目设计

数千年以来，中华典籍世代相传、卷帙浩繁，成为优秀传统文化的重要载体。苏州是著名的历史文化名城，素有崇文重教的优良传统，也是明清时期全国的藏书、刻书中心，至今仍有丰富的古籍留存。苏州图书馆作为国内知名的古籍收藏单位之一，现藏古籍线装书165000余册，其中有124种入选《国家珍贵古籍名录》，位居全国同级图书馆前列。2008年被评为首批“全国古籍重点保护单位”，2014年获评“全国古籍保护工作先进单位”。为了展示苏州丰富的古籍收藏，弘扬苏州灿烂的历史文化，苏州图书馆自2020年开始策划举办“芸香江南”品牌系列古籍文献展，以此推动古籍的活化利用，彰显苏州的江南文化底蕴和深厚的历史积淀。

二、主要内容

1. “风雅总持——纪念文征明诞辰550年文献展”

文征明为明代中期江南地区的风雅盟主，诗、文、书、画无一不精，人称“四绝”，与沈周、唐寅、仇英合称“明四家”，又与祝允明、唐寅、徐祯卿并称“吴中四才子”，名动海内，影响深远。2020年恰逢文征明诞辰550周年，苏州图书馆依托丰富的馆藏古籍资源，展出了和文征明相关的明清刻本、明清拓本等珍贵文献近百种。内容分为“雁门世家——文征明的家世和成就”“吴地雅游——文徵明的交游”“停云模楷——文征明的影响”三个部分，全面展示文征明的交游生平和文化贡献（见图1）。

图1　苏州图书馆在北馆四楼展厅举办“风雅总持——纪念文征明诞辰550年文献展”

在该展览期间苏州图书馆举办了两场专题活动，一是“看文征明展览，读文征明故事”的主题活动，通过共读《明史·文征明传》，分享文徵明的故事，探究其取得辉煌成就以及被后世景仰的原因；二是“文徵明诗文专题笔会”，邀请书法家们用笔墨书写衡山诗文，感受吴门风雅。

2. “册府千华——苏州市藏国家珍贵古籍特展”

此次展览的内容分为三个章节，即“吴刻最善”“吴门缥缃”“吴韵流长”，分别展示苏州灿烂的刻书文化、苏州市藏国家珍贵古籍以及苏州市古籍保护成果。“吴刻最善”分为“芸香渊薮”“敦风厉俗”“苏州历代刻书机构表”“苏州历代刻工表”“桃花灼灼”等板块；“吴门缥缃”分为“经典辉煌”“史韵传芳”“诸子焕采”“诗文华章”板块；“吴韵流长”以古籍收藏单位为序，用展板的形式呈示。

在展览进行的同时，苏州图书馆还精心组织了相关讲座和体验活动。2021 年 4 月 11 日，苏州图书馆邀请著名藏书家韦力先生举办了一场以“苏州藏书谈往”为主题的讲座，韦力从官府藏书、私家藏书、寺观藏书等方面揭示了苏州在藏书史上的中心地位，以及在中国文化史上的重要贡献，并分享了自己的藏书经验。百余位读者参加了此次活动，并和韦力先生进行了深入的交流。4 月 18 日，苏州图书馆邀请著名版本学家、复旦大学博士生导师陈正宏教授开展了一场以“苏州刻书漫谈”为主题的讲座。陈教授分享了自己在苏州刻书方面的最新研究成果，并结合自己在海外访书的经历，讲述了明清时期苏州刻本在越南、琉球等地的广泛影响。4 月 24 日，苏州图书馆邀请雕版印刷非遗传承人吴亚东老师举办了“传统印刷术”体验活动（见图 2）。吴亚东从文字的出现、印刷术的发明，以及雕版印刷术、活字印刷术的演变过程等几个方面介绍了相关知识，并带领读者们一起体验了雕版印刷和活字印刷的过程。

3. “‘九如巷三号’张氏文献展”

“九如巷三号”张氏家族是近代苏州著名的文化世家，该家族的张冀牖及其十位子女，在教育、文史、音乐等领域都有突出造诣，尤其是在近代以来昆曲的海内外传承和弘扬中起到了重要作用。苏州地区的第一个党组

图 2 苏州图书馆在文学馆举办“册府千华”主题活动，让读者体验传统印刷术

织——中共苏州独立支部就诞生于张氏家族创办的乐益女校，为苏州的革命事业做出了卓越贡献。2021 年是中国共产党成立 100 周年，也是乐益女校创办 100 周年、昆曲被列入“人类口述和非物质文化遗产代表作”20 周年，为了展示张氏家族的百年风华，纪念他们的历史贡献，苏州图书馆联合上海图书馆主办了此次展览，展出了张氏家族往来信件、照片、手稿等文物史料数百件。内容主要分为两部分：第一部分展示张氏家族及其交游；第二部分展示张氏家族的历史贡献。另外附有“苏沪印记”特辑，展示张氏家族成员和苏州、上海两座城市的紧密联系。

展览期间苏州图书馆举办了以“共读《合肥四姊妹》”为主题的阅读推广活动，通过共读与分享，读者们跟随着作者的笔触，一起回顾了张家人在苏州度过的一段极为珍贵的岁月。

4. “印见风华——苏州藏书家印鉴展”

苏州是享誉海内外的藏书之乡，千百年来，藏书之风盛行不衰，藏书家历代辈出。在现存的古籍善本中，尚可见众多的苏州藏书家印鉴。这些印鉴不仅铭记着苏州藏书家们的丰功伟绩，见证了苏州藏书史的辉煌，也是研究中国古代书籍发展史、篆刻艺术史、藏书文化史和文人心理史的重要资料，弥足珍贵。此次展览展出了78位苏州著名藏书家的相关印鉴，辅以画像、简介、书画作品以及30余部藏书家的馆藏钤印古籍和相关作品，以此弘扬苏州源远流长的藏书文化（见图3）。

图3　苏州图书馆在人民路馆三楼展厅举办“印见风华——苏州藏书家印鉴展”

5. “册府千华——《永乐大典》与苏州文献展”

此次展览分为“皇皇大典”“兰台英华”“文献渊薮”“沧桑劫难”“盛世重光”五部分内容。“皇皇大典”展示了《永乐大典》的编纂过程，“兰台英华”介绍了《永乐大典》的形制，“文献渊薮”展示了《永乐大典》在文献辑佚等方面的重要价值，“沧桑劫难”展示了《永乐大典》的多舛命运，“盛世重光”介绍了《永乐大典》的影印、开发及研究，同时将苏州人在《永乐大典》编纂与流传中的贡献穿插其中。

展览期间，苏州图书馆还开展了《永乐大典》套色印章互动活动，广受欢迎，众多参观者在抖音、小红书等平台上分享盖章攻略。同时，苏州图书馆还举办了与展览主题相关的“仿《永乐大典》包背装制作体验”“《永乐大典》与明代服饰”等读者体验活动。另外，邀请了国家图书馆的张志清（见图 4）和陈红彦两位专家开设“芸香吴门”专题讲座。这些体验活动和讲座不但吸引了大量读者，也提高了展览的学术含量和趣味性。

图 4　国家图书馆张志清副馆长来苏州图书馆主讲“册府千华”专题讲座——“从《永乐大典》看文献保护”

三、实施要点

1. 深入研究，确定主题

苏州图书馆通过系统梳理馆藏古籍资源，紧扣苏州地方文化特色策划相关展览主题。例如“风雅总持”文献展，选择了明代中期江南地区的风雅盟主、“吴中四才子”之一的文征明作为策展主题。“九如巷三号”文献展则选取了为江南文化传承作出了突出贡献的张氏家族作为主题。在“苏州市藏国家珍贵古籍特展”的筹备阶段，苏州图书馆古籍保护中心对国内举办的同类展览的情况进行了深入摸底和资料搜集，最终确立了以体现苏州刻书文化为中心，同时采用多种表现形式进行古籍保护知识普及的展览主题。2021 年苏州图书馆在承办国家图书馆《永乐大典》网上巡展的过程中发现，有不少苏州人参与《永乐大典》的编纂及流传过程，并且发挥了重要作用，由此开展了“《永乐大典》与苏州”的学术研究。经过一年多的文献爬梳，发现有三十多位苏州籍文人学士直接参与了《永乐大典》的编纂，另外还有十多位苏州人在《永乐大典》的流传和保护过程中起到了重要作用。在此基础上，确定了“《永乐大典》与苏州文献展”的主题，并拟系统展示《永乐大典》的编纂流传过程和文献价值，以及苏州先贤编纂传承《永乐大典》的历史印记，由此彰显苏州古城的文化内涵，弘扬中华优秀传统文化。

2. 广泛搜集，选取展品

学术含量是展览的重要评判标准，为了做好“苏州藏书家印鉴展”和“苏州市藏国家珍贵古籍特展”（见图 5），苏州市古籍保护中心工作人员几年前就开始对苏州的藏书、刻书文化进行研究，积累了丰富的展览素材和展品线索。同时还对苏州各大古籍收藏单位进行了调研和咨询，制定了以苏州图书馆藏书为主，其他古籍收藏单位为补充的展品征集原则。策展团队在“《永乐大典》与苏州展”展品的选择方面，进行了深入的资料挖掘，古籍原件以本馆藏品为主，和展览主题紧密结合；复制件的资料来源多样，涵盖书法、绘画和档案文献，网上检索的范围较广。为了提高展览的品位和影响力，在国家图书馆的大力支持下，苏州图书馆借到了一册《永乐大典》“苏”字册的原件，这也是“苏”字册自成书以来首次来到苏州，成为本次展览的最大亮点。

图 5 苏州图书馆在北馆四楼展厅举办“册府千华——苏州市藏国家珍贵古籍特展”

3. 精心设计，亮点纷呈

在每场展览的筹备阶段，策展团队和展陈公司都要经过十多次磨合，对展览方案和呈现形式不断优化，在海报设计、展览动线、展墙设置、声光电技术的应用等方面着力尤多。例如在“‘九如巷三号’张氏文献展”上复原了乐益女校的大门和校园场景，让观展者有身临其境之感。在“册府千华——苏州市藏国家珍贵古籍特展”上增加了光影装置（见图 6），由于展览以苏州刻书为主题，宋体字又发源于明代苏州，于是将展览标题的几个宋体字按照部首笔画拆分，错落悬挂，通过调整射灯的角度，将零乱的笔画组合成光影投射到展墙上，形成清晰的字迹，完美呈现了汉字的神奇，成为展览颇具新意的亮点之一。

图 6 “册府千华——苏州市藏国家珍贵古籍特展”的光影效果

“册府千华——《永乐大典》与苏州文献展”（见图 7）在展陈布局方面着重营造“苏式”美学氛围，将展厅大体分为五个相对独立的空间，并引入苏州园林元素，相互之间用圆门、瓶形门、拱形门等贯通，同时设计了明式书房、洪武正韵装置、时空隧道等特色小景，方便参观者打卡拍照。在海报设计方面，以《永乐大典》“苏”字册的页面为背景，辅以永乐年间苏州匠人蒯祥主持建造的故宫神武门的元素。

4. 多方协作，确保安全

古籍特展中展品的安全性至关重要。在每次展览前，苏州图书馆均和保险公司签订了保险合同，为所有展品购买商业保险。同时苏州图书馆采购了专业展柜，对展厅内的温湿度也进行了控制和调节，使其维持在规定范围内。在“册府千华——《永乐大典》与苏州文献展”上所展出的国家

图 7 苏州图书馆在人民路馆三楼展厅举办“册府千华——《永乐大典》与苏州文献展”

图书馆藏《永乐大典》“苏”字册原件，价值巨大，堪称国宝。苏州图书馆高度重视，为此书的借展、运输、在苏州期间的安全等均做了详细预案，委托上海的专业文物运输公司负责转运过程的安全，两馆工作人员一起全程押运，并且购买了足额保险。展柜则借用了苏州博物馆的专业文物展柜，确保光照度和温湿度达标。展览期间安排多位安保人员持续不断地巡逻看护，确保了珍贵古籍万无一失。

四、成效与影响

“芸香江南”系列展览以丰富多样的展品、浓郁的苏州地方特色和别具一格的展览形式得到了社会各界的广泛好评。“册府千华——苏州市藏国家珍贵古籍特展”先后接待参观者万余人，国内外参观团百余批，得到了包括新华社、人民日报社、中央人民广播电台在内的60余家媒体的深入报道。相关主管部门和图书馆界也高度重视，文化和旅游部原副部长张旭、国家图书馆党委原书记魏大威、国家图书馆副馆长张志清以及江苏、广东、四川、陕西等省的相关部门领导亲临现场考察。“《永乐大典》与苏州文献展”开展后，深受社会各界关注，公众号推送的展览宣传文章点击量突破12000人次，并且得到了央视新闻频道等数十家新闻媒体的报道。在持续的宣传之下，观展者络绎不绝，并通过微信、微博、小红书等平台自发传播。暑假中也有众多学校组团前来研学，更扩大了展览的影响力。

习近平总书记曾说：“中华民族的一些典籍在岁月侵蚀中已经失去了不少，留下来的这些瑰宝一定要千方百计呵护好、珍惜好，把我们这个世界上唯一没有中断的文明继续传承下去。”苏州图书馆作为古代典籍的收藏单位和传承中华文明的重要阵地，通过举办“芸香江南”系列展览，展示了馆藏资源特色和本土文化内涵，对于推动苏州市的古籍保护和活化利用，提升大众对传统文化的关注度以及图书馆的社会影响力，都产生了积极的作用。

（撰稿人：古籍保护中心　沈黎）

"寻香拾艺"系列非遗活动

2023年7月5日至7日，习近平总书记在江苏考察，这是党的十八大以来的第四次。从2014年提出"两个率先"，到2020年提出"争当表率""争做示范""走在前列"，再到此次提出"在推进中国式现代化中走在前、做示范"，总书记一直对江苏寄予厚望。

精神文明建设，总书记念兹在兹。他对宣传思想文化工作作出重要指示，明确提出"七个着力"的要求，高屋建瓴、精辟深邃，具有很强的政治性、思想性、指导性，为公共图书馆明确了"走在前列"的要求。特别是强调"要着力赓续中华文脉、推动中华优秀传统文化创造性转化和创新性发展""着力推动文化事业和文化产业繁荣发展""着力加强国际传播能力建设、促进文明交流互鉴"，为进一步做好宣传思想文化工作指明了方向。

一、项目设计

为贯彻落实习近平总书记对宣传思想文化工作作出的重要指示："要着力赓续中华文脉、推动中华优秀传统文化创造性转化和创新性发展"，让更多读者了解非遗、传承非遗。相城分馆特策划并组织开展"寻香拾艺"系列非遗活动，邀请苏州市非遗传承人走进图书馆为读者讲解非遗，让地方文化走进阅读生活，让非遗融入现代生活，重现活态活力。在此基础上，将深受读者好评的活动在全区进行重点推广，以扩大对非遗的传承与传播，助力非遗文化越走越远。

主要内容有：拓印系列活动、扎染系列活动、非遗手作体验活动。

二、主要内容

1. 拓印系列活动

拓印术，又称蝉脱术，是中国古代一种特殊的印刷技术，享有“一代绝技”之美誉。通过拓印手段，碑刻上的内容被临摹成拓片，化身千百，在文人之间流传，此后也越过时间将先人的思想智慧呈现，拓印术在传播文化和保存文献方面有着不可估量的价值和贡献。

相城区分馆开展的拓印系列活动主要包含“拓印——方寸之间”“快乐拓印 创意无限”“传承拓印 感悟历史”等。其中，“拓印——方寸之间”（见图1）主要面向3岁以上儿童读者，让小朋友体验动手的快乐，锻炼专注力；“快乐拓印 创意无限”主要面向青少年读者，让他们体验文化的魅力，享受创意的快乐；“传承拓印 感悟历史”（见图2）则是面向成年读者

图1 2023年7月2日，“拓印——方寸之间”活动（文征明主题分馆）

图 2　2023 年 6 月 4 日，“传承拓印　感悟历史”活动（文征明主题分馆）

开设，让成人读者在忙碌的节奏中寻得一时放松与休闲。针对不同的读者群体，传统拓印技艺体验活动的难易程度会有相应的调整。

2. 扎染系列活动

“扎染”是我国民间传统而独特的纯手工染色工艺，也是中国古老的手工技术之一，具有历史悠久、特色鲜明、内涵丰富、类型多样、工艺巧妙等特点。相城区各分馆开展扎染系列手工实践活动，让读者们近距离感受“扎染”这一传统民间艺术的文化魅力与传承价值。扎染系列活动主要包含面向 0—7 岁读者开设的“扎染——布里生花”、面向 7 岁以上读者开设的“扎染——青出于蓝”，面向 10 岁以上读者开设的“扎染——大暑时节吹来的风”，以及面向全年龄段读者的“遇见扎染　感受非遗”主题荐书展（见图 3）。

其中，扎染系列手工实践活动，首先由馆员向参与活动的读者说明与

图 3　2023 年 8 月 16 日至 8 月 26 日，“遇见扎染　感受非遗”
主题荐书活动 1（元和分馆）

介绍扎染步骤。其次是读者的体验环节，在经历清洗染布、浸泡染液、阴处晾晒等多个步骤后，读者们不仅体会到扎染的乐趣，同时也拥有了属于自己的扎染作品。最后馆员向现场的各位读者进行馆藏图书介绍与扎染相关书籍推介，让活动在阅读中延续。

此外，活动还策划并开展“遇见扎染　感受非遗”主题荐书展。这一微书展针对多个年龄段、多角度精心挑选与扎染相关的书籍，如入门绘本《百褶裙》、少儿科普《小染坊》等；为进阶阅读准备的《织物的艺术空间——扎染》《织物拔染印花》等；还有如《草木染——与二十四节气对话》《蓝布花上的昆曲》《染色季——充满生机的植物染色》《奏响色彩》《一色一生》等（见图 4），帮助读者们对中华传统文化有更深的了解和认识。

图 4　2023 年 9 月 1 日至 9 月 11 日，“遇见扎染　感受非遗”主题荐书活动 2（太平老街分馆）

3. 非遗手作体验活动

非遗手作体验活动，主要包括：缂丝织造、“剪（刻）纸”非遗文化体验、“国潮风起”兔儿爷福将布偶非遗手作体验等。其中，缂丝织造活动现场准备了 10 台缂丝机让读者现场体验，老师给读者介绍缂丝织造的历史及发展、讲解缂丝织造的工艺特征和流程，等读者对这门技艺有初步认知后，为读者示范缂丝织造制作流程，让读者进行体验。

“剪（刻）纸”非遗文化体验中，老师以自己创作的作品为引，向大家介绍作为非物质文化遗产的剪（刻）纸的历史和在苏州的发展。在实践环节，老师细致地演示了纸张折叠和裁剪技巧（见图 5），现场示范鸟儿的剪法。

“国潮风起”兔儿爷福将布偶非遗手作体验，传统兔儿爷是泥做的，身施彩绘，或坐或立，或捣杵或骑兽，竖着两只大耳朵。在此活动中孩子们一起制作了另一种形式的兔儿爷——布制兔儿爷（见图 6）。活动中，老师

图 5　2023 年 4 月 23 日，剪（刻）纸非遗文化体验活动（玉成分馆）

图 6　2023 年 12 月 10 日，“国潮风起”兔儿爷福将布偶非遗手作体验活动（太平分馆）

向大家介绍了中国传统的布艺文化，并展示精美的布偶成品。身穿金盔，后背彩旗，威风凛凛的兔儿爷，瞬间吸引了孩子们的目光，他们迫不及待地开始制作。

非遗承载灿烂文明，传承悠久的历史文化。中国特色社会主义文化，源自于中华民族五千多年文明历史所孕育的中华优秀传统文化，传承和弘扬优秀传统文化已势在必行。非物质文化遗产属于中华优秀传统文化范畴，随着时间的推移，部分非物质文化遗产濒临失传，保护和传承非遗文化已刻不容缓。公共图书馆是保护和传承非遗文化的重要场所之一，可以培养市民爱国主义精神，增强民族自豪感、责任感，树立文化自信。这些非遗手作体验活动在丰富市民文化生活的同时，也增强了他们对中华优秀传统文化，尤其是对本土优秀传统文化的关注和热爱。

三、实施要点

1. 服务“走出去”，开启合作新模式

相城区分馆拓展社会教育的广度和深度，以馆藏资源为载体，以拓展阅读实践为切入点，打破空间、地域的局限，把“馆舍资源”转化为移动的“书香课堂”。

吸纳社会力量参与，服务“走出去”，开启合作新模式。相城区分馆积极进行“馆企合作”，与东吴证券有限公司联动开展“线编五彩粽子体验”、“吹出糖人童话世界”、“指尖艺术捏面人”（见图7）、“舌尖上的糖画体验”、“诗画江南苏式团扇”（见图8），激发企业员工对阅读以及对中国传统文化的兴趣，帮助他们了解非遗知识。打破空间的局限，场地不再拘泥于图书馆内。

2. 努力开拓创新，将成功案例在全区铺开

相城区分馆围绕拓印、扎染、香草体验、香囊制作等传统工艺，开展配套活动，传承优秀传统文化的同时进行创新性发展。馆员在做好传统拓

图 7　2023 年 6 月 3 日，“指尖艺术捏面人”活动（相城区分馆）

图 8　2023 年 6 月 3 日，“诗画江南苏式团扇”活动（相城区分馆）

印、扎染活动的基础上，创新开展水拓艺术体验、花草拓染等，并将深受读者好评的创新活动在全区铺开推广，让地方文化走进阅读生活，不断创新形式，把非遗融入现代生活，重现活态活力。

3. 传承非遗文化，赓续文化薪火

非物质文化遗产是中华优秀传统文化的重要组成部分，是中华文明绵延传承的生动见证，是连结民族情感、维系国家统一的重要基础。“要着力赓续中华文脉、推动中华优秀传统文化创造性转化和创新性发展”，传承非遗文化是其中的重要一环。公共图书馆是文化传播的主要阵地，相城区分馆作为其中一员，在传承弘扬非遗文化，并对其进行创新发展的过程中，应当发挥其作用，积极开展各类非遗活动，赓续文化薪火。

四、成效与影响

新时期，各级公共图书馆要有传承和发展中华优秀传统文化的自觉意识，要充分认识到自身在中华优秀传统文化传承和创新发展中的优势，制定有针对性的文化发展策略，不断提升文化服务效能，为推动中华优秀传统文化传承发展，繁荣社会主义文化事业作出应有的贡献。

“寻香拾艺”系列活动目前累计开展 44 期，线下活动参与 1528 人次，非遗展览参与人次达 17895。通过拓印、扎染、其他非遗手作体验活动、展览等各类形式，活动持续挖掘传统非遗文化中的“老味道”，并在其中注入“新活力”，不断进行创新尝试，让非遗文化走进图书馆，在读者之间广受好评。更有读者写表扬信到相关分馆，表明自己受益良多。

相城区分馆开展的“寻香拾艺”系列非遗活动，获得各级媒体报道，如：“苏州艺术志”报道《文征明图书馆系列活动 | 文徵明园林画两讲——从文人园到富商园》、“江苏少年网”报道《苏州市相城区：‘寻香拾艺’系列——泥塑》、“苏州图书馆官网”报道“‘寻香拾艺’系列非遗活动——

缂丝织造”等。普及中华优秀传统文化，开展各类非遗活动，让更多人参与进来，才能让非遗文化越走越远。

（撰稿人：相城区分馆　柯怡雯　沈维佳）

说园·虎丘山里的文化课

党的十八大以来，习近平总书记对中华优秀传统文化传承发展的理论与现实问题做出全面系统深入阐述，从中华民族最深沉精神追求的深度看待优秀传统文化，从国家战略资源的高度继承优秀传统文化，从推动中华民族现代化进程的角度创新发展优秀传统文化。习近平文化思想提出要“着力赓续中华文脉、推动中华优秀传统文化创造性转化和创新性发展”，这是我们在新时代继承和弘扬中华优秀传统文化的思想指引与实践指南，以习近平文化思想为指引，聚焦理论创新，丰富表达形式，坚定文化自信，引领中华优秀传统文化高质量发展。

一、项目设计

近年来，苏州图书馆在创新工作理念、完善服务模式、助推全民阅读等方面，取得了优异的成绩，早已成为市民求知学习的终身学校，是苏州市精神文明建设和文化事业发展的亮丽窗口。我们立足自身职能定位，创新公共图书馆阅读体验，以文化和旅游融合为契机，结合苏州地方文化特色，推进“江南文化”品牌建设，苏州图书馆与虎丘风景名胜区于2023年联合打造“书香虎丘”阅读基地，隆重推出“说园·虎丘山里的文化课”。通过讲述虎丘历史、开展亲子阅读、展示盆景技艺等，让各个读者群体了解园林知识，爱上文化阅读，让市民能体验说园活动的非凡之旅。暑期特别推出了“亲子研学+志愿服务”的新模式，开设亲子研学班，以推进文化、旅游、教育、志愿服务等多方面融合。

二、主要内容

1. 总体情况概述

“说园·虎丘山里的文化课”是苏州图书馆会展中心与虎丘风景名胜区于2023年度倾力推出的文旅融合公益志愿活动，全年共举办12场，读者参与人数为336人。

活动分为成人场与亲子场，成人场每期开放20个名额，仅针对18周岁及以上成人开放；亲子场每期开放20组名额，一位成人可以带一位十周岁及以上的儿童。

成人场有“光影虎丘”“指上绣繁华”“虎丘茶事　花漾之约”“昆曲传习会”等专场，以虎丘人文历史、盆景技艺展示、传统非遗技艺等为特色内容，打造不同风格的沉浸式文化体验，让读者通过“说园·虎丘山里的文化课”走进园林、爱上园林，触摸古城历史、感知江南文化。

2023年暑假时期，“说园·虎丘山里的文化课”亲子研学班上线，活动邀请亲子共同感受书本里真实而鲜活的园林文化。开创亲子研学的新模式，开设亲子研学班，以推进文化、旅游、教育、志愿服务等多方面融合。2023年，邀请到苏州大学文学院教授和博士生导师、“书香苏州”代言人杨旭辉及资深媒体人、作家、摄影师、文化空间创始人蒋理等行业大师为亲子研学班学员们开课。该系列文化课突出虎丘沉浸式体验，以独特的吴越文化为核心，以名家讲座、非遗研学为主线，融入工匠传授、观摩实践、互动手作等形式，打造兼具文化性、通识性、趣味性的实景教育课堂。

2. 具体活动流程

“说园·虎丘山里的文化课”是在苏州图书馆会展中心、少年儿童图书馆、研究咨询部等多个部门通力合作下顺利举办的。活动主要由会展中心提出策划方案、确定实施细节、编写文字稿件，再邀请少年儿童图书馆针对本场活动主题设计阅读指导课，最后由研究咨询部负责微信宣传、报名链接和媒体宣传等等。

活动开展前“苏州图书馆”公众号与“苏州园林旅游”公众号发布报名推文，读者扫码进入“苏州图书馆”活动小程序进行报名，活动当天图书馆工作人员在虎丘景区为读者进行核销签到，后读者由行业大师带入景区游览虎丘并听老师讲述虎丘历史文化背景，从中感受古人的智慧和创造力，培养自己的文化素养和审美能力。

三、实施要点

1. 文旅融合

随着社会的发展，公共图书馆的功能不断增多，服务内容不断丰富。伴随着文旅融合的新契机，公共图书馆的旅游功能逐步面向社会大众。为了让读者能形成“去图书馆旅游”这一概念，苏州图书馆推出“说园·虎丘山里的文化课”系列活动，力图使其成为苏州文旅融合的一座桥梁。一座园林，半枕书香。诣园不可不读书，研书不可不游园。苏州园林是古城苏州的亮丽名片，是江南诗性文化的集大成者。本系列活动让读者从“坐着”听讲座到“走着”进园林，打破了传统讲座的刻板形式，各种体验式菜单，让读者对于公共图书馆的公益性服务有了全新的认识。

2. 打造沉浸式课堂

“说园·虎丘山里的文化课”开展“指上绣繁华”（见图1）“昆曲传习会”（见图2）“霓裳羽衣　国潮汉风”（见图3）等专场，读者或化身为温婉柔美的江南绣娘，或化身为昆曲演员，身着相应的特色服饰穿梭于名胜古迹，沉浸式体验不同“角色”所处的文化背景，体会不同“角色”所带来的文化感悟。

图 1　“说园 · 虎丘山里的文化课”——“指上绣繁华”

图 2　“说园 · 虎丘山里的文化课”——“昆曲传习会”

图 3　“说园·虎丘山里的文化课”——“霓裳羽衣　国潮汉风”

四、成效与影响

1. 成效

苏州图书馆积极探索公共图书馆特色志愿服务活动，针对特定人群，打造“文化体验+亲子研学”的新模式（见图 4、5），推进文化、旅游、教育、志愿服务等多方面融合，活动一经推出，广受读者好评。

从读者角度来说，每一期活动结束以后，工作人员都会随机采访几位读者，请读者们提出自己宝贵的意见和建议。反馈显示所有的参与者都对“说园”系列活动非常满意。有不少读者参与活动三次以上，足以证明对“说园·虎丘山里的文化课”系列活动的支持与喜爱。读者表示参加“说园”系列活动有以下几个方面的原因：活动形式新颖，内容丰富；对苏州园林文化有着浓厚的兴趣，而旅游与学习融合，有效增强了了解历史文化背景的意愿并提升其效果；增加亲子交流，使孩子学到课堂外的知识；大

图 4　“说园 · 虎丘山里的文化课”——研学班：“走读虎丘”

图 5　“说园 · 虎丘山里的文化课”——“亲子茶文化体验”

多读者更是作为苏州图书馆的忠实粉丝参与活动。读者反馈的正面评价，反映其对“说园·虎丘山里的文化课”系列活动的肯定与支持。苏州图书馆始终牢记“服务读者”的宗旨，今后也将继续努力，打造更多读者喜闻乐见的文化活动。

从宣传角度来说，对内，“说园”活动的报名链接在“书香苏州”和“苏州图书馆”公众号上一经发布，浏览量迅速破千。活动报名相当热门，经常出现“一票难求”的场面，足以见得“说园”活动已经成为读者心里的热门文化项目，同时也是苏州图书馆又一“出圈”的文化名片。对外，在新媒体时代下，苏州图书馆也秉持着创造、分享、共享、共融的理念，在苏州图书馆视频号、虎丘景区视频号宣传“说园”活动视频以及在中国新闻图片网、引力播新闻、名城苏州网宣传活动。值得一提的是虎丘景区抖音官方号宣传活动视频获得较高的阅读量，“指上绣繁华”专场抖音视频达到 39.1 万阅读量，“苏派盆景制作”专场抖音视频达到 8.7 万阅读量，暑期亲子营专场抖音视频达到 21.6 万阅读量。对外宣传取得预期效果，也增强了活动乃至苏州图书馆在市民心中的影响力与号召力。

2. 影响

苏州图书馆致力把“说园·虎丘山里的文化课”打造成小而精的品牌项目，从一年的实践来看也颇有成效，取得了良好的社会效益。“说园·虎丘山里的文化课”获评 2023 年度“苏州市社科普及惠民扶持项目”三类扶持项目。整个活动始终坚持让读者在苏州园林中体验江南文化的细腻柔美、精致动人，活动的授课老师是来自各行各业的专家、学者、艺术家、手工艺人，通过讲述花木盆景、苏绣技艺、昆曲艺术、汉服文化等不同主题进行非遗传承，让读者感受自然之美，感悟文化魅力，坚定文化自信。

苏州图书馆的奋斗目标是成为最有文化品质、最有人文温度、最有机遇梦想的国际现代大都市公共图书馆。接下来我们将继续深度挖掘，以“文化主导、品质优先、园林特色、惠民利民”为目标，努力将“说园”活动打造成为苏州公共文化服务的“畅销品牌”，坚定文化自信，为中华优秀传统文化普及和传承输出苏州图书馆力量。

（撰稿人：会展中心　蔡怡菁）

“江南深处是姑苏”系列活动

中华文明源远流长，文献典籍浩如烟海。苏州图书馆是首批“全国古籍重点保护单位”，馆藏古籍近 20 万册，其中珍贵善本 2 万余册，前六批入选《国家珍贵古籍名录》的古籍共计 124 种。习近平总书记强调，要让收藏在博物馆里的文物、陈列在广阔大地上的遗产、书写在古籍里的文字都活起来。为了增进社会各界对珍贵古籍的了解，苏州图书馆基于“江南深处是姑苏”品牌，把握“经典通俗化”的内核，建立长效阅读推广机制，帮助提高馆藏古籍阅读推广质量。

一、项目设计

“江南深处是姑苏”品牌创立正值新冠疫情时期，线下读者活动无法顺利开展和服务的不足，苏州图书馆迅速调整服务策略，推出多种形式的线上服务，并通过多种新媒体平台开展阅读推广活动。历经三年的精心打造，“江南深处是姑苏”品牌内涵不断丰富，衍生出多个子品牌：

线上栏目“苏州地方文学赏读”。通过遴选出与苏州相关的近现代作家所著的文学作品，为读者开展线上阅读服务。

线下活动“苏州民俗文化沙龙”。2022 年，“江南深处是姑苏”活动首次延伸至线下开展，举办了由苏州民俗专家叶正亭老师为主讲的“粽叶飘香，共述端阳——江南深处是姑苏 · 苏州民俗文化沙龙”(见图 1)。

线上栏目“古籍中的四时之美”。2023 年，“江南深处是姑苏”持续升级，依托苏州图书馆馆藏古籍《清嘉录》向读者介绍了苏州的节气民俗，带领大家领略古籍中的四时之美。

线下活动“纸上江南书写体验”。作为 2023 年的全新项目，该活动带领读者亲身体验书法艺术，书写节气诗，感受江南文化的独特魅力。

图1　粽叶飘香，共述端阳——江南深处是姑苏·苏州民俗文化沙龙

“江南深处是姑苏”从原来的只做线上推送，到现在的线上线下活动双轨进行；从原来的只摘录文学作品选段，到现在的深挖江南古籍并输出内容；从原来的单向用户输出，到现在的多面开花。以多面立体、体验互动的方式为市民读者讲述好江南故事，展现出江南风韵。

二、主要内容

目前，“江南深处是姑苏”以线上栏目“古籍中的四时之美”和线下活动“纸上江南书写体验”双线模式开展，内容均基于苏州图书馆馆藏古籍《清嘉录》。

“古籍中的四时之美”围绕苏州图书馆馆藏古籍《清嘉录》，以二十四节气为序，穿插相对应的苏州传统文化民俗，由苏州图书馆阅读推广中心馆员根据活动对象的阅读能力、阅读行为特征等具体情况，立足典籍文本内容设计活动方案，使读者在丰富立体的活动环节中逐步加深对古籍内容的了解，进而掌握一定的阅读方法。

“纸上江南书写体验”活动每月举行，该活动包含两个主要环节：一是欣赏《清嘉录》中描绘的苏州民俗美文，二是体验书写节气诗。根据活动开展的时间节点，为读者介绍当季的节气、节日以及古代苏州人在当前时节所举行的民俗活动。同时，我们还将从经典文献中挑选节气诗，邀请书法专业馆员进行现场书写指导，让参与者在欣赏美文的同时，也能亲手体验书法的艺术（见图 2）。

图 2 “江南深处是姑苏”——纸上江南书写体验活动

1. 立足文本，巧妙设计

古籍自身特性：繁体字、文言文、没有标点符号等，导致当代读者的阅读困难。长期以来，专业馆员对古籍阅读推广的方向更侧重于晦涩难懂的本意剖析。我们试着将角色转变一下，不再从专业人士角度出发，而是从读者角度来看，就会发现读者更希望以简单、清晰、直接、通俗的方式吸收实用的知识。因此，想要做好古籍阅读推广，重点在于了解读者所需要的。“江南深处是姑苏”的案例通过为读者拆解馆藏古籍，配合引人入胜的图文排版，将经典通俗化，实践证明，蕴藏在古籍中的传统文化，在当今娱乐至上、快餐文化的风气中，仍然散发出极大魅力。

2. 定期输出，生成黏性

粉丝黏性是指粉丝对于某个社交媒体账号或品牌忠诚的程度。“苏州图书馆”公众号的文章以一月两期的频次，定期与读者见面，增强粉丝的黏性。

3. 引入互动，深化体验

经典阅读往往比较枯燥，但如果注重用户的主观能动性，增加体验性阅读，就会达到事半功倍的效果。部分现代人没有办法专注阅读，专业馆员需要做的就是帮助读者重拾阅读，将文本中的时间、空间、人物等元素有机结合，可以得到更好的阅读效果。因此，我们根据每次的活动时间确定当期的活动主题，增强用户的视觉、听觉、触觉等感官体验，采用书写节气诗文卷轴、新年挂历、春联等活动形式，帮助读者形成独特的阅读体验，让读者不局限于被动地接收信息，而是在笔墨书写中体验中国传统文化。

三、实施要点

1. 多角度切入，立体呈现中华传统文化典籍的内涵

中华传统文化典籍是中华民族智慧的结晶，蕴含着中华民族一脉相承的精神内涵，江南文化是中华文化中不可缺少的一环。本案例以江南文献典籍的文本为基础，深入挖掘江南文化内涵。通过将经典通俗化、增强粉丝黏性、激活互动体验，让书写在古籍里的文字“活”起来，帮助读者多角度加深对中华优秀传统文化的了解，增强民族文化自信。

2. 激发馆员创意，培育专业化阅读推广人队伍

图书馆馆员是阅读推广队伍的中坚力量，在一个成熟的阅读活动中，馆员需要发挥个人专业特长、提升自身文化修养，更好地为读者提供专业的阅读服务。本案例是由苏州图书馆阅读推广中心小组成员策划实施，他们需要了解读者需求，熟悉馆藏典籍，了解江南文化。馆员们在确定活动主题之后，需要深入阅读古籍、查阅大量参考文献、研究探讨古籍中的难点重点，才能将内容准确无误地输出给读者。此过程提升了馆员整体的文化素养，更增强了图书馆馆员的核心竞争力，是培育专业化阅读推广人队伍的有效途径。

3. 注重多方合作，不断扩大社会影响力

随着越来越多的读者参与，活动成效日益显著，活动逐渐形成品牌，将一些潜在用户和短期读者培养为图书馆的长期读者。推广传统文化典籍的同时提高了图书馆馆藏资源利用率，很好地发挥了图书馆的知识服务职能。苏州图书馆借助内容输出，走出苏州图书馆，广泛宣传，积极联动多方社会力量，实现资源共享、多方共赢。

四、成效与影响

“江南深处是姑苏”品牌活动于 2021 年至 2024 年，在苏州图书馆每月开展两期，采用线上线下相结合的方式开展，并根据用户需求、节日需要追加特定场次，反响热烈。线下活动已开展 7 场，共吸引 168 人次报名（每场活动控制人数 24 人以内），实际参与读者为 162 人次。线上推送发布 39 篇，线上总阅读量 31277 次，点赞数 169 次，评论 121 条，其中，“古籍中的四时之美 | 白露，天渐凉勿露身”单篇阅读量破 6000 次，成为“苏州图书馆”微信公众号 2023 年度除头条外阅读量最高的推文。2023 年起“江南深处是姑苏 · 古籍中的四时之美”系列推文稳定持续地向苏州市委宣传部官方公众号“书香苏州”投稿，并成功被转发 20 篇推送，阅读

量6357次。活动借助多方力量，积极走出图书馆，实现资源共享、多方共赢的局面。实践证明，利用新媒体优势推广古籍资源，是可行有效的，是一条可持续的古籍阅读推广的长效路径。

未来我们将注重活动延伸，结合苏州图书馆馆藏，将每期活动设计得更为立体，丰富读者的阅读体验，加深读者的阅读理解。利用自身优势资源，引入AR和VR等新技术，运用新媒介，拓展活动受益面，探索活动多元化呈现方式。积极探索馆校活动模式，将活动带进校园，与学科教育有机融合，充分发挥公共图书馆的社会教育职能。加大宣传力度，吸纳更多社会力量参与活动，共同推动中华传统文化典籍的传承推广。

（撰稿人：阅读推广中心　周佳　顾晓羚）

分级分众服务

悦读宝贝计划

为提高儿童素质，促进儿童全面发展，充分发挥公共图书馆的社会教育职能，苏州少年儿童图书馆从 2011 年起启动了针对 0—6 岁幼儿的“悦读宝贝计划”，这是一项启迪儿童智慧、提升亲子阅读能力、分享儿童阅读乐趣、提供专业阅读指导的系统工程，包括免费发放“阅读大礼包”、开设“悦读园”，针对不同年龄儿童开展“听故事姐姐讲故事”、童话剧比赛、“悦悦姐姐教我念儿歌”以及“悦读妈妈”志愿者培训等亲子阅读辅导活动。鉴于苏州少年儿童图书馆少儿阅读推广工作取得的成绩，2013 年，“悦读宝贝计划”正式被阅读起跑线（Bookstart）英国总部认可，苏州图书馆成为该计划在我国大陆地区的首家成员馆。

一、项目设计

“悦读宝贝计划”主要针对 0—6 岁的儿童。0—6 岁是大脑发展最为迅速的一个阶段，也是培养孩子阅读兴趣和习惯的关键时期。该计划的目标是培养儿童的阅读兴趣，提高其阅读能力，同时为家长提供亲子阅读指导，促进家庭亲子关系的和谐发展。

二、主要内容

1. 免费发放“阅读大礼包”

“阅读大礼包”内有经典婴幼儿读物、亲子阅读指导书、阅读测量尺、《蹒跚起步来看书》敲章册以及宣传册页等，全市 0—3 岁的婴幼儿都可免费领取，2011 年在第六届苏州阅读节首发（见图 1）。2022 年“阅读大礼包”进行了升级改版，推出了针对 0—3 岁儿童的“婴儿版”和针对 3—6

图 1　苏州图书馆在第六届苏州阅读节启动仪式上发放“阅读大礼包”

岁儿童的“幼儿版”，内含阅读成长手册、少年儿童图书馆服务指南、推荐书目书册、悦读成长平台使用指南以及随机发放的经典幼儿绘本（见图2）。申领大礼包的方式十分便捷，在“书香苏州”App上传相关资料，通过审核后就近选择取书点，物流会将大礼包送至该地点。

12 年来苏州少年儿童图书馆“阅读大礼包”发放了 5 万多份，给 5 万多个家庭带来了儿童早期阅读的启蒙和指导。

2. 开展经典阅读活动

（1）听故事姐姐讲故事

“听故事姐姐讲故事”是目前最受小朋友和家长欢迎的活动之一（见图3），由苏州高等幼儿师范学校的学生定期为小朋友讲故事，并跟小朋友一起做游戏、唱儿歌、绘画、做手工等，以此来培养小朋友的阅读兴趣和合作精神。家长也可以旁观学习讲故事的技巧。每个周末，“故事姐姐”们都会选取一个不同的主题故事，逢节假日也会选取和节日有关的故事，在活

图 2　苏州少年儿童图书馆发放新版“阅读大礼包”

图 3　苏州少年儿童图书馆在北馆童梦空间开展“听故事姐姐讲故事”活动

动中传承中华民族优秀文化，培育践行社会主义核心价值观。

（2）悦悦姐姐教我念儿歌

“悦悦姐姐教我念儿歌”是专为0—3岁宝宝开展的活动（见图4）。由专业的指导老师精心备课，运用多媒体等手段，寓教于乐，带领小朋友们将儿歌与手指操相结合，内容有听音乐、念儿歌和做模仿操等，宝宝可以一边享受快乐活泼的音乐氛围，一边和爸爸妈妈念儿歌、做运动，让有趣的儿歌激发宝宝的语言兴趣和音乐感受力，受到家长和小朋友的热烈欢迎和大力支持。

图4 苏州少年儿童图书馆在北馆童梦空间开展“悦悦姐姐教我念儿歌”活动

（3）“不一样的两岁半”亲子早教活动

随着国家三孩生育政策的推出，0—3岁婴幼儿养育服务得到了广阔的发展空间。苏州少年儿童图书馆“不一样的两岁半”项目进行了“0—3岁再细分”的尝试，采用了“早教+绘本”这种阅读推广模式，“图书馆里的早教课”得到了广大家长的热烈欢迎（见图5）。课程固定小班教学，每周

图 5 苏州少年儿童图书馆在北馆童梦空间举办 2021 年秋季
“不一样的两岁半”亲子早教活动

两次，通过绘本阅读、音乐游戏等亲子活动的形式，促进儿童的健康发展，帮助家长学习、掌握科学的育儿理念和技能。

3. 书香托育

为推动文化与托育服务相结合，促进苏州市托育服务高质量发展，苏州少年儿童图书馆与苏州市卫健委合作，探索一条有特色的“书香托育”之路。苏州少年儿童图书馆于 2022 年向苏州市普惠性托育机构赠送 1000 份婴儿版“阅读大礼包”，将婴幼儿亲子阅读资料直接送到了婴幼儿家庭，实现了公共文化服务的“精准供给”。同时加强与托育机构的资源共享，设立图书角、举办亲子阅读活动，为托育机构开展低幼儿童特色服务提供协助与指导。

4. 针对0—6岁幼儿组织大型赛事

苏州少年儿童图书馆每年组织幼儿童话剧表演比赛、“我给孩子讲故事比赛”等大型赛事（见图6），鼓励更多的孩子父母和幼教工作者参与幼儿早期阅读，提高儿童的文学鉴赏能力和语言表现能力，创设良好的课堂阅读和家庭阅读氛围，引领更多的孩子步入文学阅读的美好天地。

图6　苏州少年儿童图书馆在人民路馆举办第四届苏州市幼儿童话剧表演比赛

5. 做好低幼儿童家长阅读指导

家长课堂是专门为家长搭建的一个学习交流平台，它包括网上QQ群聊、座谈和主题讲座等多种形式，由馆员或各行业专家就孩子阅读、学习、生理、心理、安全等家长关心的问题和家长进行交流。例如针对低幼家长不知如何开展亲子阅读的问题，组织家长共读一本绘本，学习阅读技巧。围绕《如何说孩子才会听，怎么听孩子才肯说》这本书，一起探讨育儿中的共性问题。

6. 服务对象扩大，取得良好社会反响

2017 年，“悦读宝贝计划”有新举措，它与“苏州市未成年人流动图书大篷车”相结合，将更多优秀的图书资源直接送到了幼儿园小朋友的手中。大篷车上有精心挑选的近万册图书，这些图书以国内外优秀图画书为主，同时也配有家长和老师用书。该服务得到了师生和家长们的热烈欢迎和大力支持，家长在接幼儿放学的时候能上车借阅，课间孩子们以班级为单位上车阅读。

三、实施要点

深入了解目标受众：在项目设计之初，苏州少年儿童图书馆对目标受众进行了深入的调研，了解他们的需求和特点，以确保项目的针对性和有效性。

资源整合：苏州图书馆与多方资源进行整合，包括企事业单位和社会机构，共同参与儿童阅读推广。

专业化指导：项目拥有一支专业的指导团队，包括图书馆员、教育专家和儿童心理学家等，为活动提供专业化的指导和支持。

持续改进：项目实施过程中，不断收集反馈意见，对活动进行持续改进和优化，确保项目效果的最优化。

四、项目效果与影响

苏州少年儿童图书馆的“悦读宝贝计划”不仅在提升儿童素质和促进儿童全面发展方面发挥了重要作用，更是与城市共成长的重要体现。这一项目不仅满足了市民对于公共文化服务的需求，而且推动了城市的文化建设和发展。

首先，“悦读宝贝计划”与城市的教育发展紧密结合。该项目通过为社区内的儿童提供高质量的阅读资源和亲子阅读指导，培养孩子们的阅读习惯和兴趣。孩子们在阅读中获得了知识、启发了智慧，阅读也为他们未来的学习和成长奠定了坚实基础。这不仅有助于培养未来的城市人才，而且是对城市教育发展的有力支持。

其次，“悦读宝贝计划”与城市的社区建设相辅相成。该项目注重家长的参与和指导，通过举办家长沙龙等活动，增强了家长对早期教育的重视和认识。这不仅有助于提升家长的教育理念和育儿技能，也为社区的和谐发展注入了正能量。家长们更加关注孩子的成长和教育，积极参与社区的各项活动，形成了良好的社区氛围。特别是针对幼儿园和托育机构的合作项目，让更多的孩子和家长受益，受到他们的欢迎。这不仅增强了社区的凝聚力和文化氛围，而且是对城市社区建设的有力推动。

再次，“悦读宝贝计划”还促进了图书馆与学校、社区和其他机构的紧密合作与交流。这种跨界的合作模式不仅为项目的顺利实施提供了有力保障，也为社区的资源整合和共享搭建了平台。通过合作与交流，各方能够相互学习、取长补短，共同推动社区的发展和进步。

最后，“悦读宝贝计划”还与城市的科技创新相结合。图书馆不断探索新的服务模式和技术手段，如线上家长沙龙、“阅读大礼包”线上申领等，使服务更加便捷高效。这不仅提升了图书馆的服务水平，而且是对城市科技创新的积极响应和应用。

总之，“悦读宝贝计划”作为苏州少年儿童图书馆的一项重要服务项目，在满足市民文化需求，推动城市教育发展，促进社区建设、科技创新和国际交流等方面发挥了积极作用，实现了与城市的共成长。随着计划的不断深入和拓展，相信这一影响力还将进一步扩大，为城市的未来发展注入更多活力。

五、未来展望

面向未来，“悦读宝贝计划”将继续扩大服务范围。除了持续改进现有的活动，还计划引入更多国际先进的阅读推广理念和做法，如开展更多的国际交流活动、引进国外优秀的儿童读物等。同时，也希望通过这个项目，激发更多的社会力量参与儿童阅读的推广，为孩子们创造一个更好的阅读环境。

（撰稿人：苏州少年儿童图书馆　张岚）

蹒跚起步来看书

在数字化阅读日益盛行的今天，苏州少年儿童图书馆坚守传统阅读文化，推出了“蹒跚起步来看书”阅读打卡活动。该项目旨在激发幼儿的阅读兴趣，培养阅读习惯，并通过游戏化的方式加深孩子对图书馆的认识和信赖。通过线上线下的有机结合，该项目不仅满足了家长和孩子的阅读需求，更在推广早期阅读理念方面取得了显著成效。

一、项目设计

“蹒跚起步来看书”是 2011 年苏州图书馆推出“阅读大礼包”时，配套推出的阅读打卡活动，家长只要带孩子到图书馆借书或者参加活动，就可以敲章，集齐一定数量的印章后可以兑换礼物。2022 年线下敲章活动转移到线上，通过小程序“悦读成长平台”继续推进该项阅读打卡活动。该项目的目标包括：帮助家长了解和选择适合幼儿的图书；激发幼儿的阅读兴趣和养成阅读习惯；通过游戏化的方式加深孩子对图书馆的认识和信赖。这一目标与当前的教育理念相契合，强调早期阅读对于孩子成长的重要性。

二、主要内容

“蹒跚起步来看书”活动分为 2022 年之前的线下推进阶段和 2022 年之后的线上推进阶段。

1. 线下推进阶段

（1）申请敲章册

《蹒跚起步来看书》敲章册面向 0—6 岁幼儿读者发放（见图 1），在元

图 1 读者在苏州少年儿童图书馆北馆领敲章册

旦、春节、劳动节、儿童节、端午节、中秋节、国庆节等节假日读者可在苏州少年儿童图书馆及苏图沧浪分馆、苏图玉山分馆、苏图姑苏分馆、苏图相城分馆领取。日常可在“书香苏州”App上申领。

（2）快乐敲章游戏

《蹒跚起步来看书》敲章册里面除了有“悦读宝贝计划”介绍、苏州少年儿童图书馆活动简介等内容外，还向小读者推荐了 50 本经典儿童绘本，将书的封面、内容简介及获奖情况等一一展示。家长可根据孩子的实际情况为孩子选择合适的绘本阅读。同时，活动为 20 本绘本设计了 50 枚可爱的卡通印章，每周推出一枚，只要家长带孩子到图书馆借书或参加活动，就可以在敲章册上对应的绘本旁盖印图章。我们鼓励孩子们亲自动手，在喜欢的位置盖上图章。每集齐 10 枚、20 枚、30 枚、40 枚、50 枚不同的印章，即可在“书香苏州”客户端上申请兑奖。集满 50 枚卡通图章，至少需要 50 周的时间，需要读者拥有持久的毅力，我们希望这项活动既能帮助家长选择合适的图书，也能加深孩子对阅读的认知（见图 2）。

图 2　家长在苏州少年儿童图书馆人民路馆带着孩子一起敲章

（3）加大优秀绘本推荐力度

在“书香苏州”微信订阅号上推出“宝贝今天读什么”专栏，每周介绍一本《蹒跚起步来看书》敲章册上的绘本。内容包括该书的内容简介、主要特点，以及曾经获得的奖项等，还附有该书在苏州图书馆的索书号，活动希望用图文并茂的方式为家长提供便捷的阅读推荐。同时结合特殊节日，例如全国爱牙日、国际儿童日等，“苏州图书馆”微信服务号上推出“童书荐读”专栏，推荐一系列相关主题的绘本。

2. 线上推进阶段

2022 年“阅读大礼包”改版升级，“蹒跚起步来看书”活动也随之进行了调整。考虑到线下申领、敲章受时间、场地影响较大，在线的方式相对更便捷和直观，因此活动推出了“悦读成长平台”小程序，将借阅打卡、兑换礼物等功能从线下迁移到了线上。

“悦读成长平台”主要有3个功能模块（见图3）：阅读指导、阅读推荐、阅读成长。

图3 “悦读成长平台”主界面

（1）阅读指导

“阅读指导”板块是一个专为新手爸妈设计的学习平台，旨在解答他们在孩子阅读成长过程中的种种疑惑。在这里，家长们可以了解到孩子适合从何时开始接触书籍，以及在不同年龄段可以选择哪些适合的读物。同时，针对无字图画书等特殊类型的书籍，该板块也会提供具体的阅读方法和技巧。此外，“阅读指导”板块还会深入剖析图画书的封面、环衬等设计元素，帮助家长理解作者的用心之处，从而引导孩子更好地欣赏和理解图画书。通过这个板块的学习，家长们可以掌握新的阅读技能，陪伴孩子共同开启一段愉悦的阅读旅程。

（2）悦宝电台

“悦宝电台”板块的视频来自于备受赞誉的“悦悦姐姐”团队。这支团队不仅在日常工作中为孩子们提供优质的阅览室服务，更在周末时光里，通过“悦悦姐姐教我念儿歌”“悦悦姐姐教我巧动手”等丰富多彩的活动，与小朋友们亲密互动。此外，她们还精心拍摄了教学视频，内容涵盖唱歌、画画以及优秀童书的推荐，为孩子们提供一个充满乐趣与知识的学习平台。家长们只需轻松点开“悦宝电台”板块的视频，就能与孩子一起享受美好的成长时光。

（3）阅读推荐

“阅读推荐”板块是一个专为家长和孩子们打造的图书推荐平台。用户可以通过平台轻松解决在浩瀚书海中挑选图书的难题。资深图书馆员会推荐国际获奖图书和最近热门的借阅排行榜TOP10图书，帮助用户快速了解哪些图书受到广泛欢迎。同时，用户还能看到同龄孩子的家长们推荐的有趣好看的图书，为孩子提供更多选择。此外，“阅读推荐”板块还鼓励小朋友们分享自己喜欢的图书，与其他小朋友一起分享阅读的快乐。跟着“阅读推荐”走，家长能找到孩子的最爱，让阅读成为一段美好的亲子时光。

（4）阅读成长

“阅读成长”板块是一个专为记录孩子阅读成长时光而设计的空间。在这里，家长们可以回顾孩子从婴儿到少年的阅读历程，留下孩子借阅的第一本书、最喜欢的书籍等珍贵记忆。同时，通过记录孩子阅读后的点滴变化，如看了《第一次上街买东西》后是否变得更加勇敢，家长们可以见证孩子在阅读中逐渐成长的每一个瞬间。这些记录不仅为孩子带来满满的幸福感，更成为家庭中最宝贵的财富。帮助家长一起在“阅读成长”板块记录孩子的阅读时光，共同见证他们的茁壮成长。

凡是注册“悦读成长平台”的小朋友，都被纳入苏州图书馆的少儿读者积分管理系统（见表1），小朋友们可以通过完成不同的阅读任务获得相应积分，并有兑换积分的权利，积分可根据不同分值兑现图书馆各种礼品。

表1 悦读成长平台积分兑换细则

积分项目	分值	说明
注册平台	+100	初始积分为 100
完善个人资料	+20	
发布一条“阅读成长”记录并通过审核	+5	
发布一条“阅读推荐”记录并通过审核	+5	
参加少儿读者活动一次	+10	
借阅少儿图书一本	+1	每日上限 10
通过“悦读成长平台”申请“阅读大礼包”	+20	
其他项目	不等	

三、实施要点

该项目的特色和亮点在于其游戏化的设计，通过敲章、兑换礼物等方式，激发孩子的阅读兴趣。同时，项目还加大了优秀绘本的推荐力度，通过专栏介绍、索书号提供等方式，为家长提供了便捷的阅读推荐。此外，项目还注重亲子互动，鼓励家长和孩子一起参与阅读活动，共同享受阅读的快乐。

四、效果与影响

“蹒跚起步来看书”活动自推出以来，受到了广大家长和孩子们的热烈欢迎和积极参与。通过多年的努力，该活动已成为苏州图书馆的一大品牌，不仅提升了图书馆的社会影响力，也为培养幼儿的阅读习惯和提升阅读能力做出了积极贡献。

（1）增强家长对早期阅读的重视：通过活动的宣传和推广，越来越多的家长开始认识到早期阅读对孩子成长的重要性，并积极参与到活动中来。

（2）激发幼儿的阅读兴趣：活动以游戏化的方式进行，让孩子们在轻松愉快的氛围中感受到阅读的乐趣，从而激发他们对阅读的兴趣和热爱。

（3）培养良好的阅读习惯：通过持续的阅读打卡和兑换礼物等激励机制，鼓励孩子们养成定期阅读的好习惯。

（4）提升阅读能力：在活动中，孩子们不仅可以接触到大量优秀的图书资源，还可以在家长和图书馆的引导下逐步提升阅读能力。

总之，“蹒跚起步来看书”活动是一项非常有意义且富有成效的阅读推广活动。多年的努力和实践，证明该活动在培养幼儿阅读习惯和提升阅读能力方面具有积极作用。相信在未来的日子里这项活动将继续发挥更大的作用，为更多孩子和家长带来阅读的乐趣和收获。

（撰稿人：苏州少年儿童图书馆　张岚）

不一样的两岁半

昔孟母，择邻处，孩子未来成为什么样的人，离不开父母给孩子创造的成长环境。梁启超先生在《论幼子》中曾说“人生百年，立于幼学”。因此，要把握早期教育的黄金期，为孩子打好人生的基础。早期阅读习惯的培养是早期教育的重要内容，孩子通过阅读认知世界、获取知识、开发智力。作为较早进行亲子阅读推广的公共图书馆，苏州图书馆一直保持着与时俱进的精神风貌，针对不同年龄段儿童的特点，积极开展儿童阅读推广活动，不断进行儿童阅读推广服务创新。

一、项目设计

1. 活动概况

2021 年 3 月，苏州少年儿童图书馆联合公益早教机构“活力未来”，推出了针对 2.5—3 岁的幼儿及其家庭的公益亲子早教阅读活动——“不一样的两岁半”（见图 1—4）。通过绘本阅读、音乐游戏等亲子活动，为全市的 2.5—3 岁儿童及其家庭提供公益性亲子教育服务。2021 年度春季班为首期课程，每期 10 对亲子家庭参与，每期有 20 次课左右，一周两次（每周二和周四的上午）。

2. 活动目的

早教阅读课的课程形式是家庭亲子课。一方面，我们希望通过绘本阅读、音乐游戏等方式，促进孩子运动、语言、认知、社交等能力的均衡发展。另一方面，我们希望家长积极参与课堂，提高他们对幼儿早期教育的认知，为 2.5—3 岁幼儿家庭提供科学的育儿指导。家庭亲子课具有高效亲子陪伴的特点，家长通过陪同孩子上课，了解该年龄段孩子的培养可以

图 1 “不一样的两岁半”活动之绘本阅读环节

图 2 “不一样的两岁半”活动之肢体运动环节

图 3 “不一样的两岁半”活动之乐器律动环节

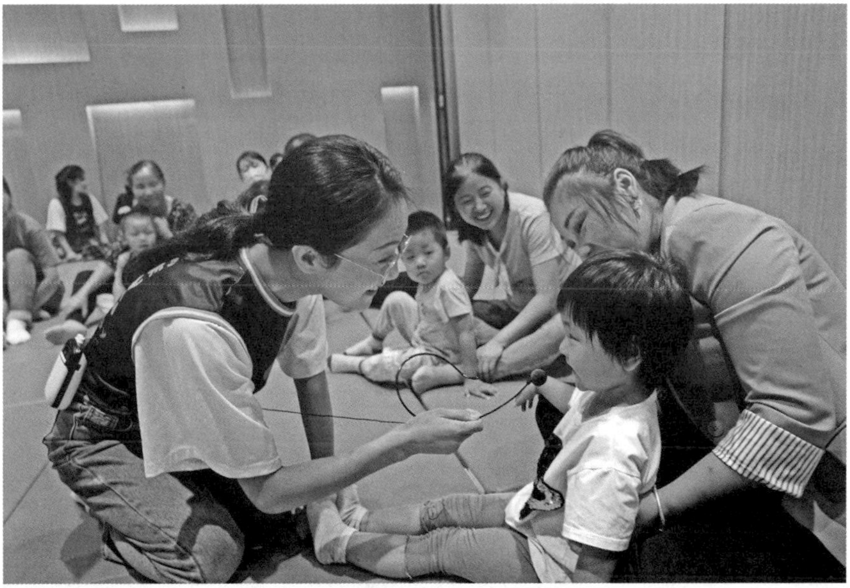

图 4 “不一样的两岁半”活动之听力锻炼环节

从哪些方面入手，例如开展哪些游戏、选择哪些玩具。在课堂中家长能够轻松地掌握一些实用的方法，我们会要求家长回家后做好课程的延伸，从而在家进行更好的科学早教。

3. 活动支持

“活力未来”是一个配备了拥有多年早教经验的师资团队的公益组织，通过“线上督导教学、线下课堂示范”的方式，为苏州少年儿童图书馆量身定制了培训方案；苏州少年儿童图书馆有着丰富的少儿阅读推广经验，开展0—3岁“悦读宝贝计划”已经十年之久，同时，我馆自身的人才队伍已经日益成熟，在“悦悦姐姐”团队的基础上，通过“理论学习+课堂实践”的形式，构建一支优秀的馆员师资队伍，着力打造专业化、精细化的特色服务品牌。

二、主要内容

1. 创新阅读推广模式

阅读，不仅要注重培养儿童的阅读兴趣和阅读习惯，还要关注他们读什么，怎么读。“不一样的两岁半”是苏州少年儿童图书馆在阅读推广模式领域进行的一次大胆创新，以“早期+绘本”的形式，让儿童在“玩”中学绘本。课程内容分为六大主题，每个主题配套相应的绘本故事和早教课程，通过“早教+绘本”的模式，让儿童在轻松、愉悦的氛围中感受阅读带来的快乐。

课程的六大主题分别是：“可爱的小动物”“世界上的生物”“蓝色的海洋”“颜色和形状”“交通工具”“城市里”。每个主题有具体的教学内容，比如“可爱的小动物”这一主题中，我们会从孩子们熟悉的小动物入手，带领孩子们模仿小动物，激发他们的好奇心。同时，在课程中我们会重视孩子行为习惯的培养，我们会用三个手势告诉孩子们课堂规则，让他们提前适应集体生活。

2. 深度构建课程体系

我们的课程每节50分钟左右，包括九大环节：打招呼、听力锻炼、假装游戏、手指谣、乐器律动、绘本阅读、肢体运动、安静、再见。每节课绘本阅读是主线，其他环节会根据本节课的绘本主题灵活开展，加深孩子们对绘本的理解。同时，我们会结合课程环节来培养孩子们的语言表达、肢体运动等各方面的能力。比如，打招呼是课程的第一个环节，在第一个月里，主讲老师会带着孩子们集体打招呼，等孩子们渐渐熟悉环境了，在打招呼的时候，我们会让孩子们独立表达，勇敢地向大家介绍自己，老师会给予及时的鼓励和肯定。

3. 重视家长的参与度

家庭中的亲子关系直接影响孩子的心理发展、态度行为、价值观念及未来成就。在亲子活动中，家长的重视、坚持及对孩子的支持、鼓励，可以增进家长与孩子之间的感情，融洽亲子关系，也必将促进家长和孩子的共同成长。

“不一样的两岁半”是由亲子共同参与的，在课程开展过程中，我们希望每个孩子和家长都能沉浸到课程中。主讲老师采取了三种方法来提高家长的活动参与度。第一，在课堂中老师会不断地提醒家长要积极参与，给孩子做示范，家长的热情参与可以感染孩子们；第二，课程的每个环节都有其特定的教学目的，老师会在每个环节适时地向家长强调学习目的，使家长能重视每个环节，更好地参与课程，从而带动孩子更好地融入课程；第三，课程涉及的音乐、手指谣等内容，老师会在课后将其分享到线上班级群，希望家长把“课堂内容”带回家，在家里和孩子巩固课程效果。

4. 关注服务细节

作为全国一级公共图书馆，苏州图书馆始终坚持“平等、免费、专业、礼貌、高效”的办馆宗旨，着力完善服务细节，提高服务质量。为了全方位关注孩子们的成长变化，我们给每位孩子安排了一位馆员作为观察员，观察员需要对孩子的情况进行详细记录，比如，孩子、家长在课上的言行举止情况，主讲老师和孩子的互动情况等。在课前和课后，观察员需要和孩子、家长进行交流，了解孩子的成长背景、养育方式等。同时，观察员需要将孩子的情况及时反馈给主讲老师，由主讲老师和观察员共同对孩子、家长进行后续的沟通，以期让他们在苏州少年儿童图书馆可以享受到优质的阅读服务和早期教育服务。

5. 延伸服务内容

著名的儿童作家彭懿老师在《图画书：阅读与经典》一书的开篇就说："人的一生中能有几次邂逅图画书？三次：童年、初为父母、人生过半为了自己的时候。"对于孩子来说，最幸福的莫过于在童年时期就遇到美好的图画书。绘本故事是每个孩子儿时最好的伙伴，孩子们总喜欢用期盼的眼光望着自己的父母，如饥似渴地等待父母带领他们进入千奇百怪的故事王国。家长如何营造良好的阅读环境，帮助孩子养成良好的阅读习惯呢？

针对参加"不一样的两岁半"活动的家长，苏州少年儿童图书馆推出了"阅读的种子——家长故事沙龙"活动，让家长可以学习到基础的阅读方法，提升家长的亲子阅读技巧与实践能力，让他们在家里就可以和孩子共读绘本故事。同时，倡导家长把"阅读"实践到自己的言行中，给孩子树立良好的阅读榜样，从而真正地打动孩子、改变孩子，帮助孩子养成受益终生的读书习惯。

三、实施要点

1. 积极寻求各方合作

在"互联网+"的趋势下，提供全民阅读服务的公共图书馆，也在积极转变思路，寻求各方合作，为少儿阅读推广奠定良好的社会基础。"图书馆+"正蓬勃兴起，以"1+X"的无限可能，与书店、咖啡馆、银行、医院等频频擦出融合共通的火花。"不一样的两岁半"正是苏州少年儿童图书馆和社会服务机构——“活力未来”的合作尝试。“活力未来”是一家成立于 2006 年的公益组织，秉承“每个孩子都有充满活力的未来”这一愿景，致力让更多流动、留守儿童及其家庭享有持续获得早期亲子教育的机会，为他们未来的健康成长打下坚实基础。该项目通过与社会各方的通力合作，鼓励社会力量参与公共图书馆事业，投入阅读推广服务，从而实现优势互补、合作共赢，达到“1+1＞2”的效果。

2. 建设自身文化队伍

图书馆员是公共图书馆阅读推广工作的践行者，他们的职业素养与能力直接影响少儿阅读活动的开展效果。针对“不一样的两岁半”活动，苏州少年儿童图书馆专门制定了“导师传帮带”馆员成长计划，通过“导师传帮带、馆员不断实践”的方式，打造了一支掌握“早教+绘本”阅读推广技能的馆员老师队伍。在活动运行初期，由“活力未来”的老师授课，这期间一名馆员作为培养对象，参与线上及线下培训，在一学年结束后，这名馆员作为主讲老师独立授课，同时由这名馆员带动其他馆员的成长。

公共图书馆要想实现服务创新，唯有培养出既具有丰富实践经验，又具有创新精神、研究能力、创造能力的图书馆员，才能精准把脉，开拓出公共图书馆发展新局面。加快建立完善的人才机制，充分挖掘馆员的个人潜能，激发馆员的工作热情，不断提高他们的服务能力和服务水平。推行导师模式，在传帮带中强化馆员的理论和实践能力。首先，精选导师、筑牢传帮带基础，通过师徒结对，使业务技能、管理经验和职业规划方面的经验得以在年轻一代馆员中不断传承；其次，优化传帮带形式，全馆统筹分部门、分活动的小组交流，通过导师“走出去”，其他小组“送进来”，形成双向结对，提升成效；最后，跟踪评估，注重传帮带质量，建立师徒传帮评估机制，定期梳理活动成果，以师徒双向评价的方式及时掌握工作情况。

3. 打造阅读推广品牌

品牌是公共图书馆阅读推广活动在品牌化建设过程中所形成的无形资

产。这些无形资产不仅是保持公共图书馆阅读推广活动品牌形象的重要保障，也是提升公共图书馆阅读推广活动成效的关键。公共图书馆需要通过精心组织、谋划和运营，塑造独特的品牌形象，提高品牌认知度。公共图书馆应通过分析读者需求，开展全方位宣传推广等来增强品牌的效果，扩大品牌的影响力。

“‘不一样的两岁半’——图书馆里的早教课堂”，简洁明了的宣传口号直截了当地传达了活动的理念，有利于品牌传播且让读者过目不忘。活动自首期开班，就引发了社会的广泛关注，家长们竞相来咨询下期活动的报名时间。每期课程结束时，会给孩子举办结业仪式，在 2021 年春季班结业仪式上，有一位家长还特地给苏州少年儿童图书馆准备了一幅画，画面再现了老师带着孩子们上课的场景，以此表达对老师们的感谢。

四、成效与影响

对于苏州图书馆的儿童阅读推广活动，华东师范大学范并思教授是这样评价的：“早在 2011 年，苏图的悦读大礼包活动便开启了图书馆低幼儿童阅读服务的先河，该项目加入了世界阅读界著名的阅读起步走（Bookstart）。苏图的儿童阅读对人群细分与全覆盖做到了极致，拿‘不一样的两岁半’活动来说，就对低幼儿童进行了阅读的再次细分，更符合儿童阅读的科学化要求，这一点值得向更多的图书馆推广。”

截至 2023 年底，“不一样的两岁半”已服务 83 对亲子家庭，总课时 180 次。自开班以来，得到了各方的广泛关注和认可，2022 年荣获多项荣誉：入选中国图书馆学会学术论文和业务案例征集活动交流名单、江苏省公共图书馆儿童阅读推广优秀案例、苏州市未成年人保护优秀案例优胜奖。我们会不断努力提高自身的专业水平，让更多家庭享受到优质的早期教育指导服务。

（撰稿人：苏州少年儿童图书馆　郭婷婷）

“夏日读书郎”系列暑期活动

寒暑假是备受少年儿童期待和喜爱的假期，在假期里他们不仅可以同家人一起外出游玩，增长见识，享受休闲娱乐的美好时光，还可以走亲访友，增近与他们的感情。同时，也有很多少年儿童选择在寒暑假多多阅读，丰富提高自己，加上图书馆不仅环境良好，而且学习氛围浓郁，因此图书馆就成为孩子们和家长们首选的阅读阵地。对图书馆而言，图书馆有着充足的馆藏资源，在假期集中开展一些针对少年儿童的阅读活动，丰富他们的假期生活，帮助广大未成年人度过一个健康、安全、快乐的假期，也是图书馆社会教育职能的体现。

苏州少年儿童图书馆自从 2010 年暑假起，就开始为少年儿童策划开展丰富多彩的“夏日读书郎”系列活动，至今已经持续了 14 年，成了图书馆的一项品牌少儿活动。

一、项目设计

2010 年，世界博览会在中国上海举行，受到了全国人民的瞩目，少年儿童也有了直接了解世界的机会。借此契机，苏州少年儿童图书馆在暑期策划了题为“走进世博”的系列活动，包含“游世博攻略”“寻找世博达人”等 8 项小的主题活动，开启了“夏日读书郎”系列暑期活动的序幕。

2011 年起，苏州少年儿童图书馆每年都会在暑期策划开展不同主题的阅读推广活动，吸引了大批的家长和少年儿童积极参与。在 2019 年，图书馆对“夏日读书郎”系列暑期活动的内容进行了重大调整，开启了预约制，定期推送活动报名信息。暑期结束后，根据参与活动的次数和借阅图书的数量进行综合考量，对表现优秀的少年儿童颁发奖状和奖品，激发他们的参与热情，引导他们多多走进图书馆，学会利用图书馆。

二、主要内容

“夏日读书郎”系列暑期活动每年的内容都不一样，或紧跟社会热点策划相应的主题活动，或选择有利于少年健康成长和少年儿童感兴趣的主题开展，部分与其他单位机构合作开展，多数由自己的馆员负责完成。

在2010年的“夏日读书郎”系列暑期活动中（见图1），馆员或向小读者们介绍世博会的相关知识，或由小读者们分享自己在世博会上的见闻，或制作和世博会相关的手工物件。形式多样的活动不仅让小读者们感受到了精彩纷呈的各国文化，也锻炼提高了他们的动手操作能力。

图1　2010年7月8日，“夏日读书郎”系列暑期活动——“走进世博”

2011年，“夏日读书郎”系列暑期活动主要为小读者们设计开展了“阅读寻宝”的有奖问答活动。根据不同的主题，苏州少年儿童图书馆定期推出图书专架，从馆藏图书中抽取知识点，设计相关题目，鼓励小读者们进行现场抢答并给予一定奖励，以此促进他们对图书文本内容进行更加深入细致的阅读。

2012 年起，“夏日读书郎”系列暑期活动的内容更加丰富。图书馆陆续开展了“热爱生命”“我是小小苏州人”“走进图书馆”“暑期剧场”“趣味手工”“科学小制作”等不同的主题活动，通过丰富多彩的活动吸引少年儿童走进图书馆。

在“热爱生命”系列活动中，来自苏州市红十字会的志愿者老师为小读者们开展了“自救互救我能行”的技能培训，小读者们通过讲解学习了解“心肺复苏”的步骤和要点，并在老师的指导下利用人体模型动手实践。消防大队横塘中队的消防员叔叔们也把消防车开进了图书馆（见图 2），向小读者们展示介绍多种消防器材的使用方法及作用，并普及一些生活中常见的防火防灾知识。小读者们还可以穿上消防员叔叔的消防服，登上消防车，化身“小小消防员”，切身体会消防救援工作。

图 2　2015 年 7 月 30 日，“夏日读书郎”系列暑期活动——“我是小小消防员”

“我是小小苏州人”系列活动包括“学讲苏州话”“学一点昆曲”“学一点评弹”三个子主题（见图3），小读者们可以在活动中学习一些苏州方言绕口令、童谣和俗语，了解昆曲和评弹的历史，学习简单的动作和曲目。这些活动有助于进一步传承和弘扬吴文化，激发小读者们对传统文化的热爱。

图3 2013年7月22日，“夏日读书郎”系列暑期活动——“学一点昆曲”

“走进图书馆”系列活动则充分利用本馆各种人力物力资源，开展了包括“古代图书的典藏与修补”“盲文图书和盲人用电脑”“图书的采编与入藏”三个子主题的活动，向家长和小读者们展示和介绍了平时了解和接触不到的内容。

“暑期剧场”则由苏州市锡剧团、苏州市滑稽剧团和苏州市歌舞剧院为少年儿童带来各种精彩的剧目表演。滑稽戏《青春跑道》表演诙谐幽默，夸张而又生动地反映当下中学生的学习和生活；苏剧锡剧戏曲联唱深受家长们喜爱，也让小读者们更多地了解和感受到了中国传统戏曲表演的魅力；

“琴·弦专场音乐会”的青年演奏家则用他们扎实的演奏功底征服了现场的所有观众，给广大市民带来了美的享受。

“趣味手工”和“科学小制作”的内容就更丰富了。小读者们在馆员的带领下可以“玩转雪糕棒”，创作属于自己的“马赛克花瓶”，还可以体验“神奇的造纸术”等（见图 4）。通过多种形式的手工制作和科学小实验，少年儿童不仅提高了自己的动手实践能力，也增加了自己的科学知识储备。

图 4　2022 年 7 月 14 日，“夏日读书郎”系列暑期活动——“体验造纸术”

2023 年暑期，苏州少年儿童图书馆还首次携手“苏周到”联合举办了 2023 年首届暑期“周到悦读·夏日读书郎”亲子共读阅读打卡活动（见图 5）。阅读打卡操作简单，不管是到馆阅读，还是借阅图书在家里阅读，都可以参与，最终共吸引了 3000 多位小读者积极参与。除此以外，少儿“剧本杀”《世界地理大发现》的加入也大大丰富了“夏日读书郎”暑期活动的内容（见图 6），它通过将角色扮演游戏与学习紧密结合的形式，穿插学科知识，增强记忆，激发小读者们的求知欲与学习兴趣，成了备受小读

图 5　2023 年 7 月 29 日，“周到悦读 · 夏日读书郎”获奖小读者到馆领奖并合影留念

图 6　2023 年 8 月 3 日，少儿“剧本杀”——《大航海家之世界地理大发现》

者喜爱甚至一票难求的活动。

三、实施要点

1. 提前部署　综合协调

“夏日读书郎”系列活动集中在暑期开展，必须在暑期开始前就提前策划准备。同时，图书馆还要积极与社会力量合作，对活动的各项细节和进度进行反复沟通确认，确保活动顺利开展。每一场活动，除了活动主题、内容、人员，还要考虑活动场地、参与对象和宣传方式。苏州少年儿童图书馆有人民路馆和北馆两大主要的少儿活动阵地，既要保证两个阵地活动数量均衡，还要争取学龄前和学龄后的孩子都有适合参加的活动。在活动开展前，馆员需要对使用的物料和设备提前购买和准备，并进行手工制作或者组装测试，留意并记录每个环节的要点及所需时间，设置可以启发思考的问题和互动，从而充分发挥小读者们的学习积极性，达到最佳活动效果。另外，多渠道、多方面且充分的宣传工作也很重要。除了要在网站和微信新媒体上进行扩散，还要制作电子海报和印制折页分别在各阅览室电子屏和服务台展示。不管读者是否到馆，都可以随时获取相关信息。

2. 勤于总结　全面提升

做好了充足的准备，并不意味着一定会有一场成功的活动。活动结束后，馆员也需要记录活动过程中出现的问题，总结不足之处，同时听取家长们的意见建议，不断积累经验并调整改进。根据总结，受欢迎的活动多多举办，效果不好的活动积极改进，以此全面提升活动质量。优质的活动可以增强少年儿童的参与度，吸引越来越多的少年儿童走进图书馆。

四、成效与影响

截至 2023 年，苏州少年儿童图书馆“夏日读书郎”系列暑期活动共举办 233 场，12000 多人次参与，活动受到小读者和家长们的一致欢迎，在广大市民中取得了良好的社会反响，成了苏州图书馆的一项品牌少儿活动，并在 2016 年、2019 年、2021 年分别荣获第十一届、第十四届、第十六届苏州阅读节“优秀活动奖”，成为 2019 年度苏州市群众文化“五个一百”工程优秀文化活动品牌。苏州少年儿童图书馆今后将会继续探索更多形式新颖、内容丰富的少儿活动，带领更多的少年儿童走进阅读殿堂，为他们的健康成长注入源源不断的内生动力。

（撰稿人：苏州少年儿童图书馆　何亚丽）

“悦悦姐姐”团队：用爱与阅读点亮童年

苏州少年儿童图书馆“悦悦姐姐”团队成立于2014年，最初致力于“悦悦姐姐教我念儿歌”活动。近年来，随着读者服务量逐年上升，读者对图书馆的需求趋于多样化，2019年苏州图书馆北馆建成开放，“悦悦姐姐”团队适时扩容，逐渐发展成为一支由苏州少年儿童图书馆馆员组成的少儿阅读推广志愿服务团队，目前拥有10位成员。至2023年底，“悦悦姐姐”团队已成功举办并参与了400余场活动，为数万名读者提供服务。

一、项目设计

苏州少年儿童图书馆“悦悦姐姐”志愿服务团队在儿童阅读推广项目的设计上，遵循教育性、趣味性和可持续性的原则，旨在为儿童提供丰富的阅读活动并予以引导，激发他们的阅读兴趣，为他们的成长打下坚实的文化基础。通过组织多样化的阅读活动，比如儿歌学习、绘本阅读、剧本杀游戏等，吸引不同年龄段的儿童参与，同时加强儿童与父母之间的互动，促进家庭阅读氛围的营造。“悦悦姐姐”团队参与的活动有“悦悦姐姐教我念儿歌”“夏日读书郎”“不一样的两岁半”“儿童沉浸式阅读课”等。

二、主要内容

苏州少年儿童图书馆“悦悦姐姐”志愿服务团队专注于儿童阅读推广与文化活动，该团队的成员主要由苏州少年儿童图书馆年轻馆员组成，通过一系列丰富多彩的活动，为孩子们提供一个互动交流和学习成长的平台。

1. “悦悦姐姐教我念儿歌”

“悦悦姐姐教我念儿歌”是团队的标志性活动之一，见图1。在这个活动中，“悦悦姐姐”们会选择各种经典和富有教育意义的儿歌，通过手势舞、肢体律动等形式，引导孩子们一起学习和欣赏儿歌。这不仅能增强孩子们的语言表达能力，还能在欢快的氛围中培养他们对文化的认识和兴趣。

图1 2022年11月12日，苏州少年儿童图书馆在北馆童梦空间举办“悦悦姐姐教我念儿歌”活动

2. “夏日读书郎”系列活动

“夏日读书郎”系列活动在每年暑假期间定期举行。这是一系列专为小学生在暑期设计的主题活动，在这个系列活动中，孩子们有机会参与丰富多彩的活动，内容包括创意无限的手工制作、趣味盎然的科普实验和喜闻乐见的传统节日习俗等。这样的多元化活动不仅能丰富孩子们的暑期生活，还能在实践中培养他们的探索精神。

3. “不一样的两岁半”早教

“不一样的两岁半”则是专为 2.5—3 岁的幼儿设计的阅读启蒙早教项目，见图 2。在这个年龄段，孩子们的认知能力和语言技能正处于快速发展阶段。通过精心挑选的绘本故事和互动游戏，“悦悦姐姐”们鼓励孩子们积极参与活动，为他们日后的阅读之路打下坚实的基础。

图 2　2021 年 10 月 19 日，苏州少年儿童图书馆在北馆童梦空间举办“不一样的两岁半”活动

4. “少儿‘剧本杀’儿童沉浸式阅读课”

“少儿‘剧本杀’儿童沉浸式阅读课”则是一个比较新颖的尝试。在这个活动中，孩子们会被分配不同的角色，共同推进故事情节的发展，见图 3。这种角色扮演游戏不仅能增进他们对故事情节的理解和对人物性格的把握，还能锻炼孩子们的表达能力和团队协作能力。

此外，“悦悦姐姐”团队还参与了“家门口的暑托班”“说园・虎丘山

图3　2023年8月10日，苏州少年儿童图书馆在北馆童梦空间举办
“少儿‘剧本杀’儿童沉浸式阅读课”

里的文化课”“苏式故事会”等活动，团队通过这些多样化的活动，丰富孩子们的课余生活，在无形中培养了孩子们的阅读兴趣，使得图书馆在信息爆炸的时代，仍然能吸引孩子们走进来。

三、实施要点

1. 精准选拔，建立系统培训机制

（1）明确选拔标准，综合考查个人素质

“悦悦姐姐”团队作为少儿志愿服务团队，其服务对象主要是未成年人，这也就要求其选拔需侧重有亲和力、责任感和热爱儿童文学的对象，且优先可考虑有教育、心理学或相关领域背景经验的申请者。值得注意的是，举办一个成熟的品牌活动，不可只依赖于某个馆员的技能，应注重团队每个队员的业务能力的培养，以免发生馆员流动造成的活动中断。

（2）建立培训机制，持续性提升技能

"悦悦姐姐"团队组织持续性的培训，利用在线平台进行理论学习，通过线下实践来提升互动技巧和实际操作能力，如通过与社会早教机构"活力社区"合作，"悦悦姐姐"们跟随"活力未来"专业教师授课，后期"悦悦姐姐"们独立担任授课老师，过程中不断提升授课技能且将部分早教环节引入其他活动，丰富了日常活动的授课形式，也受到了家长和孩子的喜爱。

（3）定期评估与反馈，提供成长路径

定期召开会议，让团队成员分享经验，交流意见，成员能够自由地表达自己的想法和建议，以确保团队的整体素质和服务水平持续提升。除了建立反馈机制，为团队成员提供成为专业儿童图书馆员的成长路径，为其职业发展提供支持也是团队不断提升的关键因素。

2. 创新思维，积极开拓服务领域

（1）活动多元，线上线下相结合

除了传统的唱儿歌和讲故事等活动外，还可加入方言、绘画、科学等多样化的元素，丰富儿童的学习体验。2021年，苏州少年儿童馆引入"不一样的两岁半"早教活动，为苏州2.5—3岁儿童及家庭提供全新早教课体验，2023年，还引入"绘本课"模式，创新了公共图书馆"早教+绘本"阅读新模式。同年，由"悦悦姐姐"团队参与的"少儿'剧本杀'儿童沉浸式阅读课"也在图书馆如火如荼地进行，为8—12岁少年儿童带去了新奇的阅读体验。在疫情期间，"悦悦姐姐"团队也将服务转到线上，通过图书馆微信公众号发布儿歌手势舞、儿童简笔画、绘本阅读和少儿荐书等短视频，突破地域限制，为不同年龄段的小读者带去了有趣的图书馆服务。

（2）跨界合作，多形式深化少儿阅读推广服务

"悦悦姐姐"团队积极与学校、社区、社会团体等合作：参与社区开设的"家门口的暑托班"，带暑托班孩子体验科普实验；通过大篷车进校园，

给幼儿园的小朋友带去有趣的绘本故事；与会展部合作，参与“说园·虎丘山里的文化课”，将阅读课带进文化旅游景区；团队还组织颇具特色的“苏式故事会”，用苏州方言给小朋友做了一期别具特色的活动。通过多种形式的多方合作，不断扩大服务的影响力与覆盖面。

（3）关注特殊群体，实现公共文化服务的均等性

特殊儿童往往在获取各种教育资源时面临着更多的挑战，如何将公共文化服务覆盖到这些特殊群体，是公共图书馆需要思考的问题之一。2021年4月，“悦悦姐姐”们将爱心覆盖到特殊儿童，与苏州市工业园区仁爱学校达成合作意向，不仅带故事进入校园，还带去一系列丰富多彩的活动，如儿歌手势舞、互动故事时间等，这些都有助于激发特殊儿童的想象力和创造力，同时增强他们的社交技能，见图4。

图4　2021年4月1日，“悦悦姐姐”团队走进苏州市工业园区仁爱学校

3. 注重宣传，推广志愿服务品牌

团队通过多种途径和策略来扩大影响力和认知度，进一步推广其志愿服务品牌。首先利用图书馆活动宣传屏、社交媒体平台，如苏州图书馆网站、微博、微信公众号等来分享团队的故事、活动亮点和成果，并与当地媒体建立合作关系，发布新闻稿和报道，介绍团队的活动和影响。其次，团队也与社会团体合作，共同举办活动，以增强品牌曝光度和影响力。同时，每次开展活动时，"悦悦姐姐"们都会穿上统一的"悦悦姐姐"服装，对外树立鲜明的志愿服务形象。

四、成效与影响

2014 年以来，苏州少年儿童图书馆"悦悦姐姐"团队通过不断扩充人员、丰富活动形式，至 2023 年底，已成功举办并参与了 400 余场活动，为数万名读者提供服务。其中"悦悦姐姐教我念儿歌"活动举办 200 余场次，服务读者 6000 余人次。在苏州图书馆微信公众号提供线上服务"悦宝电台"荐书啦、唱儿歌啦、听故事啦、画画啦 4 个环节共 130 期短视频，总点击量达 3.5 万余次。2021 年，苏州图书馆"悦悦姐姐"团队入选国家文旅部颁发的学雷锋志愿服务先进典型名单，荣获"最佳志愿服务组织"称号。

而由"悦悦姐姐"团队参与的"不一样的两岁半"活动自 2021 年 3 月开班以来，至今已服务 83 对亲子家庭，共计 180 个课时。在 2022 年，"不一样的两岁半"项目在全省公共图书馆儿童阅读推广优秀案例征集活动中荣获优秀案例。同时，"少儿'剧本杀'儿童沉浸式阅读课"自 2023 年开课以来，已服务近百位小读者，在"苏州市图书馆学会 2023 年案例征集活动"中获得二等奖。同年，"悦悦姐姐"团队《悦悦姐姐，让阅读更有趣！》短视频荣获苏州市全民阅读促进会"我们在阅读"微视频比赛一等奖。

点点星光汇聚成河，"悦悦姐姐"团队通过其创新和全方位的志愿服务

活动，在少儿阅读志愿服务领域取得了一定的成就。通过有效的品牌宣传和多方参与，团队不仅增强了公众对少年儿童需求的理解，还激发了更多人参与志愿服务的热情。未来，“悦悦姐姐”团队也将继续致力于少儿阅读推广领域，每个人都将不断突破自我，助力全民阅读。

（撰稿人：苏州少年儿童图书馆　是晓文）

“苏阅时光”系列阅读推广活动

苏州人爱阅读，与苏州自古崇文重教的风气密不可分。姑苏区作为全国首个也是唯一一个历史文化名城保护区，拥有丰富的历史文化遗产和深厚的文化底蕴。为了更好地保护和传承这些文化遗产，同时提高市民的文化素质和满足市民的阅读需求，苏州图书馆与苏州市姑苏区政府合作，在全区8个街道建设了24家分馆，为全社会营造阅读氛围，为建设书香城市进程添砖加瓦。

一、项目设计

苏州图书馆姑苏区分馆是展示苏州图书馆的一张靓丽名片，立足姑苏优秀文化脉络，展望文化发展的未来趋势。为了丰富少儿读者的阅读体验，同时利用品牌效应有效提升苏州图书馆的社会影响力和知名度，2023年苏州图书馆姑苏区分馆将过往优秀的阅读活动调整升级，重新打造了新的品牌项目“苏阅时光”，让书香浸润苏城，用阅读点亮时光。

二、主要内容

1. 廿四节气——我和节气的故事

为响应党的二十大“繁荣发展文化事业和文化产业”的号召，姑苏区分馆结合当地文化特色，特别打造“廿四节气——我和节气的故事”系列文化品牌活动（见图1）。

“廿四节气——我和节气的故事”通过创作不同的文化明信片，多角度探究中国的节气文化，带领读者感受节气之美，弘扬中国的传统文化习俗。一张张由图书馆员自制的节气明信片使得纸上的知识跃然眼前，

图 1 2023 年 10 月，沧浪分馆举办“廿四节气——我和寒露的故事”活动

生动立体地展现了传统节气的四时之美。活动涉及社区较多，反响热烈，读者们表示能从图书馆的亲子小活动中学习到中国传统节气文化的知识，受益匪浅。

2. 图书馆里的奇妙屋

姑苏教育分馆与苏州市劳动路实验小学携手合作打造“图书馆里的奇妙屋”系列活动（见图 2），让孩子们在阅读中快乐成长。在“奇妙屋”里，有很多有趣的书籍和绘本。孩子们在这里可以畅游于各种各样的世界中，探索未知、发现美好、学习知识、培养兴趣、结交朋友。而且，“奇妙屋”还有很多有趣的活动，比如阅读分享会、手工制作课程等。“奇妙屋”让孩子在阅读中探索未知、发现美好，也促进公共图书馆和学校图书馆携手合作，为孩子们提供更好的阅读服务。

图 2　2023 年 3 月，姑苏教育分馆举办的“图书馆里的奇妙屋”活动

3. “暑期科普活动”和“七彩夏日 · 缤纷悦读季”系列活动

“暑期科普活动”和“七彩夏日 · 缤纷悦读季”系列活动是由图书馆创造有利于学习迁移的条件，以家庭间的亲缘关系为纽带，家长与孩子共同参与的，在图书馆举办的寓教于乐的科普教育模式。活动一方面可以充分利用图书馆的科普教育馆藏资源优势、场地优势和文化氛围等；另一方面能持续地调动家长和学生对相同、相似以及延伸知识点的学习积极性和主动性，促进家长与孩子之间的亲子情感的建立和维系。“暑期科普活动”和“七彩夏日 · 缤纷悦读季”系列活动教会孩子敬畏自然、热爱生命，在带领孩童亲近自然的同时培养他们的观察力和创作能力。

4. 花草集

姑苏分馆“花草集”系列活动旨在引导孩子亲近自然，学习花草知识，从一草一木之中了解四时更替的规律，学会敬畏自然、热爱生活。通过自然手作，锻炼孩子观察和动手能力，以自然游戏的形式提高孩子的想象力和创造力，同时活动倡导高质量亲子陪伴，寓教于乐，活动过程其乐融融。

5. 阅享童真 · 奇遇之旅

凡有特色的城市，都孕育着一种特殊的文化生命基因，它成为城市发展的灵魂。这种基因是由城市独有的自然特质、文化特质、经济特质所决定的，这些独有的特质就是城市的文化。姑苏分馆开展城市主题特色活动，以文化介绍和手工制作相结合的方式，将不一样的城市文化传递给大家，让城市文化活起来。

6. 书香绘梦 · 悦读姑苏

以“江南文化”为主题的“书香绘梦 · 悦读姑苏”系列活动（见图 3），是沧浪分馆打造的一项少儿品牌活动。从人文历史到现代元素，从百年经

图 3　2023 年 9 月，沧浪分馆举办的“书香绘梦 · 悦读姑苏”活动

典到精致生活，通过阅读书籍、想象创作、品味乡情、互动游戏等活动，令孩子们仿若畅游在江南水乡的旖旎风光中，全面深入地了解江南文化中的建筑、美食、风俗等，在活动中感受苏式生活的烟火气息。活动不仅培养了孩子们良好的阅读习惯，还能拓宽孩子们的眼界，进一步丰富孩子们的精神生活。

7. 童享书香·萌读经典

沧浪分馆为孩子们精心准备了“童享书香 萌读经典”系列活动，内容涵盖成语故事、神话传说、历史传记、地域风情、动物植物、器物雅戏等。活动旨在弘扬祖国优秀的传统文化，让孩子们潜移默化地形成优良的道德观，同时为孩子们注入活力，丰富精神内涵，修身养性，陶冶情操。

8. “我们的节日”系列活动

“我们的节日”涵盖了春节、元宵、端午、中秋以及重阳这几个重要的中国传统节日，在特定的节点打造别致的传统节日阅读活动，旨在引导读者铭记传统节日，在文墨书香中学习文化知识，弘扬中华优秀传统文化（见图 4）。

三、实施要点

1. 立足传统文化，以阅读播撒文化的种子

中国传统文化博大精深，汇聚在浩瀚的书卷当中。开展传统文化阅读推广活动能够促使读者了解传统文化，并唤起大众传承优秀传统文化的责任意识。为此姑苏区分馆整合自身文化资源，紧紧围绕传统文化这个主题展开阅读推广活动。

2. 传播科学文化知识，共享阅读新时光

作为全民阅读的重要组成部分，科普阅读对普及科学知识、提升公民

图 4　2023 年 2 月姑苏分馆举办的“元宵节猜灯谜”活动

科学文化素养具有重要意义。《中华人民共和国科学技术普及法》规定，科技馆（站）、图书馆、博物馆、文化馆等文化场所应当发挥科普教育的作用。《全民科学素质行动计划纲要实施方案（2016—2020 年）》提出要加强图书馆等公共文化基础设施的联动，拓展科普活动阵地。开展科普教育已成为公共图书馆一项义不容辞的社会责任。少年儿童作为科普的重点人群，针对其开展的科普阅读推广也成为全民阅读推广的重中之重。

苏州图书馆姑苏区分馆一直以来都非常重视少儿阅读推广，为更好发挥图书馆的科普教育职能，提高科普活动的成效，推进少儿科普阅读推广向纵深发展，近年来推出一系列科普性的阅读活动。“廿四节气——我和节气的故事”系列活动涉及不同时节的农耕以及气象科普，同时让读者更加了解中国传统文化中对气象与物候知识的划分。“花草集”系列活动旨在引导孩子亲近自然，学习花草知识，从一草一木之中了解四时更替的规律。通过自然手作，锻炼孩子观察和动手能力，以自然游戏的形式提高孩子的想象力和创造力，同时倡导高质量亲子陪伴，寓教于乐，其乐融融。“暑期科普活动”系列之“云朵收藏家”和“花朵的秘密”让孩子们增加对云朵和花朵的认识。“七彩夏日·缤纷悦读季”系列活动之“夏日小池塘”和“叶子的秘密”带着小朋友们一起探究池塘里的秘密和神奇的树叶，增加小朋友的自然知识。

3. 自制节气文化明信片，寻求文化传播新交点

2016年初，国务院办公厅发布《关于加快众创空间发展服务实体经济转型升级的指导意见》，目的是充分发挥各类创新主体的积极性和创造性，发挥科技创新的引领和驱动作用，紧密对接实体经济，强化支撑我国经济结构调整和产业转型升级，进而推动众创空间向纵深发展。同年，国家又出台《关于推动文化文物单位文化创意产品开发的若干意见》，就博物院、图书馆等文化单位开展文创产品设计开发给出了建设性指导意见。

图书馆文化创意产品既是图书馆纪念品，也是文化艺术品。图书馆文创通过某种主题传播中国传统优秀文化，是图书馆服务的延伸。现阶段，许多图书馆都开始涉足图书馆文创开发。苏州图书馆姑苏区分馆打造的“廿四节气——我和节气的故事”系列活动通过自制不同的文化明信片，多角度探究中国的节气文化，带领读者感受节气之美，弘扬中国的传统文化习俗。

活动内容紧紧围绕传统文化“二十四节气”展开，如果推广形式单一，就难以激发广大群众的阅读兴趣，同时也难以打造图书馆阅读特色品牌。为此姑苏区分馆的青年馆员们敢于实践创新，原创手绘明信片，从花草、食物以及诗词三个方面理解二十四节气的文化内涵，将知识化为一幅幅精致的画作，打造了兼具文化感及独创性的文创明信片（见图5）。

4. 打造图书馆里的奇妙屋，开创馆校合作新模式

姑苏教育分馆与苏州市劳动路实验小学携手合作打造“图书馆里的奇妙屋”系列活动，开创了馆校合作的新模式。苏州图书馆为学校提供了

图5　廿四节气三个系列明信片

丰富多彩的阅读资源，学校借助图书馆资源为孩子提供了新的阅读平台和阅读服务，社会教育与学校教育相结合，使得孩子们能够获得更好的阅读体验。接下来苏州图书馆姑苏区分馆将继续发挥自身资源优势，积极推行“图书馆+学校”的阅读阶梯计划，为公共文化服务做“加法”，更好地发挥图书馆“第二课堂”作用，通过现场教学使学生了解图书馆，养成好读书、读好书的阅读习惯。努力促进馆校合作，寓教于乐，共同推进公共文化与教育事业融合发展。

四、成效与影响

2014年以来，“苏阅时光”系列活动场次超2000场，参与人次超过40000人。其中子项目“童心坊”少儿系列活动获2018年第十三届苏州阅读节优秀活动奖；子项目“夜里厢的阅读园”在江苏省文化和旅游厅举办的2022年度全省公共图书馆儿童阅读推广优秀案例征集活动中获评优秀案例。“苏阅时光”中的多项活动被网易新闻、今日头条、引力播、新民网以及《江南时报》等媒体争相报道，深受读者欢迎。

书香浸润苏城，阅读点亮时光。今后苏州图书馆姑苏区分馆将继续开发文化创意产品，创新服务方式，培育文化自信，助力全民阅读活动的蓬勃发展。

（撰稿人：姑苏区分馆　黄晋琦　沈超逸）

“百草园”系列阅读推广活动

少年儿童是祖国的未来和希望。作为文化服务和阅读推广的主阵地，苏州图书馆高新区分馆近年来针对少年儿童的年龄特点和兴趣爱好，策划开展亲子阅读、故事会、名著导读等一系列活动，将全民阅读工作深入推进到少儿读者群体，培养小读者的阅读兴趣，提升阅读能力，促进少儿群体的健康成长和全面发展。

一、项目设计

为持续推进全民阅读，进一步推动“书香社会”建设，帮助更多少年儿童培养阅读习惯、加入阅读行列，2016 年起，苏州图书馆高新区分馆整合服务项目、挖掘活动特色，打造面向少年儿童的阅读推广活动品牌“百草园”系列阅读推广活动。主要内容包括“贝贝树”系列亲子阅读推广活动、“小龟漫读”绘本故事系列活动、“传习经典”系列活动、“探索新世界”、“阅读大家庭”、“雏鹰”管理员志愿者活动等。

二、主要内容

1.“贝贝树”系列亲子阅读推广活动

“贝贝树”系列亲子阅读推广活动是一项面向 0—6 岁儿童的阅读推广活动。苏州图书馆高新区分馆依托馆藏绘本资源搭建活动平台，并定期开展阅读推广活动。故事环节中，馆员精心挑选符合活动主题的绘本，通过讲绘本的方式向参加活动的小朋友传授知识；互动环节中，通过儿歌、手指谣、绘画、手工等形式，鼓励小朋友用刚刚学习到的知识进行创作，通过寓教于乐的方式，让孩子们在趣味活动中学习知识、开发智力（见图 1）。

图 1　2023 年 11 月 12 日，高新区分馆开展“贝贝树”亲子阅读主题活动

2. “小龟漫读”绘本故事系列活动

“小龟漫读”绘本故事系列活动是苏州图书馆高新区分馆以各社区分馆为平台开展的一项少儿活动。根据每期活动主题，挑选国内外获奖绘本进行故事讲读与分享，同时配套开展少儿手工制作活动，引导儿童在感受阅读乐趣之余增强动手能力。活动采用馆员领读与亲子共读的方式构建良好的阅读氛围，以点带面打造社区书香大环境（见图 2）。

3. “传习经典”系列活动

“传习经典”系列活动以传承中华美德、弘扬江南文化为主旨，帮助少儿读者培养爱国心，树立文化自信。其中：“我们的节日”活动围绕春节、端午、中秋等传统节日，通过节日故事、经典诵读、民俗手工相结合的形式，弘扬中华民族优秀传统文化；“读民俗 学礼仪”活动立足优良的礼

图 2　2023 年 12 月 9 日，阳山新城分馆开展“小龟漫读”绘本故事活动

仪文化，在故事中帮助少儿读者培养尊老爱幼的家庭礼仪、尊师重道的校园礼仪、文明礼貌的社交礼仪；“夜读 · 非遗”系列通过开展“面塑”“刺绣”“花灯”等手工体验活动，让少儿读者接触非遗文化、亲手制作非遗工艺品，从小培育传承文化、保护非遗的意识（见图 3）。

4. “探索新世界”

“探索新世界”系列活动以科普宣传为主题，将图书馆打造成科普的沃土，期待让少儿读者探索世界、了解科学。科普宣传周期间，通过讲科学家故事、学科学知识、做科普手工的形式，营造热爱科学、崇尚科学的良好氛围；“自然博物夜”活动以树山分馆为活动阵地，带领少儿读者走进大自然，了解夜间动植物的生活习性，培养对自然的兴趣，锻炼观察与写作能力；“科普观影会”活动在寒暑假期间邀请少儿读者走进图书馆，观看自然环境、天文地理、动物世界等不同领域的科普影片，并提供相关的阅读书单，帮助少儿读者学习知识、开阔眼界（见图 4）。

图 3　2020 年 11 月 20 日，何山分馆开展“夜读 · 非遗”系列阅读推广活动

5. “阅读大家庭”

“阅读大家庭”系列活动充分利用社会各方的阅读资源，实现资源共享、优势互补，搭建少儿阅读大平台，提升阅读活动的社会效益。“悦读妈妈”进社区活动由幼儿园老师和家长组成“悦读妈妈”志愿者团队，经过图书馆系统培训后深入社区，为小朋友举办故事会，为家长普及早期阅读知识，让小朋友们养成阅读好习惯；“书香进校园”活动联合辖区幼儿园和小学，向在校学生赠送阅读大礼包和少儿期刊，鼓励孩子们爱阅读（见图 5）；走进图书馆活动组织学生参观图书馆，了解图书馆的环境和主要功能，教会他们合理利用图书馆资源辅助学习课本知识、丰富课外生活。

6. “雏鹰”管理员志愿者活动

“雏鹰”管理员志愿者活动是苏州图书馆组织开展的一项少儿志愿者活

图 4　2023 年 10 月 28 日，树山分馆开展“探索新世界”系列活动

图 5　2023 年 4 月 23 日，高新区分馆在华山幼儿园开展公
共图书馆服务宣传周系列活动

动，旨在通过图书整理、阅览室管理等实践活动，让少年儿童从小养成友爱合作、奉献社会的良好行为习惯。依托苏州图书馆总分馆体系，中小学生可以利用“苏图雏鹰”小程序，在寒暑假期间预约报名并前往高新区各分馆参加志愿活动，学习图书排架，参与阅览室管理，增强交流沟通能力，积累社会服务经验。

三、实施要点

1. 区分年龄阶段，分级服务提效能

少年儿童群体年龄跨度较大，不同年龄段的儿童的身心特点、兴趣爱好和阅读需求存在较大差异。基于这一客观事实，苏州图书馆高新区分馆加强阅读活动的前期准备工作，从活动主题、内容、形式等各方面加以区分，满足不同年龄段儿童的阅读需求。针对 0—6 岁的幼儿和学龄前儿童，开展绘本故事、绘画手工等趣味性、互动性较强的启蒙教育活动，激发儿童的阅读兴趣；针对 6—12 岁的学龄儿童，开展科普宣传、阅读分享、诗文朗诵等活动，帮助他们培养阅读习惯、丰富课余生活；针对 12—18 岁的青少年学生，开展名著导读、写作训练、志愿服务等活动，帮助他们锻炼逻辑思维，加强沟通表达能力，并适时开展心理辅导，帮助青少年度过人生的重要成长期。通过分级服务的形式，让不同年龄段的少年儿童都能参与相应的文化活动，提升了图书馆的服务效能。

2. 引导少年儿童将阅读、思考与实践相结合

阅读既是目的也是手段，在开展少儿阅读推广活动时，尤其要发挥阅读在学习知识、认识世界、锻炼思维、书写表达、创新创造等方面的基础性作用。苏州图书馆高新区分馆基于“读思行相结合”的理念，增强活动各阶段的交流互动，引导少年儿童将阅读、思考与实践相结合，取得更好的推广效果。一方面强化阅读与思考的结合，通过知识问答、交流心得等形式，促使少儿读者在阅读中深入思考，对阅读材料进行分析、归纳、总

结，真正吸收书中的知识，并在这一过程中逐步培养逻辑思维能力；另一方面重视阅读与实践的结合，通过手工制作、创意绘画、写作等适合不同年龄段儿童的创作形式，鼓励少儿读者通过各种方式表达自己对阅读内容的理解，增强他们的想象力和创造力，并锻炼他们的动手能力和写作能力。通过读、思、行之间的良性互动，提高少年儿童的独立思考能力和实践创新能力，推动他们成长成才。

3. 加强社会合作，共建书香大环境

开展少年儿童阅读推广活动需要搭建合适的活动平台，凝聚各方力量，营造阅读环境。家庭、学校、图书馆在少儿阅读的不同要素方面各有所长。家庭最了解孩子的兴趣爱好、成长状况和阅读需求，能够为儿童量身定制合适的阅读计划；学校拥有专业的师资力量和教育资源，并能通过课堂交流、考试测验等方式对少儿的阅读情况进行跟踪调查；图书馆拥有规模大、质量高、品类多的阅读资源，能团结社会各界的力量，构成开展大型阅读活动的平台。苏州图书馆高新区分馆充分发挥平台优势，促进各方合作。一是积极吸纳拥有教育知识和经验的学校教师和热心家长为志愿者，经过相关培训后组织开展少儿阅读活动，提升活动的专业性；二是邀请教育专家开展文化讲座，向家长普及儿童阅读和家庭教育的重要性，推动形成良好的家庭阅读氛围；三是充分加强与学校的合作，通过开展赠书活动和组织学生参观图书馆等多种形式，让在校学生了解图书馆、爱上阅读；四是积极推动社区图书馆、学校图书角等的建设，用好宣传栏、文化墙等传统渠道和公众号、视频号等新媒体渠道进行阅读宣传，在全社会营造良好的阅读氛围，打造少年儿童处处有书读、时时可读书的书香大环境。

四、成效及影响

截至 2023 年底，“百草园”系列活动开展近 2000 场次，吸引少年儿童近 6 万人次参与。其中“贝贝树”亲子阅读主题活动自 2018 年以来开展了近 350 场次，万余人次参与。为提升少儿读者黏性、形成正向激励，苏州图书馆高新区分馆于每年 12 月举行“贝贝树”年度颁奖活动，向本年度参与活动次数最多的小读者们颁发证书，鼓励他们继续参与活动、一起学习、共同成长。2021 年起苏州图书馆高新区分馆在社区分馆开展的“小龟漫读”绘本故事活动同样受到广大读者的欢迎，累计有 4 万余人次参与活动，成为图书馆进行阅读推广、开展少儿活动的重要渠道。其他传统文化、科普宣传与志愿服务活动也吸引了大量少儿读者的参与，学前儿童亲子共读、在校学生课外阅读蔚然成风，在全社会形成了爱读书、读好书、善读书的浓厚氛围。

苏州图书馆高新区分馆通过“百草园”这一少儿阅读品牌，将图书馆开展的各项少儿活动集成聚合，扩大知名度与影响力，形成品牌效应。未来，图书馆将进一步提升少儿活动效能，通过分类整合和分级服务，打造符合少年儿童成长轨迹和阅读需求的活动“供应链”，推动少儿读者从馆员领读、亲子共读走向主动参与、独立阅读，最终形成爱好阅读、终身学习的习惯，不断提升个人素养，实现全面发展。

（撰稿人：高新区分馆　徐婕　施文汇　金梦琪）

“金钥匙”系列阅读推广活动

文明生生不息，思想与时俱进。文化兴国运兴，文化强民族强。全国宣传思想文化工作会议首次提出习近平文化思想，引起社会各界的强烈反响。进入新时代，文化在振奋民族精神、维系国家认同、促进经济社会发展和人的全面发展等方面的作用充分凸显。我们要紧紧围绕学习贯彻习近平文化思想，围绕贯彻党的二十大关于文化建设的战略部署，强化政治担当，坚持守正创新，切实担负起新的文化使命，在推进社会主义文化强国建设、推动城市文化高质量发展中，主动作为，再谱华章。

一、项目设计

“金钥匙”系列活动的前身是“开心果”亲子阅读活动，于2010年在苏州图书馆相城分馆开馆一周年之际正式创立，旨在弥补相城区亲子阅读活动的缺失，打造具有长效性和公益性的亲子阅读活动。

近年来，随着成人读者参与阅读活动的需求日益增长，相城区分馆借鉴分级阅读理念，将原本面向青少年及幼儿读者的“开心果”亲子阅读活动，提档升级为“金钥匙”系列阅读活动，面向全年龄段的读者，长期开展有特色、有针对性的阅读推广活动。读者在寓教于乐的活动中学习知识，提高阅读兴趣、培养阅读能力。片区内根据各分馆的实际情况策划组织开展活动，让小读者大读者都能亲近图书、熟悉如何利用图书馆资源的“善用图书馆”小课堂。

主要内容有：“舌尖上的相城”的乡土文化普及活动、香草课堂——“自然”会有答案、各类主题的阅读分享会等。

二、主要内容

1. “舌尖上的相城”的乡土文化普及活动

苏州市相城区是一个文化悠久的城区，“相城”之名取自于春秋时期吴国大臣伍子胥在阳澄湖畔“相土尝水，象天法地”的典故。2009 年开始，苏州图书馆与相城区政府合作，先后在相城区建设多个图书分馆，构建了基本覆盖相城区各乡镇（街道）的区级总分馆体系。

为了让青少年零距离感受家乡的传统特色美食，增进对家乡的认知，培养乡土情感和乡土意识，从而更好地热爱家乡、建设家乡。2018 年，苏州图书馆相城区分馆开展了主题为“舌尖上的相城”的乡土文化普及活动，活动紧贴相城风土特色，先后开展了 19 场活动，取得了较好的社会反响。

相城区各分馆在开展活动的时候，结合当地实际情况及本土特色，因地制宜，宣传和普及乡土文化知识。望亭大米、阳澄湖大闸蟹、黄埭西瓜子等都是有代表性的享誉四方的本土美食品牌。各分馆在开展活动时都着力介绍本地的美食文化，连活动名称都带有明显的地域特色：稻香望亭（见图 1）、美味阳澄湖（见图 2）、相城麻饼、北桥酒酿、东桥葡萄、渭塘大团子……通过活动弘扬中华优秀传统文化，传承美德善行，丰富市民精神生活。

2. 香草课堂——“自然”会有答案

香草课堂——“自然”会有答案系列活动（见图 3）主要面对 0—7 岁幼儿，开展包括绘本导读与推介、音乐赏析、自然手作等形式多样又趣味十足的活动。活动旨在通过多感官体验引导孩子探索生物的世界，感受观察的乐趣，激发孩子探索自然生物的兴趣，丰富孩子的想象力和创造力，提高动手能力与专注力。

“驰神纵意，将翱将翔，而睠怀宗国，终又宁死而不忍去也。”无论在文学史还是文化史上，屈原都有着不可撼动的地位，他以“香草美人”为抒情意象自居，自他以后，文人墨客欣然接受了这一隐喻，将“香草美人”

图 1 2018 年 2 月 9 日，"舌尖上的相城"之稻香望亭活动（望亭分馆）

图 2 2018 年 7 月 8 日，"舌尖上的相城——阳澄湖畔的一碗面"活动（太平文创园分馆）

图 3 2023 年 5 月 21 日，“香草课堂——‘自然’会有答案”活动 1（文征明主题分馆）

的高洁视为终身追求的目标与品格信仰。那么，《楚辞》中出现的种类繁多的“香草”，到底是什么草？“美人”又是何样的品德呢？香草课堂——“自然”会有答案系列活动将一一揭晓这些问题。

小读者们通过视觉、嗅觉、触觉，近距离地感受各类新奇的香草。在馆员的带领下结合相关图书，小朋友和家长们认识了多种植料，学习如何扦插、配土和养护香草的知识（见图 4），小朋友们在活动中可以亲手定制、种植一盆属于自己的香草，在阅读中体验生活。

3. 各类主题的阅读分享会

书中寻觅知识，交流碰撞智慧。相城区分馆开展各类主题的阅读分享会，例如：“我的一本好书”阅读分享会 · 共读童话系列之“在绘本中发现大自然的美”阅读活动、“慢话红楼”少儿阅读沙龙、“童心探科学”

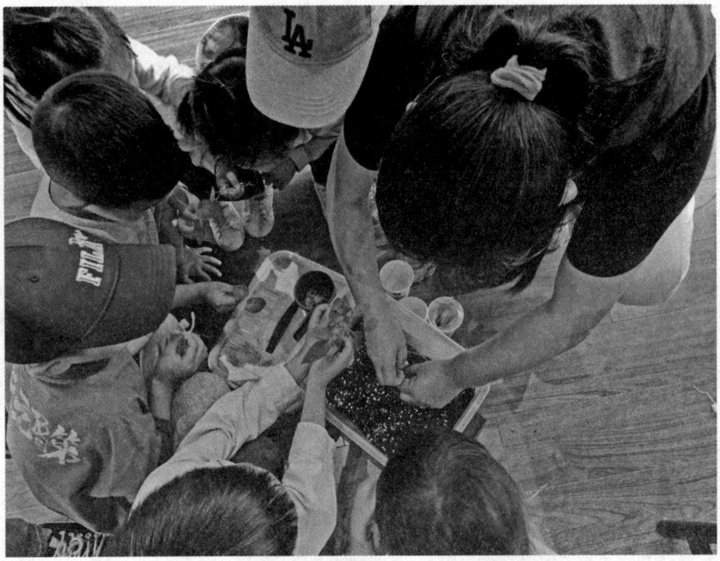

图 4　2023 年 10 月 22 日，“香草课堂——‘自然’会有答案”活动 2（文征明主题分馆）

阅读活动等。

2023 年，与周彩虹老师合作，相城区灵峰分馆开展活动并成立了水苏子童话屋（见图 5），开展幼儿绘本故事阅读、手工制作等青少年活动。周彩虹，笔名水苏子，江苏省作家协会会员，儿童文学作家，优秀阅读推广人，已出版《林小小的秘密基地》《我不是丑小丫》《儿童心理教育与逆商培养》《好宝宝礼仪培养》等童书，曾获《漫画周刊》年度读者喜爱的好作品奖，第三届“童话里的世界”童话创作大赛一等奖。在活动中，青少年读者们与周彩虹老师热情互动，讲述他们自己的故事。

读书分享可以激发大家的思考，交流自己的认识，为读者提供更个性化的阅读推荐和服务。读者可以相互推荐优质的图书资源，发现新的阅读领域，拓宽知识面，提升阅读素养。

图 5　2023 年 5 月 4 日，灵峰分馆成立水苏子童话屋活动（灵峰分馆）

三、实施要点

1. 借鉴分级阅读理念，活动更有针对性

公共图书馆是为广大读者服务的文化机构，其中儿童分级阅读是其重要的服务之一。儿童分级阅读是指根据孩子阅读能力的差异，将图书按照不同的难度划分等级，供孩子选择适合自己阅读能力的图书。儿童分级阅读能够提高孩子对阅读的兴趣，强化孩子学习的效果。相城区分馆在开展阅读推广活动的同时，借鉴分级阅读理念，针对不同年龄层次的读者举办不同活动、推荐不同难度的图书。

例如：“香草课堂——‘自然’会有答案”系列活动主要面对 0—7 岁幼儿，开展绘本导读与推介、音乐赏析、自然手作等活动，提高孩子的动手能力与专注力；“手绘麻布包，挥洒心中色彩”活动，面向 6—12 岁少儿读者，读者讲述给他们留下过深刻印象的图书及书中故事，并用画笔在麻布包上画出书中人物、写出好词好句等；“卯足干劲·大展宏兔”元宵游园会以及部分研学活动，则主要面向成年读者。此外，在水苏子童话屋开展的“共读童话”系列活动，不仅仅面向青少年，也欢迎成年读者参与，共读他们心中的童话故事。这些活动能够很好地激发儿童的阅读兴趣，成年读者也能在活动中获得独属于他们的乐趣。

2. 丰富活动形式，进行走读研学

“读万卷书，行万里路”，是中国传承至今、家喻户晓的教育古训。图书馆的活动不能仅仅局限于馆内，“纸上得来终觉浅，绝知此事要躬行”，在适当的时候进行走读研学，到不同的环境中去探访，进一步了解家乡的地理和人文环境，可能会取得意外的效果。

例如“舌尖上的相城”乡土文化普及活动，组织开展美食基地游学，让读者零距离接触家乡传统特色美食：在湘城老大房食品厂参观厂房，听师傅们介绍麻饼的生产工艺，并亲自体验制作麻饼的过程。在太平街道陆稿荐卤菜厂（见图6）和黄埭镇天福食品厂中，分别观看陆稿荐卤菜和黄埭西瓜子的生产流程，并品尝卤菜和西瓜子，与车间里的各种生产工具合影。

此外，相城区分馆还开展“四月下江南！阳澄湖舟船文化馆游学体验活动”、“追思、传承、踏青，这个春日，我们走进孙武—文征明纪念园”等游学活动。前往阳澄湖舟船文化馆，由“苏州水乡木船制作技艺”代表性传承人徐海林讲解他亲手制作的70余件船模作品、四处搜集的真船、各式各样的渔具、还有曾经船舶的通行证和老照片（见图7）。前往孙武—文征明纪念园，寻踪文氏家族世系。自西汉成都郡守文翁始，成都文氏形成，后迁居形成庐陵文氏、衡山文氏、长洲文氏（见图8）。文氏家族流传过程中从尚武到尚文，星光熠熠、代代风华。

这些走读研学活动，在读者间都取得了良好的反响。

3. 开展阅读活动的同时，注重社会效益

公共图书馆作为提供儿童分级阅读服务的重要场所，不仅需要不断

图 6　2018 年 7 月 30 日，“舌尖上的相城”：走进百年老店陆稿荐，体验薪火相传活动（太平分馆）

图 7　2023 年 4 月 9 日，“四月下江南！阳澄湖舟船文化馆游学体验活动”（阳澄湖分馆）

图 8　2023 年 4 月 2 日，“追思、传承、踏青，这个春日，我们走进孙武—文征明纪念园”活动（文征明主题分馆）

推广儿童分级阅读的理念和有效的服务方式，同时也需要对其推广效果进行研究分析并持续地优化和改进。

在“金钥匙”系列阅读活动开展的同时，我们始终非常关心读者的需求和建议。每场活动结束后，工作人员都会在活动现场询问读者的想法和建议，读者也养成了在活动群里表达反馈意见的习惯，与工作人员进行良好互动。

此外，相城区分馆会在部分时间节点，对读者的建议集中汇总，如 4 月服务宣传周集中开展读者问卷调查，在读者和图书馆之间架起便捷的桥梁，充当好社区的公共港湾，馆员走出图书馆，进一步了解广大市民的真正需求。每年年底的读者座谈会，邀请读者代表，相城区分馆管理层近距离和读者面对面现场交流互动。

四、成效与影响

“开心果”亲子阅读活动从2022年起改版升级，更名为“金钥匙”系列阅读活动。通过游学、文化讲座、图书推荐、展览等各类形式，总分馆联动、馆内活动与户外活动相结合，图书馆与包含寺泾社区、灵峰村在内的各村镇社区、东吴证券等企业、各类行业协会，以及玉成第二幼儿园、太平中心幼儿园等学校广泛开展合作，普及相城文化，扩大图书馆的社会影响力。

“金钥匙”系列活动以各类主题活动开展为载体，不断改善阅读环境，增强服务能力，提供创新服务，营造全民阅读的良好氛围。其中多个活动得到市级媒体、区级媒体宣传报道。如“长三角时讯”报道了玉成分馆“姚祥残疾人之家开展读书会活动”、“苏州日报引力播”报道了黄桥分馆“学习党史守初心、凝聚力量展担当”活动、“相城区新闻中心”报道了“‘舌尖上的相城’：走进百年老店体验薪火相传”等。

（撰稿人：相城区分馆　柯怡雯　沈维佳）

“E”家人老年人智能手机培训

“E”家人老年人智能手机培训是由苏州图书馆推出的专门面向55周岁以上老年读者的公益性培训活动，培训内容聚焦日常生活中与衣食住行高度相关的智能手机应用，旨在帮助老年人学会使用智能手机的常用功能，更好地适应数智时代的发展。该项目自推出以来，受到老年读者的欢迎与好评，荣获众多荣誉，社会反响良好。

一、项目设计

信息技术的飞速发展，智能服务的层出不穷，给我们日常生活带来诸多便利，与此同时，越来越多的老年人面临就医、出行、消费、文化娱乐等方面的困境。2020年11月24日国务院办公厅印发的《关于切实解决老年人运用智能技术困难的实施方案》中指出“便利老年人使用智能化产品和服务应用，加强应用培训和开展老年人智能技术教育。”在老龄化日趋严重的今天，帮助老年群体跟上智能技术发展的步伐并融入智慧生活，是全社会的共同责任。

公共图书馆肩负社会教育的责任，是帮助老年人学会运用智能技术的主阵地。苏州图书馆推出的“E”家人老年人智能手机培训活动，是在原读者培训品牌活动“扶老上网”基础上的新延伸，目的是帮助老年读者在数智时代轻松跨越“数字鸿沟”，学会使用智能手机，享受科技带来的便利，让他们在信息化发展中有更多获得感、幸福感、安全感。

二、主要内容

“E”家人老年人智能手机培训活动自2021年初开始筹备并实施，根据老年人的年龄特点及实际需求，开展课程化、系列化的教学活动，并引入高校志愿者团队开展一对一教学，通过PPT课件讲解和实际操作指导相结合的方式，让老年人更加直观地掌握学习要点，满足老年人的基本数字应用需求。

1. 参与方式

培训活动全程免费，年满55周岁以上的读者均可通过电话预约报名参与。培训教室设置无线网络全覆盖，避免老年读者在学习时产生流量费用。

2. 教学模式

为保证教学质量，采用小班教学模式，每期课程设8—10个名额，并实行一对一教学，有效保证了老年学员的学习体验与学习效果；提前制订上课计划，学员可根据课程内容及掌握程度进行自选。2021年，培训集中在苏州图书馆举办，每周开展两次课。从2022年开始，培训活动开始走进街道社区，馆内培训和馆外培训同时开展。2023年，在总结前期经验的基础上，培训活动走进了更多的社区和单位，社会反响良好。

3. 培训内容

在对老年读者进行采访调查的基础上，由项目组馆员精心整理编印培训教材（见图1），目前培训教材包括“线上苏图”“交通出行”“医疗健康”“旅游休闲”“民生服务”“媒体资讯”六个方面。

（1）线上苏图

该课程主要帮助读者学习使用手机访问和使用苏州图书馆的资源和服务，内容包括：①手机图书检索。用手机访问苏州图书馆的官方网站，通过多种渠道检索图书馆的馆藏图书资源，并在对应的馆藏位置获取图书。②书香苏州App。讲述如何下载和使用苏州图书馆的专门图书借阅软件——书香苏州App，学习的具体内容包括登录方式、网上借阅、我的电子证、地址管理、欠费查询、书单推荐、在线阅读等。③微信公众号。通

图 1 “E”家人老年人智能手机培训教材

过“苏州图书馆”微信公众平台使用网上借阅、我的电子证、进馆预约、活动预约、附近图书馆、e读书、读者活动等功能。④“苏州・书仓”小程序。讲述如何使用“苏州・书仓”小程序进行网上借阅和预约还书。⑤支付宝芝麻信用。讲述如何通过支付宝芝麻信用积分申请电子借书证，并完成网上检索、借书等操作。

（2）交通出行

该课程主要帮助读者学习和使用常见的交通出行软件，内容包括：①苏周到App。讲述如何通过苏周到App来查询实时公交、地铁线路、有轨电车时刻表、公共自行车位置等实用信息。②苏e行App。讲述如何下载并使用苏e行App扫码乘坐地铁、查询地铁线路等。③铁路 12306。讲述如何下载并使用铁路 12306 软件购买火车票。

（3）医疗健康

该课程主要帮助读者学习和使用常见的医疗健康软件，内容包括：

①苏周到App。讲述如何通过苏周到App预约挂号、查看体检报告及了解更多医疗资源等。②苏州卫生12320微信公众号。讲授如何通过12320微信公众号预约挂号、预约体检、咨询专家等常用操作。

（4）旅游休闲

该课程主要帮助读者学习和使用旅游出行软件，内容包括：①苏周到App。讲授如何通过苏周到App进行文化场馆预约、苏州园林购票或预约等。②微信App。讲述使用微信软件的各种常见操作，包括登录、添加好友、聊天模式切换、朋友圈、扫一扫等。③抖音App。讲述如何下载并使用抖音的加好友、拍视频、看直播等常见功能。

（5）民生服务

该课程主要帮助读者学习和了解常用软件的民生服务功能。具体内容包括：①苏周到App。讲述如何通过苏周到App交水费和燃气费、学习垃圾分类等。②支付宝App。讲述如何通过支付宝App交电费、充手机话费等。③“食行生鲜”小程序。讲述通过“食行生鲜”小程序在网上买菜的方法。

（6）媒体资讯

该课程主要介绍常用的媒体信息软件。具体内容包括：①看苏州App。具体功能包括看新闻、看电视、听广播等。②引力播App。具体功能包括查看新闻、读报、视频直播和回放等。③“苏州公安微警务”公众号。主要介绍该公众号上的反诈知识和网络安全知识。

三、实施要点

1. 资源整合，孵化志愿者团队

为充分发挥志愿者的力量，确保培训能真正做到“一对一”进行，苏州图书馆与苏州的各大专院校结成共建单位，招募并选拔学生志愿者（见图2）。通过对学生志愿者进行系统性培训，并设置面试、试讲考核环节，经考核合格后组建小组，孵化出第一梯队学生志愿者讲师团。其中设立主

图 2　志愿者在指导老年学员学习使用智能手机

讲老师 1 名，负责介绍课程理论性内容；助理讲师若干名，辅助学员进行手机App操作；后期随着培训报名参与人数的增加，苏州图书馆持续开展不同批次志愿者团队的孵化，作为项目的师资储备，确保讲师资源充足。学生讲师团的成长有力地保障了“E”家人老年人智能手机培训活动的开展和推广。

2. 由点及面，延伸服务范围

2022 年开始，除了馆内的培训活动，“E”家人老年人智能手机培训项目还积极走进社区，主动将服务延伸至馆外。在合作对象选择方面，优先选择距离图书馆较近、有较好合作基础的街道社区，并通过密切沟通，了解社区老人的真实需求，调整培训思路。

“E”家人志愿服务团队先后走进相城区元和街道建元社区、相城区元和街道日益社区、姑苏区双塔街道沧浪亭社区（见图 3）和沧浪街道西大街综合为老服务中心、苏州志愿者总会等单位，主动输送服务到社区和单位，解决了老年群体出行难的问题，满足了他们就近学习的需求，实现了

图 3 "E"家人老年人智能手机培训走进沧浪亭社区

"老有所学，老有所乐"，丰富了老年人的精神文化生活；也推进了基层文化建设，提高了公共文化服务效能，助力文化强国建设。

3. 与时俱进，更新培训内容

培训内容不是一成不变的，而是根据学员的反馈以及各类App功能的变化，及时动态调整培训教材，保证了培训的时效性和针对性。比如结合"3 · 15"国际消费者权益日主题，在培训内容方面增加了消费者如何维权、如何防诈骗的知识，教会老年学员保护好自己的财产。针对老年人电子阅读方面的渴求，培训依托苏州图书馆的资源和服务优势，着重介绍了"e读书""书香苏州"App的"电子书"模块、微信读书以及喜马拉雅听书App等。

4. 寓教于乐，增强活动趣味性

在常规培训活动之外，“E”家人项目还积极尝试创新，增加活动的趣味性，提高老年读者参与度。从2022年开始，每年的重阳节前夕苏州图书馆都会策划举办“E”家人老年人智能手机应用大赛（见图4）。参赛队员除了之前到馆培训的学员代表，还有各社区积极参加培训的优秀学员，通过组队PK竞赛的方式决出各类奖项，所有选手都收获了精美礼品。比赛在巩固培训成果的同时，也极大激发了老年人学习使用智能手机的兴趣，吸引更多老年读者加入“E”家人老年人智能手机培训活动，让更多的老年人共享信息化发展成果。为了完善服务项目，提升服务效能，组织者还在比赛现场进行了问卷调查，收集学员的意见和建议，以便更好地优化服务项目。

图4　第二届“E”家人老年人智能手机应用大赛

四、成效与影响

1. 活动场次

截至2023年12月31日，"E"家人老年人智能手机培训共开展114场次（期间受疫情影响，线下培训曾一度停止），参与培训1029人次，其中，培训进社区活动共开展20余场次，参与培训近200人次。该活动多次被《姑苏晚报》、引力播、看苏州、名城苏州等媒体报道，受到老年读者们的欢迎与好评。

2. 荣誉奖项

通过不懈努力，"E"家人老年人智能手机培训服务荣获各类奖项和荣誉，取得良好社会反响，在2021年苏州市阅读节上荣获"优秀活动奖"，并获评2020—2021年全市"积极应对人口老龄化"优秀实践案例。2023年10月，苏州图书馆在苏州市养老服务联席会议上被评为"2023年度苏州市养老服务工作先进集体"。

老吾老，以及人之老。"E"家人老年人智能手机培训活动的开展有助于营造全社会尊老、敬老、爱老、助老的良好风尚，帮助老年人老有所学、老有所得。我们将坚持守正创新，扩大服务范围，充实服务内容，提升服务效能，更好地满足广大老年读者的需求。

（撰稿人：借阅中心　张路漫）

“银龄”潮流系列阅读推广活动

当前，我国已进入人口老龄化阶段，《“十四五”国家老龄事业发展和养老服务体系规划》明确提出，要丰富老年人文体休闲生活，扩大老年文化服务供给。《中华人民共和国公共图书馆法》要求，公共图书馆应当考虑老年人群体的特点，积极创造条件提供适合其需要的文献信息、服务及无障碍设施设备等。2018 年起，苏州图书馆高新区分馆全新推出面向老年读者群体的“银龄”潮流系列阅读推广活动，践行“积极老龄化”的政策理念，为老年群体提供全方位的公共文化服务。

一、项目设计

为贯彻落实积极应对人口老龄化的国家战略，弘扬孝亲敬老的传统美德、强化孝老敬老的社会氛围，不断满足老年群体的精神文化需求，苏州图书馆高新区分馆秉承“传承文明、服务社会”的使命，策划开展针对老年读者的公共文化服务项目：“银龄”潮流系列阅读推广活动，打造“老有所学”“老有所乐”的精神文化家园，助力建设老年友好社区、老年宜居环境（见图 1）。活动包括扶老上网、爱驻怡养、防诈骗知识课堂、智能手机培训、“静享·净心”艺述生活和“品读岁月　乐活今朝”6 个子系列。

二、主要内容

1. 扶老上网

“银龄”潮流系列活动之扶老上网由苏州图书馆高新区分馆组织在各社区分馆开展，针对老年群体难以熟练运用电脑、互联网等现代技术、无法满足信息需求的问题，设置不同的教学培训项目，帮助老年读者跨越“数

图 1　2023 年 11 月 21 日，高新区分馆在阳山敬老院开展“银龄”潮流系列阅读推广活动

字鸿沟”。活动根据老年读者的信息获取需求，以手把手教学的方式，帮助老年读者熟练掌握浏览网站内容、获取新闻资讯、阅读电子书籍、观看电视电影以及通过苏州图书馆官网线上借阅图书等操作（见图 2），鼓励老年读者通过互联网平台主动获取、更新知识，丰富精神文化生活。

2. 爱驻怡养

苏州图书馆高新区分馆与高新怡养老年公寓合作，结合端午节、重阳节等传统节日开展阅读推广活动，让老年公寓中的长者获取“家门口”的公共文化服务。比如端午节期间，开展“艾香端午 情聚怡养”活动，邀请李良济的老师向长者普及中医药文化，介绍中药香囊的主要药材与作用功效，为听众带来香囊制作体验；中秋节、重阳节期间，图书馆志愿者团队、老年艺术团体齐聚怡养老年公寓，带来精彩表演，组织开展趣味游戏、文化分享、手工体验活动，与长者们共度温馨节日；公共图书馆服务宣传周

图 2 2023 年 6 月 15 日，浒墅人家乐居中心分馆开展“数字教学”培训

期间，开展“绣美生活”非遗体验，向现场的长者们讲解苏绣知识、开展苏绣制作体验，同时邀请长者们扫码填写服务调查问卷，了解实际需求，更加精准地提供各类文化服务（见图 3）。

3. 防诈骗知识课堂

苏州图书馆高新区分馆联合各社区，组织开展“防范诈骗 乐享晚年”知识课堂，邀请银行职员等专业人士，结合真实案例，向老年读者分析诈骗手法、讲解应对方式、普及法律知识，增强老年人的自我防范意识、提升自我保护能力。

4. 智能手机培训

智能手机培训系列重点聚焦智能手机这一现代社会生活中的重要电子工具，针对老年读者使用手机过程中遇到的问题和困难开展教学培训。重

图 3　2019 年 9 月 13 日，高新区分馆在高新怡养老年公寓开展“爱驻怡养”活动

点培训老年读者对“苏周到”App相应功能的操作使用，同时也介绍了网上买菜、预约挂号等便民功能的使用方法；“智能书柜　共享阅读”培训结合智能手机和苏州图书馆第三代网投柜，向老年读者讲解如何使用手机App进行网上借书，如何通过支付宝“扫一扫”、短信取书码和实体卡刷卡等 3 种方式取书。

5.“静享 · 净心”艺述生活

“静享 · 净心”艺述生活将艺术与生活相结合，带领老年读者观察生活细节、发现生活美好，享受慢节奏生活。知识介绍环节由老师向老年读者讲解插花、刺绣等不同艺术形式的基本理论；手工制作环节在老师的示范下，老年读者亲自动手创造属于自己的艺术作品（见图 4）；交流展示环节，老年读者将自己的作品向大家展示，分享自己独特的审美情趣，并用自己的作品装点生活（见图 5）。

图 4　2022 年 11 月 25 日，浒墅人家乐居中心分馆开展
“静享·净心”艺述生活——插花体验

图 5　2023 年 4 月 23 日，高新区分馆在高新怡养老年公寓开
展“非遗绣生活”手工体验

6. "品读岁月　乐活今朝"

"品读岁月　乐活今朝"系列活动打造老年群体交流互动的新平台，鼓励他们走出"孤读"生活，在阅读和交流中丰富精神生活、强健精神力量、安享幸福晚年。活动通过播放历史影像、纪录片等沉浸式体验形式，引导老年读者回忆峥嵘岁月、分享人生经历、交流生命感悟；通过好书互荐的形式，帮助老年读者因书结伴、以文会友，寻找志同道合的读书伙伴，共读幸福生活，展现当代老年人积极乐观、昂扬向上的精神风貌。

三、实施要点

1. 调查分析，精准服务

按照开展活动的情况来看，老年群体阅读推广活动的内容设计应当更加多元化、个性化。随着人口老龄化的发展，老年群体基数大、增速快。苏州图书馆高新区分馆开展"银龄"潮流活动时，充分调查研究老年读者的身心特点及文化需求，推出内容丰富、形式各异的公共文化服务。从生理特点上看，老年读者因年龄增长，出现视力听力减弱、认知能力下降等症状。因此在建设文献资源时，苏州图书馆选取大字、有声类读物等适合老年人阅读且信息密度较低的出版物。从心理特点上看，老年读者表现出渴望得到尊重、进行交流的社会心理，因此开展活动、提供服务时，要耐心倾听老年读者的发言，给出认同、鼓励、称赞等积极正面的回应，加强交流互动，增进情感。从文化服务需求特点出发，针对博学睿智、热心健谈的老年读者，苏州图书馆重点开展读书交流会等活动；对于在日常生活中遇到技术限障或家庭矛盾的老年读者，开展专业的技能培训和心理辅导；对于空闲时间较多的老年读者，综合开展讲座、游戏、手工等互动活动，帮助他们接触新鲜事物，培养兴趣爱好。通过分众服务的形式，"银龄"潮流系列活动不断向广度拓展、向深度延伸，活动内容也更具针对性。

2. 加强合作，配送服务

老年群体阅读推广活动需要不断扩大受众群体，增加社会影响力，让更多老年人享受到公共文化服务。苏州高新区是苏州康养集团的落户地，辖区内集结了大量优质养老服务资源，这些机构中的老年人也是图书馆服务的主要受众群体。公共图书馆既要直接向机构中的老年群体点对点配送公共文化服务，满足他们的精神文化需求，也要从专业角度出发，对养老机构文化活动的设计和开展提出建议，通过协助建立阅览室、设置图书报刊专架等形式，带动养老机构内的老年人进行日常阅读。为此，苏州图书馆高新区分馆以“银龄”潮流系列阅读推广活动为切入点，充分发挥文化资源优势，与辖区内各老年公寓、护理院广泛合作，让老年群体获取“家门口”的公共文化服务。其中与怡养老年公寓合作开展的“爱驻怡养”已经成为“银龄”潮流系列阅读推广活动的重要品牌项目。每逢节日，图书馆就会走进怡养老年公寓，更新阅览室图书、赠送期刊杂志、开展精彩活动，与长者们共度温馨时光。

3. 动态调整，更新优化

要实现图书馆服务与老年读者阅读需求的有效对接，必须适时调整活动内容和形式。一是要建立评估反馈机制，完善服务内容，提升服务效能。每期“银龄”潮流活动结束后，图书馆都会邀请老年读者填写调查问卷，聆听他们的意见和建议；在扶老上网、智能手机培训等涉及科普宣传和技能培训的项目最后，图书馆还会通过趣味竞赛等形式确认服务成效，及时查漏补缺，并在后续活动中改进方法。二是要根据社会客观变化调整服务项目，实现精准服务。随着科技的发展，近年来一些“看得见”“听得到”的阅读载体相继问世。苏州图书馆高新区分馆联合喜马拉雅开展“听见阅读　温暖夕阳”推广活动，向老年读者免费发放“喜马拉雅长辈畅听卡”，邀请他们体验“听读”时代。三是要加强服务团队建设，优化服务举措，做到人性化服务。老年读者是极为特殊的群体，其身心特点对图书馆的服务提出了更高要求。苏州图书馆高新区分馆一方面强化人员培训，要求馆员夯实基础技能、注重服务细节；另一方面鼓励馆员选修心理学、应急救护等专业培训课程，或通过向养老机构照护团队学习、请教等方式，增强对老年群体的服务能力，在“银龄”潮流活动中打造温馨舒适的环境。

四、成效与影响

苏州图书馆高新区分馆“银龄”潮流系列阅读推广活动开展至今，共计服务两千余人次，丰富了老年读者的精神文化生活。为搭建活动预告、生活资讯等信息的发布平台，推动与老年读者的沟通互动，图书馆建立了微信群“高新区银龄读者群”。群内不仅有志愿者提供答疑服务，还有老年朋友时常分享自创诗歌短文、阅读体会等，营造良好的沟通交流氛围，展现当代老年人乐观向上的精神风貌。

老有所养和老有所为是积极应对人口老龄化的两个重要环节。苏州图书馆高新区分馆一方面加强公共文化服务供给，满足老年群体的基本文化需求，为积极应对人口老龄化贡献公共图书馆的智慧和力量；另一方面引导老年群体保持健康的心理状态，鼓励他们通过参与文化教育、艺术演出等形式，继续发挥经验和智慧，进一步实现人生价值，共同创造更加和谐美好的生活环境。

（撰稿人：高新区分馆　徐婕　施文汇　金梦琪）

“我是你的眼”视障读者主题活动

“我是你的眼”视障读者主题活动是苏州图书馆依托盲文阅览室丰富的馆藏文献资源以及社会志愿者的爱心力量，面向视障读者开展的文化阅读活动，已有近20年的服务历史。除每周二的固定活动外，目前已形成十大主题特色活动，内容覆盖面广，形式多样。多年来，该活动坚守服务阵地，并不断探索更优的服务模式，以保障弱势群体的文化权益，荣获了各级各类众多奖项。

一、项目设计

作为社会文化教育的主要阵地，苏州图书馆致力推进全民阅读，为全社会提供无差别的信息服务，始终重视开展特殊群体的读者服务。2001年，苏州图书馆设立了盲文阅览室，以此为活动阵地常年开展视障读者服务，一方面借助盲文阅览室及苏州图书馆各类文化资源（见图1），视障读者服务内容日渐丰富，由最初的盲文书借阅、为盲人录制听书磁带，逐步发展为每周二固定的盲人读书会，再到目前集合了包括“走出户外、触摸世界”、无障碍电影、真人图书馆、“超凡”盲人朗诵艺术团等在内的十大主题活动，在内容和形式上都日趋完善；另一方面，活动开展过程中，凝聚起来的一支核心志愿者队伍，不仅为视障读者出行提供便利，还充分发挥自己的专业特长，为视障读者提供文化服务，如读书分享、微旅行讲解等。20多年来，该活动依托苏州图书馆的平台和资源，同时联合社会力量，由此确立了“我是你的眼”品牌服务项目，并一直发展与完善。

图 1 工作人员指导视障读者使用助视器

二、主要内容

目前，“我是你的眼”已经形成十大主题活动，内容覆盖面广，形式多样。

1. 主题一：盲人读书会

由各界爱心人士担任志愿者，通过导读的方式为视障读者解读名著，介绍各地历史文化、民俗风情，培养和提高视障读者的阅读兴趣，引领他们领略多彩的人文风情，体味灿烂的民族文化。

2. 主题二：无障碍电影

为视障读者提供无障碍文化产品服务，通过讲解人员对电影画面场景的补充与再加工，增补大量配音解说的方式，帮助视障读者想象相关画面，使视障人士和普通观众一样，感受到电影带来的乐趣。

3. 主题三:“阳光大讲坛”

“阳光大讲坛”活动中的涵盖自然科学、社会科学内容的系列主题讲座，使视障读者增长见识。

4. 主题四:“一帮一　手牵手”

在志愿者的帮助下组织视障读者参加知识竞赛、演讲比赛、赛诗会、赛歌会、文艺表演等活动，提高他们的阅读热情，增强他们的阅读乐趣，丰富他们的业余生活。此外，组织视障读者慰问驻苏部队官兵，并由部队官兵带领视障读者用触摸的方式体验军旅生活。

5. 主题五:“走出户外、触摸世界”活动

组织视障读者参加户外活动，帮助视障读者拓展活动领域，走向户外，尽情舒展感官，拥抱自然，感受历史。邀请资深讲解员，对所去的名胜古迹进行绘声绘色的讲解，让视障读者在大自然中呼吸的同时享受文化氛围的熏陶。

6. 主题六：视障读者系列培训活动

根据视障读者的需求，为他们举办盲文培训、计算机培训和盲用软件培训等各类免费培训，帮助他们获得一技之长，提高学习能力和就业能力，更好地融入社会。

7. 主题七:“真人图书馆”

招募有故事的志愿者参与活动，分享他们不同的人生经历，带来一本本有温度的“真人图书”。不同志愿者的现场讲述与交流，为盲人开阔“视野”，帮助他们接触到真实的人物纪录、感知身边每一个鲜亮的个体故事。

8. 主题八:“超凡”盲人朗诵艺术团

由志愿者为视障读者创作诗歌，定期组织盲人进行朗诵技能培训，让他们亮相于各大重要活动（见图 2），如“4 · 23 世界读书日”、文艺汇演等，为视障读者搭建平台展示自我，以朗诵形式传播中华优秀文化，提升盲人文化素养，展现盲人精神风貌，增强其自信心。

图 2 “超凡”盲人朗诵艺术团参加文艺表演

9. 主题九：“心聆其境”活动

针对视障人群，利用苏州图书馆北馆的独立Hi-Fi体验室，借助其专业级的音响设备，带领视障读者共赴声音的盛宴。

10. 主题十：“声音房子”

联合苏州广播电视总台设立有声阅读区域，为视障儿童搭建起一个认识世界、感知生活的听觉空间，提供无障碍的声音收听体验，开展常态化的有声读物借阅服务。

三、实施要点

1. 充分发挥志愿者的作用

“我是你的眼”视障读者主题活动自诞生之初就注重发挥社会志愿者的爱心力量，并成立了志愿者组织，为优质、高效地开展各项服务提供了有力的支持。苏州图书馆志愿者协会根据盲人出行的特点，安排志愿者和苏州图书馆党员志愿者去车站接送，并将参与活动的志愿者联络员电话告知盲人读者，如出行途中遇到困难可随时打电话联络到当天安排的志愿者，确保盲人读者的出行安全。开展活动时如遇到天气变化，我们会提前电话告知盲人读者。举办“走向户外、触摸世界”活动，我们会充分考虑盲人读者出行路途的距离，选择适合的场地环境来安排活动，活动期间也会安排志愿者对盲人进行一对一的搀扶，确保活动的顺利举行。在盲人读书会、“真人图书馆”、“超凡”盲人朗诵艺术团等活动中，历史学者、非遗传承人、太极拳老师、律师等社会各行各业的志愿者积极贡献自己的聪明才智和专业特长，增加了活动的趣味性和多样性。

2. 积极整合社会力量参与

文化和旅游部印发的《“十四五”文化和旅游发展规划》提出：“支持社会力量通过兴办实体、资助项目、赞助活动等方式，参与提供公共文化服务。”社会力量与公共图书馆合作开展活动可以实现优势共享、资源互补，社会力量的丰富性有助于公共图书馆创新服务内容和形式、提高服务供给数量和品质。苏州图书馆“我是你的眼”视障读者主题活动在实施过程中也积极整合社会力量，从而增强服务的广泛性和专业性，提升社会影响力。苏州图书馆一直以来都很重视与苏州市残疾人联合会、苏州市盲人协会等行业组织的合作，在开展“走向户外、触摸世界”活动中，积极与苏州市旅游教育培训中心（苏州市导游服务中心）合作，带领视障读者走进苏州昆剧传习所、桃花坞木版年画博物馆（见图 3）、苏州博物馆西馆、苏州丝绸博物馆等各类型公共文化场馆，视障读者在志愿者的协助下参观场馆、聆听故事、触摸实物、体验过程，此类活动深受盲人朋友的欢迎，社会反响热烈。

图 3 志愿者带领视障读者体验拓印

3. 重视活动实效

要长期维持品牌活动的影响力，必须及时倾听服务对象的反馈意见，重视活动的实际效果。“我是你的眼”活动由最初的盲文书借阅、为盲人录制听书磁带，发展为每周二的盲人读书会，再到最新的十大主题活动，不断听取视障读者、志愿者及社会各界的观点和意见并不断改进，从而让服务的内容和形式都日趋丰富和完善。每次活动结束，工作人员都会认真收集每一位盲人读者对活动的意见，在之后的活动中加以改进。盲人读书会和“真人图书馆”活动，让盲人朋友增长了见识，开阔了眼界，丰富了阅历；视障读者系列培训活动为盲人提供盲文培训、计算机培训和盲用软件培训等各类免费培训，帮助他们获得一技之长，提高了他们的社会适应能力；“超凡”盲人朗诵艺术团为视障读者搭建了展示自我的平台，增强了他们的自信心……每一位视障读者来到苏州图书馆都能有所收获，学到新技能、认识新朋友、增长新知识。苏州图书馆“我是你的眼”活动为视障读者提供了温馨的家园。

四、成效与影响

“我是你的眼”视障读者主题活动年均开展各类活动 50 多场，服务视障读者 3000 多人次，同时还积极组织视障读者参加“4・23 世界读书日”、全国助残日、国际盲人节、庆祝中华人民共和国成立 70 周年、建党百年等重要节点的读者活动，累计参与视障读者 40000 余人次。

通过服务和创新，苏州图书馆取得了多方面的成绩，先后被评为“全国盲人阅读推广先进单位”、苏州市扶残助残先进集体和江苏省扶残助残先进集体。“我是你的眼”志愿服务项目曾经获评中国图书馆学会 2018 年阅读推广优秀项目、2019 文化和旅游志愿服务典型案例、第四届江苏志愿服务展示交流会银奖项目，2018—2020 年连续三年入选“苏州市百个重点志愿服务项目”，荣获 2019 年度全国宣传推选学雷锋志愿服务“四个 100”先进典型暨百名疫情防控最美志愿者之最佳志愿服务项目称号（见图 4）、2021 年“携手共读・阅读关爱”——“光明的世界”苏州市视障读者朗诵大赛“优秀组织奖”、2023 年度助残活动先进组织等各类荣誉。

图 4 “我是你的眼”荣获最佳志愿服务项目称号

苏州图书馆“我是你的眼”视障读者主题活动多次被新华网、人民日报社、中国青年报社、新华日报社、交汇点、苏州日报社、姑苏晚报社、名城苏州网、看苏州等各类媒体报道，取得了良好的社会反响。

关爱视障群体不只是政府的责任，也是全社会的责任。我们呼吁更多的社会组织和个人能够参与“我是你的眼”活动，尽自己的一份能力，接触、关心、理解视障读者，增强他们的技能和信心，帮助他们更好地融入社会，共享社会发展的成果。

（撰稿人：借阅中心　张路漫）

"手"护的声音
——听障读者手语阅读推广活动

"手"护的声音是苏州图书馆积极倡导"平等、参与、共享"的理念，促进全民阅读的全新特殊读者品牌项目，主要针对听障读者群体策划主题阅读活动，旨在鼓励更多听障读者走进图书馆、了解图书、使用图书馆，以阅读"无碍"架起图书馆与听障群体沟通交流的桥梁，保障他们获得同等图书馆服务的权益，满足他们在工作、生活、学习中的文化需求。项目以"手语+阅读"的互动体验方式融入阅读活动，一方面听障读者在阅读及活动中汲取养分提升自我，启智增慧；另一方面通过活动中的手语教学、互动激发特殊读者群体参与全民阅读的积极性，以文育人。

一、项目设计

党的二十大报告提出："深化全民阅读"，"建设全民终身学习的学习型社会、学习型大国"。推进全民阅读，构建服务全民终身学习的教育体系，形成全民学习、终身学习的学习型社会，建设学习型大国，促进人的全面发展，这是关系到中华民族能否持续发展、能否实现民族复兴大业的战略问题。《中华人民共和国国民经济和社会发展第十四个五年规划和 2035 年远景目标纲要》明确，"深入推进全民阅读，建设'书香中国'，创新实施文化惠民工程，提升基层综合性文化服务中心功能，广泛开展群众性文化活动"。奋进新征程，推动全民阅读高质量发展，需要全社会都参与到阅读中来，未来更多地关注不同的读者群体，深挖潜在、充分重视庞大的特殊人群，开展定制式的服务，不断拓宽公共图书馆普惠均等服务的半径，特别关注残障人群的精神文化生活，让阅读为他们打开一个无障碍的多彩世界。

苏州市现有持证听力、言语残疾人约 1.1 万人，由于言语和听力障碍，他们在与外界沟通交流时会面临诸多挑战，这不仅影响他们的日常生活，还可能导致他们在获取社会资源、信息和参与文化生活时的困难。这一群体因此更加渴望与普通人享有同样的资源获取机会。苏州图书馆作为服务苏州全市人民的公共图书馆，始终践行“平等”服务的办馆宗旨，关注特殊读者群体，为此应主动作为，将自身的服务、资源主动链接到听障读者，以苏州图书馆为先行者，打造一个可阅读、可学习、可交流的听障读者阅读项目。现已开展的活动有：“与众不同的绘本”亲子手语阅读、“手说江苏”首届手语大赛、4·23与世界共读、“生活百科书”暑期亲子消防体验、国际聋人日“阅彩色江南　绘美丽苏州”跟着书本去走读、志愿服务手语学习培训班、专属节日赠送过刊杂志等。通过策划内容丰富、形式多样的活动，让听障读者在苏州图书馆获得不一样的阅读体验，打造适合听障读者“悦读”、社会共同参与关注的品牌系列活动。

二、主要内容

“手”护的声音是由苏州图书馆借阅中心主办、苏州市聋人协会联合协办的主题活动，以听障亲子家庭为主要活动对象，于2021年起开展主题阅读活动。活动针对听障人群的特点，将“阅读+手语”的方式融入项目，在阅读的过程中参与者共同认识手语、了解手语、学习手语，活动潜移默化地增进听障人群与健听人群以及听障家庭亲子间的互动交流，帮助他们建立起互相理解的友好关系。

1. 设立手语用书主题图书专架

各公共图书馆均设有盲文阅览室，配备丰富的盲文图书，但提供给聋人的学习用书专架相对较少，而且手语也存在地域性差别。新设立手语图书专架，一方面补充了苏州图书馆馆藏文献种类，注重图书内容的多样性、实用性、针对性；另一方面为听障读者、志愿者、手语学习爱好者提供相关手语用书，更加保障了听障读者阅读的权益，同时也更好地助力推广全民手语学习。

2. “与众不同的绘本”亲子手语阅读（活动LOGO见图1）

以听障亲子家庭为活动对象，包括绘本老师现场讲述故事，手语老师同步手语示范教学，馆员、志愿者指导手工制作体验等环节，在绘本故事中引导小朋友产生对手语学习的兴趣，从而正视手语，悦纳个体的不同，让小朋友认识到手语不仅是我们生活、学习中用来沟通交流的重要工具，同时也是可以用来阅读世界、获得知识，具有形象化的肢体语言（见图2）。通过生动的手语绘本故事和小手工制作活动，小朋友们轻松掌握了不同的手语词汇，加深了理解记忆（见图3）。阅读不仅促进了听障亲子家庭间的互动交流，也成为大家学习手语阅读的一个启蒙小课堂。

3. “手说江苏”首届手语大赛

为庆祝中国共产党成立100周年，向全国人民展现江苏省特有的手语文化，展现江苏省13个地市的风俗民情与听障人士积极向上的精神风貌，由江苏省残疾人联合会主办，苏州图书馆、苏州市聋人协会等单位协办的首届“手说江苏”手语大赛（见图4），吸引了来自江苏省各城市的听障参赛者代表参加。本次比赛向全国聋人群体进行了现场直播，吸引了大量聋人朋友观看，直播总观看人次超过24万，是江苏省乃至全国首次举办的省级手语大赛。比赛的成功举办开创了先例，不仅向全国的聋人群体展示了江苏的风采，更为将来举办全国性质的比赛提供了借鉴。

图1 “亲子手语绘本阅读”活动LOGO

图 2 “与众不同的绘本”亲子手语阅读（第一期）

图 3 “与众不同的绘本”亲子手语阅读（第三期）

图 4 第一届“手说江苏”手语大赛

4. 4 · 23 与世界共读

近两年在“世界读书日”当天，苏州图书馆借阅中心围绕特殊读者策划举办了阅读展示活动。2022 年，举办了“我对世界说”手语快闪短视频活动（见图 5）。2023 年，举办了“掬春光在手”草坪音乐朗诵会现场展示活动（见图 6）。这些活动，一方面在“世界读书日”倡导全社会共同参与全民阅读，另一方面通过手语朗诵快闪、展示的方式，传递听障读者的心声——“愿与世界共读，与大家共享”，展示了听障读者自信、自强、自立的精神面貌，展示听障人士的阅读成果与风采。

5. “生活百科书”暑期亲子消防体验

听障人群因听力、发声问题，在日常生活中发现消防安全隐患可能会比普通人群更困难些，为帮助他们掌握有效方法来应对消防安全问题，暑假期间苏州图书馆与共建单位相城区黄桥消防支队联合开展消防体验活动，

图 5 2022 年世界读书日“我对世界说”手语快闪短视频拍摄现场

图 6 “掬春光在手”草坪音乐朗诵会手语朗诵

邀请听障家庭参观消防站，学习安全知识、掌握逃生技能。此类活动以苏州图书馆为活动发起者，借助联合单位的力量，利用丰富资源，传递社会关爱，让听障家庭更多地走进社会课堂，掌握书本之外的生活知识。

6. 国际聋人日“阅彩色江南　绘美丽苏州”跟着书本去走读活动

苏州是一座开放包容的友好型城市，吸引着来自五湖四海的朋友在苏州安居乐业，其中也不乏来苏州务工、学习的听障人群，在籍 1 万多聋哑人中外来人口占了绝大部分，对于这部分特殊的新苏州人要给予他们更多的关注，以帮助他们尽快融入“苏式”生活。每年 9 月的第四个星期日是国际聋人日，2023 年苏州图书馆举办了“阅彩色江南　绘美丽苏州”跟着书本去走读活动，馆员与志愿者们带领“新苏州”和“小苏州”听障读者到素有“吴中胜境、吴中奇观”之称的石湖风景区（见图 7），通过老师的实地讲解让大家更多地了解苏州地方文化，用手中的画笔共绘美丽苏州，

图 7　“阅彩色江南　绘美丽苏州”跟着书本去走读

增强文化认同。

7. 开设手语学习培训班

随着“手”护的声音活动的推广，越来越多的听障读者走进了图书馆。为了能与他们进行更好的交流，除了配备专业软件，同时还需要对馆员、志愿者进行手语培训，进一步提升一线窗口馆员的服务素养，加强志愿者参与图书馆公益事业的技能，也为“手”护的声音项目实施、运行打好基础。2023 年苏州图书馆志愿者协会与苏州市聋人协会共同举办六期手语学习培训班，通过专业手语老师讲解指导，学员们学习掌握基本手语表达方式，在日常服务听障读者的过程中能正常交流，提供优质无障碍服务。

三、实施要点

1. 定制服务实现无碍“阅读”

阅读为残障人群提供了与世界进行沟通和交流的有效渠道。针对残障人群的不同特点，苏州图书馆围绕阅读服务策划订制活动，开展适应特殊读者的无碍阅读推广活动。“手”护的声音活动，以手语作为开展活动的重要语言，配合聋人朋友较强的手工动手能力，形成了“手语+阅读”“手语+学习”“手语+互动”“手工+体验”等多种活动形式，增进了读者对阅读、手语的兴趣，真正实现了无障碍“阅读”。

2. 社会资源融合助力

“手”护的声音听障读者活动充分融合了多方社会资源，将图书馆单一项目转变成为集群合作项目，融合了包括苏州市聋人协会、手语志愿者老师、绘本故事志愿者老师、图书馆志愿者群队以及各协作等单位的力量。

该活动与苏州市聋人协会达成了合作意向，在协会的推介下聋人会员充分了解了图书馆举办“手”护的声音的目的，以点带面做好项目前期的宣传工作，同时，协会也为后期活动内容、形式、板块等方面提供了很多反馈意见，使项目得到进一步优化。手语志愿者是整个项目活动中的核心要素，他们负责活动现场的手语教学、交流、引导，搭建起馆员、志愿者、普通读者之间良好沟通的桥梁。绘本故事志愿者是专门针对“与众不同的绘本”亲子手语阅读这一活动而配备的，她们都是具有特殊教育背景的老师，有爱心、耐心、责任心。图书馆馆员及图书馆志愿者在现场进行引导、辅导手工教学、观摩学习手语等。各相关单位作为协办方，提供了场地等相关资源的支持。

联合多方社会资源共同策划阅读活动，将是未来公共图书馆读者服务工作的一大趋势。不同社会资源的融合使本项目活动更加丰富、立体、饱满，同时也保障了项目能够持续升级推进，发动社会力量，培养潜在的残障阅读推广人。

3. 系列活动让阅读更为生动

项目实施过程中，一是借鉴了苏州图书馆“我是你的眼”品牌活动的运作模式，这种延续性，保障了参与该活动的读者数量，同时也进一步促进了品牌活动更新迭代与发展。二是借鉴了优秀阅读推广活动的实践案例经验，将阅读、人文、历史、生活、兴趣植入“手”护的声音活动，以多板块、立体式的内容为项目框架，吸引听障读者积极参与活动，让阅读更为生动。

四、成效与影响

苏州图书馆通过近三年来“手”护的声音听障读者阅读活动项目实践，积极探索公共图书馆以听障读者为服务对象的阅读推广创新模式，不仅推动了全民阅读工作向不同人群的延伸与覆盖，也进一步彰显了其对听障读者文化需求的关注与满足。这一创新模式对于构建更加完善的公共文化服务体系具有积极的意义。

该活动自2021年推出后，截至2023年底共有300多位听障读者参加。苏州新闻网、江苏全民阅读官网、苏州市残联微信号等对此系列活动进行了报道，使更多的听障人士知晓“手”护的声音并参与其中。“手”护的声音听障读者阅读推广活动已成为服务听障读者的文化新阵地，有力地提高了残障人士生活质量，提升了他们的文化素养，增强了他们的文化自信。2023 年，“手”护的声音听障读者阅读推广活动在苏州市图书馆学会 2023 年案例征集活动中荣获三等奖。

今后，该活动将注重探讨建立残障人士阅读推广的长效机制，深化公共图书馆推进全民阅读的责任与担当。

（撰稿人：借阅中心　王晔）

“小候鸟”开心驿站
——外来务工人员子女服务

“‘小候鸟’开心驿站——外来务工人员子女服务”是苏州图书馆与潼泾社区合作开展的一项针对外来务工人员子女的服务项目。项目于2010年5月正式启动，在苏州图书馆潼泾分馆内，针对在寒暑假期间来苏州与父母团聚的外来务工人员的子女开展丰富的阅读活动。项目延伸了苏州图书馆的阅读服务深度，也培养了“小候鸟”们良好的阅读习惯，帮助他们了解苏州文化，感受“家在苏州”的温暖。

一、项目设计

苏州图书馆潼泾分馆位于苏州古城区西部的城郊结合处，周边居民2000余户，总人口数近7000人。其中，青少年占比16%，流动儿童占比2%。每到寒暑假，外来务工人员的子女就像候鸟一样到苏州与父母短暂相聚。潼泾分馆自2010年开馆后，与社区合作启动了“‘小候鸟’开心驿站——外来务工人员子女服务”（以下简称为“小候鸟”服务），项目以开展“小候鸟”快乐成长计划为主，旨在帮助辖区内外来务工人员子女在苏假期内安全、健康、快乐地成长。

1. 阅读主体缺乏阅读主动性

苏州图书馆潼泾分馆所在的潼泾社区，外来务工人员占比高，这个群体文化程度普遍不高，对子女阅读习惯的培养意识薄弱，即使是重视教育和阅读的父母，对于子女的陪伴也是匮乏的。家住潼泾社区的沈雅倩父母，在女儿5岁的时候来苏州打工，从那时起，小雅倩就当起了“小候鸟”，只有在暑假才能到苏州与父母团圆。来苏以后，小雅倩的暑假也通常是在帮父母做家务：洗衣、拖地、做饭。受到成长环境影响的“小候鸟”们大多数都和小雅倩一样，很少能够走出家门去好好享受公共信息资源。缺乏阅读主动性成了这个群体重要的特点之一。

2. 特殊群体阅读活动相对空白

少儿读者在成长过程中普遍存在阅读目标不明确、阅读资源匮乏、阅读方法欠缺等问题，对于“小候鸟”群体来说，这个现象更为突出。潼泾分馆在寒暑假期间成立“小候鸟”阅读服务小团队，提供书目推荐、分级阅读指导等服务。为了增加活动的趣味性，以绘本阅读为主，围绕传统节日、科普知识等主题，配以手工、游戏等环节，寓教于乐，成功吸引了不少小候鸟参与。每年寒暑假来参加潼泾分馆组织的阅读活动，逐渐成为了他们的习惯。

3. 结合馆藏优势，延伸服务深度

对于公共图书馆来说，除了馆藏建设、提供阅读服务以外，不断挖掘阅读主体的层次，拓宽服务范围，延伸服务深度，吸引更多的社会群体使用公共阅读资源，也是我们的重要工作。苏州图书馆实行人财物统一管理的垂直性总分馆模式，潼泾分馆场地虽小，却可共享总分馆大量的馆藏资源，开展阅读推广活动时，也有总馆强有力的经费支撑与人员组织协调的便利。为此，潼泾分馆依托苏州图书馆总馆馆藏资源、经费、人员等支撑，顺利开展“小候鸟”服务项目。

二、主要内容

寒暑假期间，大批“小候鸟”从老家“飞”来苏州与父母团聚，“小候鸟”们在城市的生活、安全、学习等方面成了家长们最为担心的问题。2010 年 5 月，苏州市首个“小候鸟”开心驿站在胥江街道潼泾社区揭牌，开心驿站设在苏州图书馆潼泾分馆内。在这里，社区“小候鸟”们可以在开心驿站里读书、学习、娱乐，潼泾分馆还与社区一起合作，为他们准备了一系列丰富多彩的假日活动。每年寒暑假前期，潼泾分馆与社区合作策划活动方案，社区对活动进行宣传，图书馆负责活动的实施。通过一个个绘本阅读、安全科普、传统节日等不同类型活动，让每一位来苏的小朋友度过一个愉快、安全的假期。以下为“小候鸟”服务项目近年来开展的活动（见表1）以及活动照片（见图1、图2）。

表1　2010年至2019年“小候鸟”服务项目活动信息表

序号	日期	活动名称
1	2010年5月27日	首个“小候鸟”开心驿站在潼泾分馆成立
2	2010年12月18日	“小候鸟”兔年画信
3	2011年1月26日	“小候鸟”闹新春活动
4	2011年3月5日	“小候鸟”护绿爱心卡活动
5	2013年7月18日	暑期“小候鸟”阅读课之“少年励志小说馆”系列
6	2014年1月25日	“小候鸟”欢欢喜喜迎马年
7	2014年6月28日	跟着绘本学科学——厨房里的秘密
8	2014年11月22日	“小候鸟”感恩节活动——学会感恩，与爱同行
9	2015年5月9日	“妈妈的微笑”——“小候鸟”母亲节感恩活动
10	2015年10月31日	“小候鸟”万圣总动员活动
11	2016年5月28日	“小候鸟”迎六一活动——创意手绘环保袋
12	2016年12月3日	“小候鸟”变废为宝——创意手工活动
13	2017年4月8日	“小候鸟”庆祝成立7周年活动
14	2017年4月23日	“小候鸟”朗朗读书声，别样阅读节活动
15	2017年6月18日	“小候鸟”感恩父爱——父亲节活动
16	2017年10月2日	“小候鸟”系列活动——中秋制月乐
17	2017年12月3日	“小候鸟”系列活动——大雪兆丰年
18	2018年2月1日	“小候鸟”系列活动——瑞狗迎春

续表

序号	日期	活动名称
19	2018 年 5 月 26 日	“小候鸟”系列活动——轧神仙
20	2018 年 7 月 8 日	“小候鸟”系列活动——荷花节
21	2018 年 8 月 12 日	“小候鸟”系列活动——乞巧节
22	2018 年 11 月 18 日	“小候鸟”系列活动——天平山红枫节
23	2019 年 3 月 15 日	“小候鸟”系列活动——变废为宝
24	2019 年 3 月 22 日	“小候鸟”系列活动——会发声的纸电路
25	2019 年 6 月 6 日	“小候鸟”系列活动——撬动地球的杠杆
26	2019 年 9 月 12 日	“小候鸟”系列活动——禁毒教育互动纸电路

图 1　潼泾分馆“小候鸟”系列活动——荷花节

图 2　潼泾分馆“小候鸟”系列活动——禁毒教育互动纸电路

三、实施要点

1. 创造阅读环境，培养阅读习惯

潼泾分馆寒暑假期间开展的阅读活动以“绘本阅读+手工”“绘本阅读+游戏”等方式开展，围绕多种有趣的主题，为“小候鸟”们营造了一个良好的阅读环境。在参与活动的过程中，他们逐渐对阅读产生兴趣，把参与“小候鸟”活动变成了一种习惯。这一项目在很大程度上满足了他们学习知识及得到阅读指导的需求。

2. 建立归属感，融入本地生活

通过对潼泾社区周围的读者进行调研后发现，生活在这个社区内的新苏州人子女，由于每年在苏时间比较短且对生活的环境并不熟悉，想要真正融入新城市的生活，面临不少问题。心理咨询师认为，造成这一现象的主要原因在于不少外来孩子自我意识水平偏低，有些自信心不足或自我贬低，甚至有些孩子还会有焦虑情绪。潼泾分馆定期开展安全科普、苏州文化等主题活动，让孩子们走出家门，在参与活动的过程中对生活、对苏州文化有进一步的了解和认识。

3. 利用馆藏资源，发挥教育职能

“小候鸟”服务项目所在的苏州图书馆潼泾分馆馆藏图书 8000 余册，其中少儿书籍 1600 余册、报刊约 100 种，馆内还设有电子阅览区域，可以免费查询资料。苏州图书馆依托总分馆的海量馆藏资源，会定期更新潼泾分馆的图书种类，寒暑假开展多种主题的阅读活动，让图书馆成为孩子课余时间喜欢去的地方，发挥图书馆文化服务的社会教育功能。

四、成效与影响

“小候鸟”服务项目自开展以来，共开展活动 26 场，吸引近 500 个“小候鸟”到场参与，现已成为苏州图书馆的一个品牌活动，潼泾分馆也成为外来务工子女在苏州的一个温馨的活动场所。该服务项目在培养儿童阅读习惯、促进外来人员融入苏州生活方面取得了一定的效果。联合国儿童发展基金会项目专员杨海宇先生先后四次调研“小候鸟”服务项目并对其予以高度评价，苏州地方媒体也对该项目进行了多次报道和宣传。

“小候鸟”服务项目还陆续获得不少来自业界的肯定。2013 年，先后获得江苏省校外教育辅导站活动优秀案例一等奖、市校外教育辅导站活动优秀案例一等奖、省城乡社区校外教育辅导站优秀活动视频案例征集和评选特等奖；2014 年，荣获姑苏区首届微公益创投活动中“十佳优秀项目”等荣誉称号，机构通过 3A 等级评估；2017 年被评为“‘为爱守护’——

0—6 岁流动儿童家庭性健康教育计划”，入选 2017 年度苏州市百个重点志愿服务项目；2018 年，荣获“美国图书馆协会主席国际创新奖”（见图 3），这是 2018 年全球获此奖项的四个项目之一。美国图书馆协会是世界上规模最大、历史最悠久的图书馆专业组织，美国图书馆协会主席国际创新奖是美国图书馆协会设立的奖励国际公共图书馆服务创新项目的一个奖项。协会主席 Jim Neal 在颁奖词中充分肯定了澶泾分馆在“小候鸟”项目中的创新举措以及人文关怀，获奖证书中写道：通过创造良好的阅读环境，宣传共享社区理念的方式，鼓励外来务工人员子女及家庭走进图书馆阅读和学习；在如何让弱势群体，尤其是务工人员学龄子女平等享受图书馆服务这一问题上树立了楷模；深入了解外来务工人员子女及家庭的特殊文化

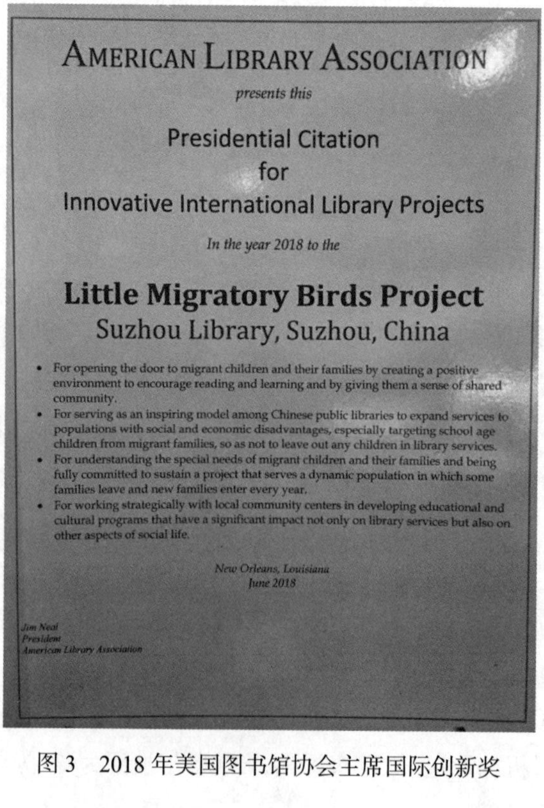

图 3　2018 年美国图书馆协会主席国际创新奖

需求，全心致力于为流动人口提供品牌文化服务；在充分利用图书馆自身优势的基础上，与社会组织开展战略合作，为务工人员子女提供多方位的文教服务。

（撰稿人：分馆管理部　陆秀萍　卢雨婷）

“家在苏州　阅在苏图”系列活动

近年来，苏州市把新苏州人工作摆在重要位置，以户籍制度改革为引领，全面完善新苏州人群体落户、入学、就医等公共服务机制，切实保障新苏州人群体的各项基本权利，全力实现“人到苏州必有为”的承诺。公共图书馆是城市精神文明建设的重要环节，也是推动公共文化服务均等化、向流动人口提供基本文化服务的主阵地。《中华人民共和国公共文化服务保障法》要求“在人员流动较大的公共场所、务工人员较为集中的区域以及留守妇女儿童较为集中的农村地区，配备必要的设施，采取多种形式，提供便利可及的公共文化服务”。2023 年，苏州图书馆高新区分馆聚焦重点人群阅读，充分活用各类馆藏文化资源，将开展多年的“书香景山”服务品牌提档升级，打造外来就业服务与地方文化传承相结合的品牌项目“家在苏州　阅在苏图”系列活动（见图 1）。

一、项目设计

为推动全社会积极参与阅读活动，努力实现外来就业群体的阅读需求和图书馆服务有效对接，传承和弘扬苏州地方文化，苏州图书馆高新区分馆推出“家在苏州　阅在苏图”系列活动，重点在景山分馆、木桥公寓等外来就业群体聚集区、辖区商场和旅游景点等人流集散地设立宣传服务点，通过点对点、面对面的服务方式，加大阅读推广宣传力度和公共文化活动的开展频次，做好苏州文化的宣传工作，帮助外来就业群体通过阅读了解苏州、适应苏州、融入苏州。主要内容有“书香景山”系列活动、公共图书馆服务宣传周、巡馆记、江南文化系列活动等。

图 1　2023 年 10 月 17 日，景山分馆在小区广场开展“家在苏州　阅在苏图”——图书馆服务宣传活动

二、主要内容

1. “书香景山”系列活动

景山公寓、木桥公寓是高新区枫桥街道为外来就业人员打造的两大集宿区，苏州图书馆和高新区合作，于 2012 年 8 月在景山公寓内建成苏州图书馆景山分馆，它是全市首家面向外来就业人员的图书馆，打造特色化、个性化阅读服务。景山分馆主要开展“书香景山”系列活动（见图 2），满足外来就业者的文化需求，丰富他们的精神生活。信息素养培训活动重点介绍“苏周到”App 内包含的各类门户网站与相关服务，为读者的日常生活提供便利；“手余书香”期刊赠阅活动向读者赠送时政热点、健康生活、

图 2 2023 年 1 月 25 日，景山分馆在景山公寓内开展“书香景山”系列活动

家庭教育、休闲娱乐等不同主题的期刊杂志，帮助他们开拓眼界；“日新阅益”好书推荐活动定期更新推荐主题书单，鼓励读者通过阅读汲取精神力量。2023 年 10 月，为进一步扩大服务范围，景山分馆搬迁至景山社区党群服务中心，搬迁开馆后，在馆内定期开展面向少儿读者的绘本故事活动和面向老年读者的智能手机培训。通过全方位、多角度地开展文化惠民活动，营造书香大环境，让更多的人感受到苏城的温暖和关怀（见图 3）。

2. 公共图书馆服务宣传周

四月末的世界读书日和公共图书馆服务宣传周是开展服务宣传的重要时间节点。苏州图书馆高新区分馆把握时机，分层分众进行服务宣传、开展阅读推广。面向少儿读者，苏州图书馆高新区分馆到辖区幼儿园开展图书馆服务大课堂，赠送“阅读大礼包”，并邀请他们参观图书馆，激发阅读兴趣；走进中交一公局第二工程有限公司工地，向现场工人们发放

图 3　2022 年 1 月 18 日，高新区分馆在木桥公寓开展非遗手作体验活动

图书馆宣传册、赠送期刊杂志，介绍“书香苏州”App的线上借阅功能（见图 4）；在树山景区、商超及小区等地设置临时服务点，面向游客、居民等发放图书馆宣传册，介绍图书馆的阅读推广活动，邀请读者扫码填写服务调查问卷，并向他们赠送纪念品。系列活动各有侧重，满足不同群体的文化需求，营造爱读书、读好书、善读书的良好氛围。

3. 巡馆记

2023 年开展的巡馆记活动主要依托高新区范围内的特色阅读空间，通过多馆联动、文旅融合的创新形式，宣传推广图书馆服务。获评 2021 年度江苏省“最美公共文化空间”的高新区文体中心分馆、高新区少儿分馆、以运河文化为主题的文昌分馆、提供商务咨询和科技查新服务的狮山商务分馆、聚焦现代时尚和人文艺术的玉山分馆、还原明代典雅风格的树山分馆等六大特色分馆被选为活动地点。读者到分馆领取“寻馆记”敲章册，

图4 2023年4月23日，高新区分馆在中交一公局第二工程有限公司建筑工地开展公共图书馆服务宣传周系列活动

参观分馆并打卡敲章。活动以集章打卡的互动形式，带领居民朋友认识图书馆，了解图书馆推出的各项文化服务，进一步激发他们的阅读兴趣。居民朋友通过主动查阅书籍或向馆员咨询提问，探究特色分馆所蕴含的历史人文背景，寻访苏州千年古城的文化脉络。

4. 江南文化系列活动

苏州图书馆高新区分馆以地方文化为切入点，推出“家在苏州 阅在苏图”之江南文化系列活动，传承传统文化、发扬地方特色，增加外来就业群体对苏州的认同感和归属感。传统节日系列活动充分发掘中华文化在苏州的独特表现形式，一方面开展迎新春联、元宵猜谜、中秋花灯等活动，传达欢庆佳节、期盼团圆、祈求幸福的共同追求，增强不同文化背景居民间的凝聚力；另一方面开展文化讲座活动，帮助外来就业群体了解桃花坞木刻年画、寒山寺新年听钟声等特有的地方风俗。非遗体验系列活动聚焦苏绣、苏扇、泥塑、核雕等传统工艺，邀请非遗传承人开展讲座并现场手工制作，让外来就业群体亲身体验非遗文化魅力，更深刻地认识苏州这座千年名城。

三、实施要点

1. 开展信息培训，宣传公共服务

近年来，苏州依托数字手段不断加强服务平台建设，优化针对外来就业群体的服务。为此，苏州图书馆高新区分馆加强对外来就业群体的信息素养培训，提高他们的信息获取能力，帮助他们了解苏州的各项公共服务。培训活动以“苏周到”App为切入点，详细介绍“政务服务”平台，重点讲解外来就业群体最为关心的落户积分查询、儿童入学申请、社保医保缴纳等模块的功能，并提供对应部门机构的门户网站，方便外来就业群体通过线上渠道申报个人信息、咨询政策法规、获取相关服务。同时，介绍“生活服务”平台提供的旅游、购物、出行、缴费等各项服务内容，便利他们的日常生活。此外，培训活动还基于“书香苏州”App，宣传苏州图书馆推出的各项线上服务，讲解网借功能和“苏州e读书”公共图书馆数字阅读平台，帮助外来就业群体培养阅读习惯，丰富精神生活。

2. 推广地方文化，推动社会融合

苏州图书馆高新区分馆立足基层阵地，以“家在苏州　阅在苏图”系列活动为地方文化宣传窗口，推出相关配套服务，展现苏州文化的魅力。一方面，通过江南文化系列活动，从“园林”“苏绣”等城市名片出发，直接展现苏州的历史故事、民风民俗、传统工艺，进一步强化地方文化宣传，激发外来就业群体了解苏州文化的兴趣和动力；另一方面，依托“日新阅益”“手余书香”等阅读推广活动，推荐文化书籍，赠送《苏州杂志》《现代苏州》等地方期刊杂志，让外来就业者在阅读中更加全面、立体地把握苏州的城市形象和文化特色，增加对于“家在苏州”的认同感和归属感。

3. 对接读者需求，调整服务策略

外来就业群体的文化背景、受教育程度、阅读习惯有较大差异，为实现他们的阅读需求和图书馆服务的有效对接，图书馆必须根据现实情况调整服务策略。苏州图书馆高新区分馆在前期调研工作中发现，外来就业群体对苏州图书馆总分馆体系的认知度较低，很多居民不知道社区建有图书馆分馆；知晓图书馆存在的居民则对图书馆各项服务是否收费抱有疑问，很少主动前往图书馆获取服务。基于这一现状，图书馆在社区成立临时服务宣传点，通过面对面交流沟通、发放图书馆宣传册等方式，向外来就业群体介绍附近的图书馆分馆及各项服务内容，增加他们对于图书馆的了解。在广泛宣传的基础上，深入了解这些读者的兴趣喜好和阅读特征，提供涵盖时政新闻、科普宣传、家庭教育、休闲娱乐等不同内容的阅读材料，并开展技能培训、文化宣传、手工体验等不同类型的阅读活动。考虑到社区居民的时间安排和生活习惯，重点面向空闲时间较多的老年群体、青少年学生群体开展活动；针对时间相对紧张的上班族，在社区广场开展"手余书香"活动，向上下班途中的外来就业群体赠送期刊杂志，满足他们的精神文化需求。此外，在世界读书日、公共图书馆服务宣传周、传统节日和法定节假日等重要时间节点，开展分层分众的综合性专题阅读推广活动，营造爱读书、读好书、善读书的良好氛围，助力建设书香社会。

四、成效及影响

2023年，"家在苏州　阅在苏图"系列活动共开展近30场次，吸引上千人次参与。图书馆设置的服务宣传摊位和宣传点深受居民朋友的喜爱，老读者们通过交流沟通增进与图书馆的情感，新读者通过宣传了解图书馆的服务内容，激发阅读兴趣。活动在全社会营造同沐书香的良好氛围，推动全民阅读高质量发展，让阅读融入居民的日常生活。

苏州图书馆高新区分馆通过开展各类阅读活动，促使越来越多的外来就业人员参与阅读活动，打造有温度的公共文化空间和生活社交空间。随着活动的开展和交流的深入，图书馆在向外来就业群体宣传地方文化的同时，鼓励他们主动分享家乡文化风俗，充分发挥江南文化兼容并蓄的特质，推动文化交流和共同进步，构建和谐友善的社区氛围，增强外来就业群体的幸福感和归属感。

（撰稿人：高新区分馆 徐婕 施文汇 金梦琪）

书香溢军营　阅读助强军

苏州图书馆长期高度重视双拥工作，2002 年建立“书香军营”品牌服务，以文化拥军为特色，20 多年来与多支驻苏部队开展共建活动，为驻苏官兵提供丰富、多元、优质的服务，在协助部队文化建设方面成效显著，让书香溢满军营。

一、项目设计

驻苏部队是为平安苏州保驾护航的中坚力量，苏州图书馆早在 1997 年就与驻苏部队开展过共建活动，春节前夕走访慰问军营、“八一”送书进军营是沿袭多年的拥军传统。为了更好地为驻苏部队提供文化服务，苏州图书馆在 2002 年建立“书香军营”品牌服务，在送书进军营、春节慰问的基础上，扩展到送讲座进军营、送展进军营等多维度的服务模式。授人以鱼不如授人以渔，在向部队输送文化服务的同时，苏州图书馆还帮助军队自身建设文化设施，建立军营图书室、连队图书角、心灵书吧等设施，为部队官兵打造多样化的阅读空间。

二、主要内容

1. 节日前夕走访慰问　增进军民鱼水情

每年春节前，苏州图书馆馆领导带队走访慰问驻苏部队，为部队送去春节慰问品，并进行座谈交流。座谈会上，苏州图书馆馆领导向驻苏部队官兵致以节日的问候和美好的祝愿，感谢部队官兵为安全苏州保驾护航。部队官兵对苏州图书馆的春节慰问表示诚挚感谢，高度评价了苏州图书馆长期以来的拥军工作。座谈会上，苏州图书馆充分了解官兵的需求，为他们提供相应的文化服务，双方就来年的共建合作开展深度交流。

每年“八一”前夕，苏州图书馆馆领导带队走访慰问3支驻苏部队，为部队官兵送去新书和节日的问候，为每支部队送去300册精心挑选的优秀图书，涉及党史、军史、法律、心理学、历史、文学、传统文化等，受到部队官兵的热烈欢迎，助力“书香军营”服务品牌发展。在座谈会上，双方会就下半年的共建活动开展交流。苏州图书馆针对驻苏部队需求，提供精准的文化服务。驻苏部队为苏州图书馆提供国防科普教育、军旅讲座等服务。双方在互惠互利的共建活动中，进一步增进军民鱼水情。

2. 办理集体借阅卡　方便官兵借阅图书

集体借阅卡是苏州图书馆为共建单位开设的大额借阅卡。驻苏部队的驻地一般都在远离城区的偏远山林里，往返市区要五六十公里。为了方便驻苏官兵借阅书籍，苏州图书馆为驻苏部队下属35个连队单位办理了集体借阅卡，每张卡有500册借书额度。官兵们可以持卡到馆借阅书籍，也可以将阅读需求告知苏州图书馆，由图书馆调配相关图书，再送书上门，方便他们及时阅读到所需书籍。

3. 盘活馆内展览资源　送特展进军营

2022年八一建军节前夕，“美丽苏州新江南”展览在驻苏某部悄然开幕，送展进军营是苏州图书馆“书香军营”品牌服务的一项创新举措。

“美丽苏州新江南”展览包含“梦里水乡”“日新月异”“古韵今风”“人间天堂”4个篇章，集中展示了70幅获奖摄影作品，多维度展示苏州的自然风光、人文风情、生态环保、城乡发展等风貌，生动展现了“经济强、百姓富、环境美、社会文明程度高”的美丽苏州新江南图景。苏州图书馆将线下优秀展览延伸至军营，既盘活了线下展览资源，又丰富了广大官兵的文化生活。驻苏部队的官兵表示，这样的展览非常新鲜有趣，让他们能更深层次了解苏州风土人情。这一举措可以说是一举多得。

未来，只要部队官兵有需求，苏州图书馆都会将优质的馆内展览送进军营，丰富驻苏官兵的文化生活。

4. 延伸馆内专家资源　送专题讲座进军营

苏州大讲坛是苏州图书馆的品牌服务之一，为市民免费提供各类专家讲座。驻苏官兵平时都在驻守军营，很难像普通读者一样到馆享受此类讲座资源。为此，苏州图书馆根据官兵需求，利用自身的专家库资源，为驻苏官兵定制讲座，把专题讲座开到军营。

20多年来，苏州图书馆积极把优秀的文化服务送入军营，开展“讲座进军营”活动，推出“苏州状元文化”等苏州文化系列讲座，帮助部队官兵了解驻地文化，融入驻地生活。

三、实施要点

1. 整合图书资源　设立“拥军服务点”

“书香军营”建设的第一步就是帮助各部队建立“军营图书馆”。在苏州图书馆的协助下，驻苏部队既有旅部、营部图书馆，也有连队图书角。苏州图书馆驻苏部队下属35个连队单位办理了集体借阅卡，每张卡有500册借书额度。

2022年恰逢中国人民解放军建军95周年，苏州图书馆整合驻苏部队已有图书资源，在建军节前夕统一授牌“拥军服务点”，见图1。“拥军服务点”里除了有苏州图书馆每年给部队的赠书，还有各部队通过集体借阅卡借阅的书籍。苏州图书馆会依据部队需求，为“拥军服务点”定期更换图书，满足广大官兵的阅读需求。“拥军服务点”既是“军营图书馆”，也是苏州图书馆在各军营的服务点，它链接起部队与图书馆，是增进军民鱼水情的重要服务场所。

2. 关照官兵需求　为官兵办实事

在20年的拥军工作中，双方一直保持良好的互联互通。苏州图书馆

图 1 苏州图书馆在驻苏某部设立的拥军服务点

用心了解部队官兵的真实需求，结合自身工作实际及优势，为部队官兵排忧解难。

有部队计划改建营区内图书室，希望苏州图书馆能够提供意见建议。苏州图书馆利用自身在总分馆建设过程中积累的丰富经验，为部队设计室内布局，打造“休闲书吧”。还有部队在学习党十九大精神过程中急需一批最新的学习资料，向苏州图书馆发来紧急求助。苏州图书馆积极联系苏州新华书店，以最快的速度帮部队采购到相关图书，解决了燃眉之急。有支部队想建设“音乐书吧”，向苏州图书馆表示想来苏州图书馆取经学习。苏州图书馆邀请部队领导前来参观苏州图书馆北馆的音乐图书馆，将相关经验和心得倾囊相授。针对部队官兵在野外驻训期间条件艰苦、文娱活动较为匮乏的现实困难，苏州图书馆协助部队依托“文化大蓬”设置图书柜，宿营帐篷内设置野战图书角以及班用野战图书墙，并为部队电影放映队准备了国内外经典电影和音乐的视听资料，丰富了官兵野训期间的精神文化生活。

对于身处军营的官兵们来说，面对繁重的工作和训练压力，排解负面情绪是一项非常重要的工作。苏州图书馆了解到这一需求后，主动协助部队建设“心灵驿站”，调配心理学主题图书和相关类别的期刊。“心灵驿站”也成为“为官兵办实事”的一大亮点，让官兵们在工作、训练之余，可以来驿站释放压力、涵养心灵，以更加优良的精神风貌做好保家卫国工作。

3. 军民互助融合　创新服务举措

20多年来，苏州图书馆积极把优秀的文化服务送入军营，比如开展“讲座进军营”活动，推出“苏州状元文化”等苏州文化系列讲座，帮助部队官兵了解驻地文化，融入驻地生活。同时，驻苏部队也积极参加苏州图书馆组织开展的全民阅读活动，比如受邀参加苏州图书馆的“世界读书日”广场经典诵读，向全市人民展示军人的风采风貌。

2022年是建军95周年，恰逢党的二十大召开，苏州图书馆与驻苏部队围绕“永远跟党走，喜迎二十大”开展主题系列活动。苏州图书馆整合馆内优质的文化资源，为驻苏部队提供丰富的文化活动，比如：利用馆藏资源、专家资源等围绕红色文化、军史等主题，为部队官兵开展主题读书分享会；送展进军营，将馆内优秀的展览延伸至军营；举办党建系列共建活动，增进军民融合；等等。“八一”前展出的“美丽苏州新江南”就是此次系列活动之一。

四、成效与影响

苏州图书馆多年的拥军付出得到了各界的肯定。2017年，书香军营品牌服务凭借“为兵哥哥们送上丰盛的文化大餐”——送书进军营、送讲座进军营等活动，获得“第十二届苏州阅读节优秀活动奖”。2021年，在苏州市委、市政府、苏州军分区共同举办的“争创全国双拥模范城”评选活动中，苏州图书馆凭借多年的品质服务，被评为“拥军优属先进单位”。

在以后的工作中，苏州图书馆将一如既往地支持部队的文化建设，突出文化拥军，创新性地开展各类文化服务，增进军民鱼水情，共同谱写苏州双拥共建新篇章。

（撰稿人：借阅中心　潘兰婷）

书苑天香俱乐部

《国际图联—联合国教科文组织公共图书馆宣言 2022》在“公共图书馆的任务”中指出公共图书馆应当“为本地企业、社团和利益群体提供充分的信息服务”。《公共图书馆服务规范》(GB/T 28220—2023)在“6.1.6 个性化服务”中提到:“公共图书馆应根据自身条件,为个人、企事业机构及政府部门等提供多样化的、灵活的、有针对性的服务……”企业,特别是中小型企业在其快速发展的进程中,对各种信息的需求非常迫切。公共图书馆作为公益性的社会知识组织,承载着知识与信息传播的职能。因此,公共图书馆应积极响应国家政策号召,遵循行业规范,充分发挥其社会职能和服务使命,突破传统服务理念和服务模式,创新服务内容,利用资源优势为企业创新开展多元化服务,帮助企业实现管理创新、制度创新、产品创新和技术创新等。

一、项目设计

书苑天香俱乐部是由苏州图书馆发起,由工商、金融界管理人士自愿组成的学术性群众团体,会员在平等、自愿、互利、互惠的基础上自主参加,并享有相应权利和义务。

2004 年,苏州市委宣传文化工作领导小组制定了《“文化苏州”行动计划》,对图书馆事业提出了新的规划和要求。为了发挥图书馆传播知识、信息的作用,利用图书馆的资源、人才优势,为苏州的企业提供一个信息交流的平台,苏州图书馆初步产生建立企业俱乐部,在拥有信息和需要信息的人之间搭建平台的想法。在图书馆的信息推送工作开展了一年多之后,苏州图书馆创建书苑天香俱乐部的想法初步成型,并进入筹备阶段,最终于 2005 年 11 月 19 日成立。

书苑天香俱乐部活动开展至今，其宗旨理念历经演变，现确立为：以习近平文化思想为指导，以经济建设为中心，面向企业和企业家，为企业和企业家服务，为苏州市率先实现全面小康社会和率先实现基本现代化提供强有力的智力支持，为企业和企业家搭建一个共享信息服务、增进交流合作的平台。同时，积极与培训机构联系，寻找合适的课题，选择合适的专家来进行授课，为俱乐部成员企业提供专有信息、专场报告会、专有活动场所等多项服务。

二、主要内容

1. 企业信息服务

企业信息服务主要是依托本馆馆藏文献资源、专业数据库及馆际合作资源，针对用户特定需求，通过对信息的定期跟踪监测、整理加工等工作，以定向方式，为用户提供专题信息服务。一是金融信息简报，搜集每日国内外关于经济、金融的最新报道、分析和评论，为用户提供经济金融咨询并将信息每日及时分享在用户QQ群里。二是行业信息专题简报，如目前为包装行业协会提供的包装简报。三是管理信息导航，内容涉及企业管理案例、领导力、沟通等管理知识，为企业管理者提供管理方面的理论指导。

2. 科技查新服务

科技查新是国家科技部为避免科研课题重复立项和客观正确地判别科研成果的新颖性而设立的一项信息服务工作。查新机构根据查新委托人提供的需要查证其新颖性的科学技术内容，按照科技查新规范操作，有偿提供科技查新服务。苏州图书馆情报部以丰富的文献信息资源和人才资源为支撑，面向苏州市及周边地区的企事业单位、科研院所，开展各级、各类科研项目的查新与咨询服务，涉及化工、机械、电子、生物、材料、医学和信息技术等领域。苏州图书馆目前共有8名科技查新员，每年为企业提供科技查新服务。2022 年度情报信息部共完成科技查新服务 55 例，2023 年度完成科技查新服务 47 例。服务企业覆盖苏州、南京及周边城市。2024 年苏州图书馆将与苏州市总工会加强合作，推进科技查新项目，同时加大科技查新宣传力度，利用线上线下方式宣传该项服务项目。

3. 企业管理类讲座

俱乐部每年都会组织数场关于企业管理的讲座，搭建企业管理者交流平台，通过密切沟通与交流，企业管理者们可以了解各企业的先进经验和企业文化，进而取长补短、共同进步，因而这些活动深受会员的喜爱。

例如，2017 年 10 月 29 日，书苑天香俱乐部沙龙活动“财务软件实操课程”在本馆一楼多功能厅如期举行（见图 1），本次讲座由紫炫财务经理陈春雷主讲。陈春雷毕业于南京财经大学市场营销专业。毕业后，

图 1　2017 年 10 月 29 日，书苑天香俱乐部沙龙活动
“财务软件实操课程”在苏州图书馆多功能厅举行

主要从事财务方面的工作，已有 10 年财务管理经验。陈春雷曾任职于某大型装饰工程公司主管会计，现任苏州紫炫财务咨询有限公司经理，在财务管理制度建立、财务核算、组织流程设计、税务筹划等方面，有丰富的实战经验。课程中，陈春雷详细演示操作财务软件，一一解释以前困扰学员的问题，学员们表示获益良多，纷纷表示下次有机会还要再听陈老师的讲解。

4. 阅读分享活动

情报信息部门从 2019 年开始策划与组织实施各种阅读分享活动，活动采取企业员工线下现场参与、图书馆定期举办图书或主题分享与交流等形式，是以培育、养成、提升和开阔企业员工的阅读兴趣、阅读能力、阅读视野为目标的一项阅读推广活动。该项活动的举办，既扩大了图书馆的服务半径，又丰富了企业员工的业余生活，增强了团队凝聚力与学习力。

例如，2022 年 7 月 16 日，书苑天香俱乐部读书分享会“九型人格与性格密码”在苏州图书馆北馆产品发布厅如期举行（见图 2），本次活动由西交利物浦大学校外导师、苏州大学继续教育学院、东吴商学院特聘导师魏宁微主讲。自 1980 年，斯坦福大学心理教授海伦·帕尔默（Helen Palmer）教授将九型人格引入美国高等学府，九型人格很快成为一门倍受MBA 学员欢迎的热门课程。九型人格经过 3000 年的沉淀和 40 年的近代心理学发展整理，已经逐步发展成系统的心理学应用体系，可以很好地促进企业人员管理、团队管理、人际沟通以及领导力提升，同时可以有效支持人们自我性格认知和自我成长与发展。通过这次分享会，读者们发现了自己的性格优势以及需要提升和发展的方向，掌握了进入不同性格内在频道的沟通技巧，知晓每个个体的优势与局限，增强了对人的洞察力，提升人际沟通力。

图 2 2022 年 7 月 16 日，书苑天香俱乐部读书分享会
“九型人格与性格密码”在苏州图书馆北馆举行

三、实施要点

1. 开展有创意的俱乐部活动

俱乐部活动是俱乐部经营的灵魂和主要手段之一，把俱乐部的活动办得有品位、有创意、有亮点，吸引会员积极参与俱乐部活动，才能培养会员的归属感，达到留住他们的目的。书苑天香俱乐部不断丰富俱乐部的活动内容，通过信息服务、科技查新、讲座以及阅读分享活动吸引会员参与。

2. 提供个性化服务

公共图书馆个性化服务是新形势下图书馆服务工作的一种发展趋势，也是图书馆以人为本服务理念的充分体现。苏州图书馆拥有丰富的纸质和数字资源，拥有具备多学科知识储备的馆员，这些都成为开展个性化服务的有利条件。对企业会员进行需求分析，变被动服务为主动服务，与企业会员经常交流，从而达到为企业会员提供满足其需求的、高质量的信息产品的目的。如为苏明装饰公司提供的装饰行业简报，为包装行业协会提供的包装简报，这些都是信息的个性化定制服务。

3. 建立企业服务团队

苏州图书馆充分利用各项资源，建立了咨询专家库，通过图书馆将高校的专家和企业联系起来，将专家的专业知识和参考馆员的专业技能有效结合起来，为企业提供深层次的信息服务。在图书馆员的再教育上，图书馆每年都会送图书馆员出去参加各种培训，以提高信息服务技能。

四、成效与影响

经过近 20 年的发展，书苑天香俱乐部成员不断增加。从 2003 俱乐部成立之初的 40 家会员单位，已发展到 200 余家，其中包括宝时得科技（中国）有限公司、金龙联合汽车工业（苏州）有限公司、中国建设银行苏州分行、江苏AB集团、苏州苏明装饰公司等大型单位。会员数量的增加，从另外一个方面说明俱乐部正逐步走向成熟。书苑天香俱乐部可能不是业界的第一家企业家俱乐部，但却是图书馆与企业联系最紧密的俱乐部。俱乐部自成立以来，得到广泛关注并获得连连好评，同时在苏州企业界更是有着相当大的影响力，图书馆与企业的紧密联系让人称道。俱乐部会员之一金龙联合汽车工业（苏州）有限公司党委书记谢飞鸣曾说过：“书苑天香俱乐部为大家提供了一个交流的平台，无论是信息服务、现场讲座还是时代光华卫星课程，都能从中学到和运用到一些非常有价值的东西。”

2008 年 11 月，书苑天香俱乐部项目荣获江苏省第四届公共图书馆优秀服务成果奖二等奖。

2014 年书苑天香俱乐部被评为苏州市群众文化优秀团队。该项目是图书馆企业信息服务中的创新之举，可以起到为企业提供有针对性的信息服务，拉近企业与图书馆的距离，培养企业的社会责任感，利用企业的资源为图书馆发展提供资助等作用，因此，“书苑天香”既是图书馆重要的服务延伸，又能充分实现图书馆与企业的合作共赢。

（撰稿人：情报信息部　戴婕）

信息推送服务

公共图书馆是地区的信息中心，具有收集、整理、保存文献信息并提供查询、借阅及相关信息服务的责任与义务。《中华人民共和国公共图书馆法》“第三十五条”明确规定“政府设立的公共图书馆应当根据自身条件，为国家机关制定法律、法规、政策和开展有关问题研究，提供文献信息和相关咨询服务”。公共图书馆应当把握新时代的发展规律，科学、有效地收集和整理信息，多途径、多手段地开展专业化和精准的信息推送服务。

一、项目设计

为了更好地发挥图书馆的社会功能，延伸服务范围，深化服务内涵，为地方经济发展和文化建设做出积极贡献，苏州图书馆主动与地方政府机关、企事业单位和社会团体进行信息合作，为其提供信息咨询和信息推送服务。经过二十几年的不断探索、创新与完善，逐渐形成了自己的特色信息服务品牌。例如，为党政机关提供的《信息导航》《信息摘编》等信息推送服务、为两会代表委员们提供的两会现场服务和《两会参阅》等、为企事业单位和社会团体提供的行业简报、定题服务等。

二、主要内容

1.《信息导航》

《信息导航》（见图 1）是苏州图书馆于 2004 年开始编印的一份面向领导和决策者的信息简报，它以时事方针政策与民生热点问题为选题，通过对报刊、网络、数据库等资源进行深度挖掘与分析，整理汇总理论研究、专家解读、媒体评论、国内外典型范例等形成信息简报，出版成册。同时，

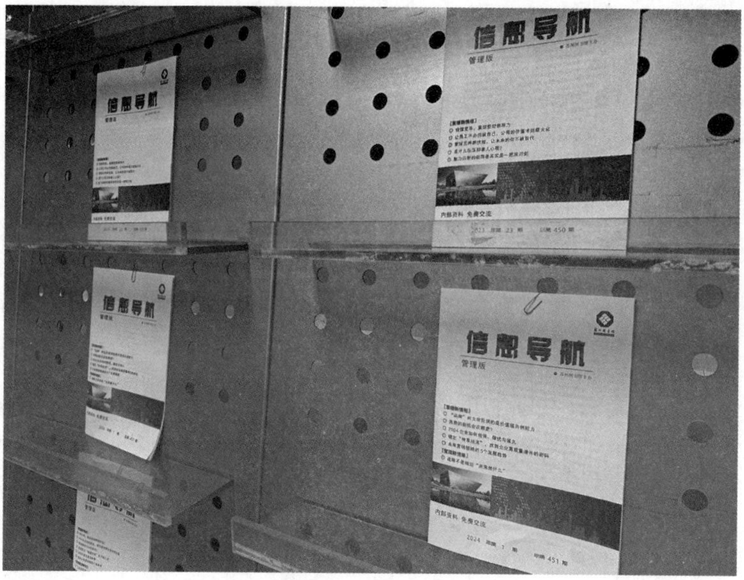

图 1 《信息导航》

《信息导航》还不定期围绕最热门的时政新闻制作主题专刊，如 2023 年分别以乡村振兴、低碳节能、营商环境、民营经济等为主题制作了专刊。经过不断的调整和优化，《信息导航》目前有 3 个版本:《信息导航》决策版、《信息导航》管理版和《每日经济与金融信息》。《信息导航》决策版为周刊，其服务对象为苏州市委市政府领导、各委办局领导、大型企业领导等；《信息导航》管理版是半月刊，其侧重于向各企业提供经济管理、人事培训等方面的信息决策等;《每日经济与金融信息》则是面向广大银行、保险公司和各企业决策层领导，每个工作日发送。

2.《信息摘编》

《信息摘编》是苏州图书馆于 2017 年开始编印的一份高端信息决策专刊，其服务对象是市委市政府。其主要内容：一是紧紧围绕党和国家的重大决策部署，以及市委市政府当前的工作重点，有计划有目的地收集新措施、新成果和新经验；二是围绕群众关心的问题，收集、反馈群众在生产生活中遇到的各种问题与困难，反映群众的愿望与要求；三是围绕前瞻性的问题，提供预测性的舆情信息，为领导科学决策提供富有预见性的依据。《信息摘编》每周出刊 2—3 期，每条信息字数一般控制在 500 至 800 字。

3. 定题服务

苏州图书馆还会根据党政机关、企事业单位和社会团体的特定信息需求，为其提供定题服务，即围绕某个主题对信息进行搜集、筛选、整理并分析，形成专题研究报告，定期或不定期地提供给用户。例如，2021 年为贯彻落实苏州市全力打响“江南文化”品牌的指示精神，苏州图书馆充分利用馆藏书籍、数据库、联合参考平台、智库等资源，就“江南文化”这一主题开展信息检索和参考咨询，综合国内外各研究机构和专家学者观点，形成《江南文化研究参考资料汇编》，定期呈送上级部门，以期充分发挥城市智库作用，为党委政府规划、建设、管理、保护、经营城市贡献绵薄之力。

4. 行业信息简报

苏州图书馆主动与企事业单位和社会团体合作，积极响应他们的发展需要，为其提供中外文文献传递、代查代借、行业信息简报等多项信息服务。其中行业信息简报一般包括行业发展动态、行业政策更新、最新成果等。例如，创办《旅游参考资料选编》月刊，每月定期发送至苏州市旅游联合会及其所属会员单位，目前已累计出刊 11 期；创办《印刷包装行业简报》，每月定期发送至苏州市印刷行业协会及其所属会员单位，累计出刊 63 期；同时还为苏州幼儿师范高等专科学校、苏州市胥江实验中学等提供以婴幼儿教育和中学生教学教研为主题的行业信息简报，均以月刊的形式发送。行业信息简报定期编辑与发送，为企事业单位的人员提供方便，节省查找资料的时间，也为他们提供专题查找的途径。

5. 两会服务

为充分发挥公共图书馆的文献资源优势，苏州图书馆多次在两会期间为代表委员们提供文献咨询服务。例如在代表委员们驻地设置“两会”现场咨询服务台，为代表委员们提供精心编制的两会专题资料、馆藏图书现场借阅、免押金读者证快速办理、数字资源宣传推介及在线查询等服务。

《两会参阅》是由南京图书馆牵头，江苏省各地级市公共图书馆、上海图书馆和安徽图书馆等共同编撰的“两会”决策咨询服务产品，内容涵盖政策解读、专家解读、国外案例、决策建议等（见图 2）。苏州图书馆自 2020 年起连续四年组织“精兵力量”参与编辑《两会参阅》，围绕“夜经济”“双碳”“城市数字化”和“高技能人才队伍建设”等主题开展专题研究，共完成 4 篇优质的研究报告，并刊登在《两会参阅》上，为党和政府科学民主依法决策提供重要支撑。

图 2 《两会参阅》

三、实施要点

1. 不定期开展信息培训

目前，苏州图书馆从事信息推送工作的人员共计 11 人，其中图书馆学情报学专业 4 人，生物、化工、医药卫生类专业 4 人，其他专业 3 人。为做好信息推送工作，馆内根据简报的特点，指定专人一对一负责，点对点精准服务。同时，还不定期开展信息培训，提升工作人员的信息素养。尤其是关于市委市政府的信息工作，馆内还专门派工作人员到市委信息处跟班学习。通过跟班学习，馆员强化了理论学习，提高了理论素养，了解了各类文稿的写作模式、写作思路与写作技巧等，锻炼并提升了写作能力，对信息服务工作的开展起到重要的作用。

2. 组建专家团队，为信息服务把关

苏州图书馆特聘请了 14 位相关领域的专家学者，组成苏州图书馆专家咨询团（见图 3），其研究领域涵盖经济、医学、文学、法学、管理等方

图 3　专家团队合影

面，专家团成员根据自身的专业知识对馆内的信息工作进行指导，并每月定期召开例会，一方面对本月的信息内容提出指导性意见，另一方面对市委领导目前关心的焦点与热点问题进行分析，并提出建议。

3. 加强与合作单位的沟通与交流

做好信息服务工作最重的就是沟通，准确掌握读者的信息需求。苏州图书馆定期与各合作单位进行沟通与交流，了解合作单位的工作动态与工作重点，及时掌握合作单位的信息需求，从而及时调整和改进信息服务的内容与方式。同时，苏州图书馆还定期向合作单位发放调查问卷，收集合作单位对馆内信息服务工作真实、有效的反馈信息，为管理部门提供理论依据和有价值的参考意见。

四、成效与影响

《信息导航》紧盯时政最热门话题，且内容切合时事、文章精炼，分别收到专家团多位专家的多份表扬邮件。例如 2020 年 2 月 10 日专家团成员杨海坤（曾任苏州大学宪法学与行政法学博士点和重点学科负责人）发邮件称赞《信息导航》疫情专刊“内容很好，很及时，赞!”仅 2023 年，《信息导航》决策版共出刊 44 期（其中专刊 4 期），《信息导航》管理版共出刊 23 期，《每日经济与金融信息》共出刊 249 期。

《信息摘编》观点突出，文本编排简洁明了，具有较强前瞻性、针对性和实效性，为市委、市政府领导及时掌握社会舆论动态提供了有力的智力支持。截至 2023 年底，《信息摘编》共编印 473 期，发布信息近 2000 篇，共有约 120 条信息被市委市政府采纳，编入为上级领导提供的内参资料，苏州图书馆因此被评为 2023 年度全市党委信息工作优秀单位。

苏州图书馆全面对标“江南文化”品牌塑造三年行动计划重点项目任务，从社会力量的引入、城市文化品牌的传播、创新发展老字号的政策比较等角度入手，高质量编撰《江南文化研究参考资料汇编》，为党委政府的信息决策提供了依据，共计编印 18 期。由于《江南文化研究参考资料汇编》针对性强、内容丰富且颇具深度，多次受到领导的一致好评，其中苏州市委常委、统战部部长王飏和副市长杨知评分别做出了重要批示，给予了充分的肯定（见图 4）。

图 4 《江南文化研究参考资料汇编》获两位副市长的批示

图 5 获“长三角公共图书馆智库服务联盟先进单位”称号

苏州图书馆的两会服务，为人大代表和政协委员参政议政、建言献策提供了有效的文献信息保障与支持，尤其《两会参阅》更是为人大代表和政协委员提供了有力的数据支撑和信息参考。2023 年 9 月，苏州图书馆被评为长三角公共图书馆智库服务联盟先进单位（见图 5）。

（撰稿人：情报信息部　马海霞）

构建创新机制

你选书　我买单

21世纪以来，读者荐购因能够满足不同读者的个性化资源需求，促进读者阅读积极性的提升与文献资源利用率的提高，深受图书馆界重视，并日趋发展成为读者参与图书馆文献资源建设的重要途径之一。图书馆“以读者为中心”的服务理念，促进其资源建设正朝着精细化、精准化发展，这些外部和内部环境因素决定了荐购体系会对图书馆相关服务和业务产生重要影响。为了有效地实现和促进图书馆读者荐购，助力“全民阅读”，公共图书馆顺势推出了创新性服务模式——“你选书　我买单”读者荐书活动。

一、项目设计

自2014年9月起，为贯彻落实《中华人民共和国公共图书馆法》的切实要求，也为解决公共图书馆的馆藏建设与读者需求有效对接问题，并着力解决图书“拒借”现象，进一步推动、引导、服务全民阅读，运用现代信息技术和传播技术，提高公共图书馆的服务效能，促进全民阅读水平和文化素养的提高，苏州图书馆主动联合苏州新华书店共同开展了“你选书　我买单”读者荐书活动，通过将图书馆“图书采购权”全天候交给读者，丰富了馆内的图书采购类别，并满足苏州市民个性化和多元化的阅读需求，促进了苏州市内良好阅读氛围的形成和市民阅读水平的提高。

“你选书　我买单”读者荐书活动使传统意义上的图书馆借阅服务方式发生了转变，提高了图书馆馆藏利用率，提升了图书馆服务效能，是苏州图书馆在推广全民阅读方面的又一次尝试，打破了读者、书店、图书馆之间的壁垒，争取实现多方共赢。由于此活动深受苏州读者朋友的喜爱，故自2014年以来每年都不曾中断，已成为苏州图书馆文化惠民的新标识之一。

二、主要内容

该项活动以线上线下相互结合的方式开展：

1. 活动介绍

“你选书　我买单”读者荐书活动的主要活动形式如下：苏州图书馆联合苏州新华书店开展该活动，并设立指定服务网点，当读者在指定服务网点发现自己想要借阅的新书时，无需自己付款购买，而只需将该书交给工作人员做简单处理，按借阅流程操作后，即可以借阅该书，实际上书籍由图书馆支付购买；除此之外，读者也可以选择线上参与方式，使用手机在书香苏州App上选择自己心仪的图书，按借阅流程操作后，图书馆就会安排物流将该书送达其选定的取书点，读者再到指定取书点取书即可。

2. 八周年系列活动（线上活动）

（1）2022年3月，苏州图书馆微信公众号发起投票，欢迎读者参与投票，畅所欲言，从不同方面和角度提出更好的建议，活动更加贴合读者的需求，为大家带来更好的阅读体验，这也是苏州图书馆一直以来努力的方向与目标。

（2）2022年5月，“好书返场”活动在线上推出，根据前期的读者调查问卷，把120种因借阅名额已满而下架的好书，分成两期在活动平台上线，利用公众号推到读者面前，最大限度地让读者选到好书，满足读者的阅读需求。

（3）2022年6月至12月，持续半年的“借书即享刮刮乐，盲盒奖品领不停”活动在书香苏州App上线，经过前期与技术人员的沟通和开发，活动如火如荼地开展，该活动旨在让更多的读者参与活动，巧妙地结合了时下的盲盒元素，只要借阅活动图书就有机会获取图书盲盒。盲盒中的图书也是自人气较高的书目中精心挑选出来的，分特等奖、一等奖、二等奖、三等奖和参与奖，操作简单且中奖率高。

（4）2022年7月至12月，苏州图书馆限时提高活动借阅上限。持一张读者证最多可借阅“你选书　我买单”读者荐书活动图书2本，当借满2本后，需要归还至少1本才可以再借阅该活动的图书。上述时间内，参与“你选书 我买单”读者荐书活动，累计借阅活动图书数量达到标准，即可提高“选书”服务的借阅数量上限，增至最多5本。打破原有的活动限制，让读者不做选择题。

（5）2022年8月，苏州图书馆开展了“你选书　我买单”读者荐书活动限时免邮，期间，读者通过“书香苏州”App参与“你选书　我买单”，每天前20名使用“你选书　我买单”服务的读者自动获得邮费减免，即可享受“0元送上门”的贴心服务。

（6）2022年9月至12月，“书香苏州”App上线了“借书集徽章”活动。读者通过“书香苏州”App参与“你选书　我买单”读者荐书活动，借阅成功1本即可获得1枚电子借阅徽章，每周上限2枚，可在“书香苏州”App中查看徽章累计数量，活动结束后，可根据徽章数量领取相应的精美图书。读者在借书的同时，收集徽章，还能获得奖品。

3. 丰富多彩的线下活动

（1）“你选书　我买单”读者荐书活动进社区，最大限度地发挥了公共文化事业的终端服务的效用，让每一位读者充分体验到图书馆就在身边，人性化服务无所不在。同时，苏州图书馆扩大“你选书　我买单”读者荐书活动的范围及影响力，满足了社区居民的精神需求，也让图书馆的服务更加贴近广大群众。

（2）2023年，“妙book言集市——你选我买·万卷书集”现场借阅图书336册。253人参与活动，在“你选我买·万卷书集”摊位挑选钟爱的新书，免费借阅，用书籍给自己一场精神的洗礼。

（3）为更好地丰富少儿图书馆藏，苏州图书馆不定期开展“你选书　我买单”——少儿专场活动，让小读者们把心仪的新书带回家（见图1）。此外，还会开展书香进校园——“你选书　我买单”现场借阅活动。

图1　在苏州图书馆北馆开展的“你选书　我买单”——少儿专场活动

（4）2023年7月1日至5日江苏书展现场，苏州图书馆的“你选书　我买单”读者荐书活动为市民准备了300余册畅销好书，供大家直接借阅。现场工作人员还向市民普及电子借阅证的使用方法，解决了许多读者无卡借书的烦恼，进一步提升了读者借书的便捷程度以及服务的人性化。同时，我们也准备了精美的小礼品：苏州图书馆文创口罩、签字笔以及书签等，直接送给参与活动的市民朋友。在工作人员的积极宣传和用心服务下，该活动受到了广大市民的欢迎，出现了排队选书的情况，现场参与度较高。

（5）2023年12月31日，苏州图书馆举办“阅出新意——你选我买”

新年特别活动。读者在活动现场可挑选新书，并凭借阅证当场办理借阅手续，最多可借阅图书 2 册。如读者未挑选到心仪的图书，还可现场写下“图书心愿单”。苏州图书馆工作人员汇总书目信息后告知读者心愿单中可在线上借阅的书籍。活动当天来现场即可领取小礼品一份，首次注册书香苏州 App并借阅图书可获得盲盒图书 1 册（见图 2）。

图 2　在苏州图书馆北馆开展的“阅出新意——你选我买”新年特别活动

三、实施要点

1. 活动对象多元化

随着经济发展和社会进步，人们的精神文化需求呈现多样化、多形式、多层次的特点，习近平总书记在党的十九大报告中强调，中国特色社会主义进入新时代，我国主要矛盾已经转化为人民日益增长的美好生活需要和不平衡不充分的发展之间的矛盾。对于越来越多元化的服务对象，苏州图书馆结合每个群体的不同特质，安排不同主题的活动。

2. 活动形式多样化

活动形式单一，会使读者觉得单调乏味，降低活动的凝聚力和吸引力，使读者疲劳；活动形式灵活多变，可不断给读者新鲜感，引发其阅读兴趣。读者的阅读风格具有较大的差异性，这就要求活动形式具有多样性，以满足不同阅读风格的读者的需要。苏州图书馆通过主题活动、座谈交流、专题讲座等方式，开展“你选书　我买单”线上和线下相结合的活动。围绕春节、元宵节、端午节等传统节日及“4·23世界读书日”等重要时间节点开展系列宣传展示活动，让读者在传统节日中感受中华优秀传统文化之美，传承弘扬爱国主义精神。

3. 活动推广品牌化

活动的宣传和推广至关重要，需要借助各种媒体渠道与营销手段，提高活动的曝光度和影响力，从而达到活动品牌化的目的。品牌建设对于活动的推广有着重要的意义，品牌建设有利于活动结构优化升级和提高资源利用的效率，推动活动可持续发展；品牌建设有利于打造活动的核心竞争力，增强活动的凝聚力，增强读者对于活动的归属感和信任感；有利于提高活动的吸引力，品牌建设是对外展示的窗口和平台，彰显了活动的生命力。为努力打造“你选书　我买单”读者荐书活动的品牌，苏州图书馆还需要增加该活动的可参与性，让读者在选书的这个环节更有参与度和主动性，让更多市民知道该活动并愿意加入。

四、成效与影响

自2014年开展以来，“你选书　我买单”读者荐书活动线上线下累计借出图书约22万册，参与活动的读者约17万人次，随着近两年推广活动的开展，借阅量逐年上升，每年新增用户也稳定在 3000 人左右，读者参与度稳步上升，活动品牌也更深入人心。同时活动也在省市内获得了多项荣誉：2014 年“你选书，我买单”——读者荐书活动荣获“第九届苏州阅读节优秀活动奖”、2015 年“你选书 我买单”活动获“第十届苏州阅读节优秀活动奖”、2016 年第七届江苏省公共图书馆优秀服务成果二等奖。

（撰稿人：采编中心　丁恩菁）

“千场阅推活动”家门口图书馆

截至2023年，苏州图书馆已建分馆100个，这些分布在社区服务中心、文体中心的图书馆分馆成了市民家门口的图书馆。2023年，苏州图书馆分馆管理部实施了“‘千场阅推活动’家门口图书馆”项目，旨在通过丰富多彩的阅读推广活动焕发家门口图书馆的活力，充分发挥基层图书馆在培养儿童阅读习惯、传播优秀传统文化、提升市民信息素养、支持市民终身学习方面的作用。

一、项目设计

苏州图书馆从2005年开始建设分馆，截至2023年已有百家分馆，这些分馆主要分布在高新区、姑苏区、相城区三个城区，基本实现了城区公共阅读服务体系的全覆盖。发挥体系内分馆的作用，实现总分馆体系的高质量发展是苏州图书馆近几年发展的重点方向。该项目的设计考虑到以下几个因素：

1. 分馆规模效应发挥不足

受馆址位置、居民阅读习惯、周边业态、馆员能力等多重因素影响，分馆运行效益及活力参差不齐，尤其是读者活动。读者活动作为阵地服务的重要业务，直接影响到分馆的活力和效益。近几年分馆各片区围绕区域阅读推广策略开展了多样的活动，但多侧重体量较大的区级馆和个别特色主题馆，基层社区分馆的活动在数量与质量上均有待提升，体系化的规模效应未得到发挥。

2. 分馆馆员在活动开展方面存在一定困难

阅读推广活动的策划与开展需要一定的专业技能与知识储备，分馆馆员受个体视野、专业能力、知识储备等因素限制，活动策划能力有限，如阅读推广对象侧重学龄前儿童，活动类型多以讲故事、做手工为主。针对不同群体精准定位开展各类活动，与社会各界链接实现合作互赢，对分馆馆员来讲具有较大的难度。且各社区分馆通常只有两名馆员，勉强能开展日常借还、读者咨询、馆藏管理等业务，无力再开展更高要求的阅读推广活动，因此分馆馆员在活动开展方面存在一定的困难。

3. 垂直性总分馆模式的优势

“苏州模式”的总分馆体系是人财物统一管理的垂直性总分馆模式，这意味着在为分馆配送阅读推广活动中，总馆对分馆有着通畅的执行渠道及较强的项目推进主导权。活动前期，总馆制定活动品牌、拟定活动形式、分配活动场次并引入社会力量参与，最终形成具体活动方案。开展活动过程中，由总馆和分馆对活动进行实时跟踪、协调、宣传，确保活动有序开展。

二、主要内容

1. 项目内容

“‘千场阅推活动’家门口图书馆”项目紧抓目标阅读群体的特点，通过总馆配送与分馆所在片区组织开展的形式，针对低幼儿童、青少年、成人、老年群体等不同群体开展多样化的活动。活动分为八大主题，包含绘本阅读、走读研学、家庭教育、非遗体验、老年课堂等20余个系列，为高新区、姑苏区、相城区的近百个社区提供上千场高品质的读者活动。读者可通过“苏州图书馆”微信公众号、“苏图活动预约”小程序、读者群、分馆“小白板”等途径获取活动报名信息，参与活动。以下为本活动项目包含的系列以及活动主题（见表1）和活动照片（见图1、2、3、4）。

表1 “‘千场阅推活动’家门口图书馆”项目活动信息表

序号	活动主题	活动对象	活动系列
1	阅读要从孩子开始	低幼	书香伴童年
			贝贝树
			小龟漫读
2	“阅”享非遗之美	成人	“‘阅’享未来”非遗主题活动
			“寻香拾艺”系列非遗活动
3	鹤发童心，健康常在	老年人	晚晴课堂
			“银龄”潮流系列阅读推广活动
			阅读相伴 吴医同行——“吴门医派”走进苏图分馆
4	“沉浸式”传统文化新体验	青少年	名著赏析
			廿四节气——我和节令的故事
			我们的节日
			“金钥匙”系列活动
			童享书香　萌读经典
			书香绘梦·悦读姑苏
5	在阅读中行走，在行走中阅读	青少年	走读研学
			游学体验活动
6	走近科学，走近科学家的故事	青少年	花草集
			“我说赛先生”读书活动
7	阅读活动新形式	成人	家有儿女
			艺述夜课
			“手余书香”期刊赠阅活动
8	“书目推荐”特色展览	全体读者	“书海泛舟”系列展览
			“遇见扎染　感受非遗”主题荐书展

图 1 “晚晴课堂”主题活动

图 2 “名著赏析”主题活动

图 3 “走读研学”主题活动

图 4 “家有儿女”主题活动

2. 开展过程

（1）主题策划：分馆管理部针对不同年龄群体策划活动内容与形式，从社会招募、选择活动开展方，确定活动配送主题清单。

（2）主题点选：各片区从活动清单中为区域内各分馆点选活动主题。

（3）活动开展：分馆管理部负责统筹与协调，推进项目按计划实施；区域管理层负责与所辖分馆及社区的沟通联络，确保活动的顺利开展；分馆负责活动开展前的属地宣传及活动现场的读者管理；活动配送方负责活动的具体开展。

（4）读者反馈：活动结束后，分馆工作人员会对读者进行调研，收集读者反馈意见并记录，进一步提升活动质量。

三、实施要点

1. 打造活动品牌

为提高家门口图书馆的服务品质，打造品牌化活动，"'千场阅推活动'家门口图书馆"项目打破常规，积极与社会各界合作，通过自主开展、服务配送、合作共建等多重形式，成功打造"'千场阅推活动'家门口图书馆"品牌。

首先，活动项目首次引入社会力量参与，先后精选5家社会主体，为苏州图书馆各分馆配送了近150场读者活动，得到了读者的广泛关注和好评；其次，针对广泛的读者群体，开展多种形式的读者活动，丰富市民的精神文化生活；最后，活动在开展期间，通过馆内公告栏、读者微信群、社区宣传渠道等多种方式宣传，吸引了众多读者参与，逐步形成品牌效应。

2. 分众阅读推广

根据分众阅读推广理念，在活动开展之前，分馆管理部对高新区、姑苏区、相城区各个街道、社区所在分馆进行摸排和了解，并对分馆周边的目标受众群体进行分析。根据分析结果，将目标受众群体分为低幼、青少年、成人、家长、老年。针对不同群体的阅读需求、到馆时间等特性，选择合适的时间开展针对该群体的阅读推广活动。例如，高新区狮山片区分馆周边的读者群体，年轻化且注重孩子的成长，他们更需要“家长课堂”，那么“家有儿女”智慧父母课堂便可以在周末为他们在教育道路上指点迷津。姑苏片区老年读者较多，可侧重开展“晚晴课堂”活动，并根据老年读者需求，推出绘画、摄影、养生保健等主题活动。除此之外，“‘千场阅推活动’家门口图书馆”项目针对学校推出名著赏析、汉字赏析等系列活动；针对青少年推出“走学研读”系列活动等。

3. 开展形式多样的阅读推广活动

为给读者带来更丰富的阅读体验，“‘千场阅推活动’家门口图书馆”项目努力创新阅读推广活动形式，围绕绘本阅读、走读研学、家庭教育、信息素养、名著赏析、非遗体验等多个主题开展体验类、走读类、分享类等多种活动，全力打造一个立体化的阅读推广系列项目。

四、成效与影响

“‘千场阅推活动’家门口图书馆”项目于 2023 年 4 月正式拉开帷幕，经过一年的开展与推广，已走进近百个社区及十多所学校，开展活动 2000 余场，覆盖读者约 30.8 万人次。活动充分发挥公共图书馆学习教育职能，焕发家门口图书馆的活力，强化与社会各界的合作，赢得读者、社区、以及社会各界的好评。

1. 服务延伸：让全民阅读走进社区

“‘千场阅推活动’家门口图书馆”项目活动的开展，充分发挥了苏州图书馆作为公共图书馆的延伸服务职能。全民阅读进社区，将服务触角延伸到社会的各个角落，努力提升市民素质和社会文明程度。在活动开展过程中，“家门口的图书馆”着力为读者提供推荐书目、分级阅读等指导，满足读者的阅读需求，引导读者学会选书，有针对性地阅读。

2. 多元融合：提升阵地服务活力

“‘千场阅推活动’家门口图书馆”项目吸取了以往开展活动的宝贵经验，以少儿读者群体作为项目的主要服务对象，还包含老年读者、亲子家庭等服务对象，形成一个多元化、多层次的服务群体。项目打破常规性阅读模式，不断拓展活动新形式，帮助读者在阅读中体验传统文化，带领读者走进名人故事与苏州特色场所，为读者带去新体验；同时，项目通过多场次、多系列的读者活动，激发读者的阅读热情，激活“家门口图书馆”的服务活力。数据显示，2023 年苏州图书馆分馆开展的阅读活动场次达到了 5 年内的最高值，参与人次为 2022 年的近 13 倍（见表 2）。

表 2　2019—2023 年苏州图书馆分馆活动数据统计表

年度	线下活动场次/场	参与人次/人次
2019 年	1289	65973
2020 年（疫情）	0	0
2021 年	1559	482538
2022 年	753	24946
2023 年	2362	318552

3. 合作共赢：加强与社会力量的合作

分馆馆员自主开展活动能力有限，活动开展也时常受到场馆空间、时间、自身资源等因素的限制，活动开展效果往往不理想。为此，在开展过程中，分馆馆员充分调动社会各界力量，加强与社区、学校、科协、中西医学会等各类社会力量的合作，发挥分馆的阵地服务功能以及可以链接社会各个群体的天然优势，实现合作共赢。这也为今后的工作提供了更好的思路，不断扩大合作范围，不断挖掘合作的深度，不断拓宽体系运行的广度。

4. 扩大影响：提升社会影响力

"'千场阅推活动'家门口图书馆"项目自开展以来，通过对读者活动的创新与探索，以活动聚集人气，以服务提升效益，得到读者和业界的广泛关注和一致好评，进一步提升了社会影响力。该项目先后走进苏州市南环实验中学、苏州市劳动路实验小学等学校，为在校学生们提供不一样的学习体验，得到学校的高度赞誉和深度报道。2024 年 1 月，该项目还获得了"苏州市图书馆学会 2023 年案例征集活动"优秀奖，得到业界认可。

（撰稿人：分馆管理部　陆秀萍　卢雨婷）

“一起来读‘苏’”全民阅读活动

根据国家“十四五”发展规划总体要求，结合图书馆事业发展规划，苏州图书馆作为全民阅读工作的主阵地和引领者，始终以习近平新时代中国特色社会主义思想为指导，不断深化以阅读为核心的公共文化服务。为此，苏州图书馆开展“一起来读‘苏’”全民阅读活动，推广经典阅读，推动更高水平城市精神文明建设，助力苏州公共文化服务高质量发展，促进苏州市全民阅读水平的切实提升，培育一批荐书官、领读者、阅读推广人、阅读社群，扎实推进书香苏州建设。

一、项目设计

“一起来读‘苏’”全民阅读活动由苏州市全民阅读活动工作领导小组办公室指导，苏州市文化广电和旅游局、苏州市新闻出版局（市版权局）主办，苏州图书馆、苏州市全民阅读促进会、苏州市各县级市（区）公共图书馆、苏州市摄影家协会承办。活动每年举办，以五年为一个周期，以“苏城共读100册”为基础，构建了各类“读‘苏’”子活动模块。通过精心策划和系统安排，整个活动具有系统性，便于工作顺利开展。通过每年一回顾，活动不仅能够逐步丰富内容、拓展活动领域，还能巩固活动品牌，提升读者认同感。

二、主要内容

苏州图书馆与北京大学王余光教授团队携手合作，稳步推动配套书目推荐项目，旨在向苏城市民推荐适合家庭共读与收藏的经典著作。书目推荐彰显专业深度，致力于为广大读者提供权威阅读指导。该项目将用五年时间，每年甄选 20 种经典图书（总计 100 种），整合为“苏城共读 100 册”。

2022 年，首届“一起来读‘苏’”全民阅读活动成功举办（见图 1），共有 3 项子活动。至 2023 年，活动内容不断拓展，内涵不断丰富，增加至 6 项子活动。

图 1　2023 年 1 月，首届“一起来读‘苏’”获奖代表领奖现场

（1）“共读‘苏’”阅读征集大赛。邀请广大参赛者从“苏城共读 100 册”书目中挑选其中一本书进行推荐或评论，并以文章或短视频的形式投稿参与。苏州图书馆将为其提供宣传平台，并邀请其加入“苏图阅读推广人”计划。此计划旨在逐步建设一支具备专业素养和影响力的多元化阅读推广人队伍，共同为推广阅读文化、提升全民阅读水平贡献力量。

（2）“爱读‘苏’”阅读马拉松大赛。本活动提供线上与线下两种参与模式。线上活动历时一个月，以马拉松式的答题与阅读打卡形式开展，旨在帮助读者养成良好的阅读习惯，线上活动均在苏州图书馆的数字阅读平台“e读书”上进行。答题内容选自“苏城共读100册”线下活动，该活动于2023年首次开展，主要面向少儿读者。参与者在规定时间内阅读一本“苏城共读100册”推荐图书，并完成相关答题任务，活动旨在打造深度阅读的环境，培养孩子们的阅读兴趣与阅读能力。

（3）“汇读‘苏’”名家阅读分享。围绕“苏城共读100册”推荐书目，推出一系列相配套的，由国内知名专家、学者参与的名家导读分享会，通过线下讲座、阅读沙龙、音乐诗会等多种形式，与读者共同分享新书好书。活动致力于引导广大市民深入学习经典，感悟经典的智慧，理解经典的内涵。活动启动以来，已成功举办了多场分享会，包括《日知录》（周可真）、《李白选集》《红楼梦》（杨旭辉）、《小鹿斑比》（杨帆）、《三言》（马亚中）、《孟子译注》（陈国安）、《周易注校释》（谷继明）、《海涅诗选》音乐诗会（杨壹棋、苏州市音乐家协会）、《晚饭花集》（刘祥安）、《资治通鉴》（丁义珏）等。这些分享会内容充实、形式多样、受众广泛，受到广大市民读者的热烈欢迎和一致好评。

（4）“走读‘苏’”城市漫读（见图2）。活动以“City walk+Reading”的形式，带领读者在苏城的老街巷、老建筑中行走、阅读，串联苏城的名人故居、特色书店、咖啡店、图书馆、博物馆等文化场馆，探寻其中隐藏着的江南文化点滴。结合“苏城共读100册”推荐书目，活动特别策划了“平江路线”“沧浪亭线”“姑苏子城线”三条走读线路，国家金牌导游、苏图馆员共同领读，引领读者在行走中领略苏城深厚的文化底蕴。

（5）“乐读‘苏’”惠民图书盲盒发放。选取“苏城共读100册”推荐书目、获奖图书、新书好书放入盲盒，为广大读者带来一份特别的阅读惊喜。活动通过抽奖、留言互动、参与其他子活动等形式将盲盒发放给读者，起到提升整个“一起来读‘苏’”活动与各项子活动传播力度的作用。

（6）“阅读‘苏’”摄影作品征集活动。为展现新时代全民阅读风貌，营造爱读书、读好书、善读书的良好社会氛围。定格“身边的图书馆”，从图书馆建筑与服务出发进行拍摄，展示图书馆在馆舍建设、阅读推广和服务创新中的新发展、新气象；寻找“身边的读书人”，用镜头捕捉读书人美好的

图 2　2023 年“走读‘苏’”城市漫读活动现场

阅读姿态，用光影定格读书人专注的阅读瞬间。通过与摄影家协会合作，征集苏州市范围内的摄影作品，并通过摄影展、摄影集等方式展出和宣传。

三、实施要点

“一起来读‘苏’”全民阅读活动已顺利开展两届，被国家、省、市多家媒体宣传报道，活动线上线下同步进行。从活动种类来看，不仅有书评撰写、短视频拍摄、摄影等需要一定技能的活动，也有抽奖、公益讲座、打卡等适合所有读者参与的活动。多元化的活动受众广泛，广大读者能在“一起来读‘苏’”中找到适合自己的参与方式。

（1）引导深度阅读，聚焦经典阅读。“一起来读‘苏’”全民阅读活动以经典阅读为底色。“苏城共读 100 册”推荐书目分为“中国传统经典”“现代名著”“外国经典”“乡贤名著”“青少年读物”，致力于引导读者回归深度阅读，沉浸在经典的智慧之中，体验阅读的乐趣。这不仅是对文化的传承和弘扬，更是对心灵的滋养。

（2）借助社会力量，汇聚多方资源联合开展。“一起来读‘苏’”全民阅读活动联合了苏州市全民阅读促进会、苏州大学、苏州市音乐家协会、苏州市摄影家协会等多家单位，汇聚了各行业专业人士的智慧与力量。借助社会力量，“一起来读苏”全民阅读活动完善活动内容，推敲活动方案，助力征集评审，实现资源共享和优势互补。

（3）跨界融合，创新阅读推广形式。①文学与艺术融合，例如“汇读‘苏’名家分享会”中的“‘玫瑰，夜莺，剑，火焰’图书馆之夜——海涅作品音乐诗会”（见图3），巧妙地结合了苏州大学外国语学院与苏州市音乐家协会的力量。在深入解读海涅诗歌的同时，通过嘉宾现场诗歌改编乐曲演奏、配乐诗朗诵以及诗歌演唱等多种艺术形式，将文学与艺术融为一体，为读者打造了一场沉浸式的阅读盛宴。②文旅融合，例如“走读‘苏’城市漫读”，通过近期备受关注的“Citywalk”形式，将阅读、旅游和城市文化紧密结合，不仅为读者提供了更多元化的休闲娱乐方式，同时也为城市文化的传承和发展注入了新的活力。

四、成效与影响

“一起来读‘苏’”全民阅读活动已顺利开展两届，吸引了5.5万人次参与，线上线下活动共开展46场，活动媒体报道20篇，其中国家级2篇，省级2篇。活动积极创新路径与实践探索，助力苏州公共文化服务高质量发展。活动作为苏州市“全民艺术提升季”推出的重点品牌之一，旨在满足新时代公共文化服务高质量发展的新要求和市民文化的新需求。

活动符合苏州公共文化服务高质量发展主题，立足于公共文化服务高质量发展的新阶段，深入推进公共文化服务均等化，打造具有苏州特色的公共文化服务品牌，同时促进文旅服务功能的融合发展。

今后，“一起来读‘苏’”全民阅读活动将不断总结实践经验，深化和

图 3 “‘玫瑰，夜莺，剑，火焰’图书馆之夜——海涅作品音乐诗会”活动现场

优化各项活动内容，力求做到精益求精。此外，在活动开展数年后，还将阶段性整理活动内容与成果，编制成全面的阅读指南，其中包括书目推荐导读、优秀书评以及讲座资源等，旨在为广大读者提供更为丰富和实用的阅读资源，让阅读点亮城市的每个角落。

（撰稿人：阅读推广中心　周佳　范心怡）

“共读·共富”全城领读接力活动

全面建成小康社会以来，我国迈入了扎实推动共同富裕的历史新阶段，“共建、共享、共富”成为社会强音。2022年是中国共产党第二十届全国代表大会召开之年，党的二十大是在我党进入全面建设社会主义现代化国家、向第二个百年奋斗目标进军新征程的重要时刻召开的一次十分重要的代表大会。为迎接党的二十大胜利召开，苏州图书馆在2022年9—10月围绕精神共富、阅读共富这一主题，举办“共读·共富”全城领读接力活动。

一、项目设计

“共读·共富”全城领读接力活动由苏州市全民阅读活动工作领导小组办公室指导，苏州市文化广电和旅游局主办，苏州图书馆承办，昆山市图书馆、苏州工业园区图书馆、苏州日报报业集团文旅体融媒中心协办。活动旨在通过邀请知名作家与嘉宾对话的方式，围绕江南文化传承与创新、时代发展先进经验及成果，深入揭示其所著书籍创作背景及内涵，采用线下名家领读沙龙、线上融媒平台直播共读以及知行之旅、情景阅读的方式，让全市广大阅读爱好者更深刻地感受到江南文化底蕴的深厚，讲好苏州故事。

二、主要内容

“共读·共富”全城领读接力活动包括启动仪式和三场知名作家与嘉宾对话，围绕江南文化传承与发展、时代发展中的先进经验等主题，突出反映时代发展成果，深入揭示书籍创作背景及内涵。

2022 年 9 月 25 日下午，苏州图书馆“共读 · 共富”全城领读接力活动启动仪式在苏州图书馆北馆举行（见图 1）。苏州市新闻出版局（市版权局）副局长齐向英出席启动仪式并致辞。江苏省作协名誉主席范小青，苏州市委宣传部出版印刷发行处处长孙庆，苏州图书馆党委书记、副馆长接晔，苏州日报报业集团文旅体融媒中心副总监张甜甜，书香苏州代言人、苏州大学博士生导师杨旭辉，昆山市图书馆馆长鲁静，苏州工业园区图书馆副馆长刘娟共同拉开活动序幕。

首场活动邀请范小青携新书《家住古城》做客领读沙龙，与杨旭辉对谈“子城追忆颂江南”。江南文化、苏州文化深厚博大，是弥漫绵长、有生长性的，其中最重要的，是它们的普遍性或者说是渗透性。它渗透在苏州生活的方方面面、角角落落。每一个人都可以从最普通的地方感受到它们的影响。无论是达官贵人、才子佳人，还是普通平民百姓，他们的生活就是文化，文化就是苏州人的生活。14.2 平方公里的古城是苏州最为独

图 1　2022 年 9 月 25 日，“共读 · 共富”全城领读接力活动启动仪式暨范小青领读沙龙在苏州图书馆北馆举行

特、不可替代的资源，是苏州最具代表性的文化遗产。作为苏州第一部全面、系统反映姑苏古城保护的书籍，范小青在《家在古城》中提到了五卅路、同德里、平江路等具有代表性的古城魅力街巷和景点，广大读者也根据书中记载，共同领略知名作家笔下苏州古城的沧桑岁月，见证古城保护的发展足迹。

第二场活动于 2022 年 10 月 9 日在昆山市图书馆举行，邀请知名作家杨守松携著作《昆曲之路》《昆山之路》、吴中区作协主席葛芳做客领读沙龙，对谈大好昆山、大美昆曲（见图 2）。《昆山之路》写经济，《昆曲之路》写文化。经济中有文化，文化中有经济，各有侧重而已。之前是文化搭台，经济唱戏；之后该是经济搭台，文化唱戏了。“昆山之路”和“昆曲之路”，都是文化的寻找与守望，都是生命的抗衡与吟唱。两位作家同读者们一起回首那段激情燃烧的岁月，见证苏州“三大法宝”相互激荡、彼

图 2　2022 年 10 月 9 日，“共读 · 共富”全城领读接力活动
之杨守松领读沙龙在昆山市图书馆举行

此生发，见证改革开放新时期的实践典范，见证江苏改革开放精神中鲜明的“苏州符号”。

第三场活动于2022年10月15日在苏州图书馆北馆举行，知名作家、中国作协副主席何建明携长篇报告文学《我的天堂》和《万鸟归巢》做客领读沙龙，以“我们心中的苏州”为主题带领读者们一起感受古今交融的大美苏州（见图3）。何建明首先从苏州自古以来形成的四种水的精神谈起，江水奔腾不息，湖水有容乃大，河水沟通四方，塘水温和内敛，造成了苏州人性格中所表现出的既勤恳踏实又富有冒险精神，既重视事业功利又富有天下情怀，既具有开放精神又能够容纳多元价值。而苏州的父老乡亲们在建设自己的家乡时，又根据实际需要，将江、河、湖、塘之水的四种力量合为一力，推动着苏州整个区域的发展。随后何建明和读者一起走进知行之旅，领略古今同画、中外共飨的苏州工业园区，聆听海归赤子创

图3　2022年10月15日，“共读·共富”全城领读接力活动之何建明领读沙龙在苏州图书馆北馆举行

业报国的事迹，演绎“新苏州”传奇。

三、实施要点

1. 注重文化底色，立足资源优势，全面打响“江南文化”品牌

作为吴文化的发祥地，苏州自古以来就是一座充满书卷气的城市，从“状元之乡”到“院士之城”，这里文脉绵长、人才辈出。千百年来，文化以“润物细无声”的方式，不断提升着苏州的吸引力和美誉度，也让生活在这座城市的人，在潜移默化中深受感染。在迎接党的二十大胜利召开之际，苏州图书馆举办“共读·共富”全城领读接力活动，邀请苏州作家范小青、杨守松、何建明，领读共读描写苏州的《家住古城》《昆山之路》《昆曲之路》《我的天堂》《万鸟归巢》五本书籍，让更多的市民了解苏州，感受到苏州文化底蕴的深厚，喜爱并参与到保护传承江南文化的过程中去。

2. 注重文化共富，积极探索推动人民群众精神生活共同富裕的苏州模式

文化具有独特的价值和力量，它不仅可以满足人们的精神需求，还能够促进社会和谐与进步。注重文化共富是共读共富阅读活动的核心目标之一。在这一过程中，苏州图书馆关注人民群众的需求与利益，通过线下领读沙龙、线上融媒平台直播共读以及知行之旅情景阅读等多种形式的阅读活动，鼓励人们参与其中，在全社会营造爱读书、读好书、善读书的浓厚氛围，助力打造一座独具江南文化魅力的“人文之城”。同时，在共读共富阅读活动中，苏州图书馆注重江南文化传承与创新、时代发展先进经验及成果，围绕优秀作家、优秀文学作品、哲学思想、先进发展经验等广泛传播与分享。通过提供多样化的阅读材料和丰富的文化体验，每个市民都能够享受到文化共富的成果，提高中华民族的文化素养，让文化自信更有底气。

3. 注重文化宣传，加强传播能力建设，讲好苏州故事

首先，苏州图书馆提供了丰富的数字化阅读资源，通过线下作家领读沙龙，线上提供“书仓”数字图书的方式，提升活动覆盖面，达到线下领读，线上共读的效果。其次，在作家与书籍的选择中，活动更注重拓展阅读内容的广度和深度。围绕古城文化传承和保护、昆山发展中的先进经验、园区时代发展成果等方面，深入揭示江南文化、苏州故事的内涵。满足读者多样化的兴趣和需求。活动不仅提高了读者对苏州文化的认知和理解，还能够通过读者的参与和传播，把苏州故事讲得更广、更深入，提升苏州文化的影响力和知名度。再次，在推进阅读新媒体应用的过程中，除了图书馆自身数字资源、微信公众号、视频号的运用还建立合作机制，与《苏州日报》积极合作，共享资源、互相支持，引入日报融媒体平台，进行现场直播，形成良好的阅读生态系统。

四、成效与影响

自 2022 年 9 月起举办的围绕“文化共富，打造新时代文化高地”为目标的“共读·共富”全城领读接力活动惠及读者 25 万余人次，苏州日报引力播、学习强国等媒体相继报道，进一步提升活动覆盖面和产生良好效果。活动中知名作家（范小青、杨守松、何建明）与嘉宾对话，围绕江南文化传承与创新、时代发展先进经验及成果，深入揭示所著书籍创作背景及内涵。通过线下领读沙龙、线上融媒平台直播共读以及知行之旅情景阅读的方式，活动让新苏州、洋苏州、老苏州人更深的感受到苏州文化底蕴的深厚、红色脉络的赓续，展现老百姓生活富足、精神富裕的美好图景，以实际行动迎接党的二十大胜利召开。“共读·共富”全城领读接力活动荣获 2022 年度第十七届苏州阅读节优秀活动奖。

（撰稿人：文献流转中心　戚颖吉　孙贺倩）

轨道交通的阅读之旅

公共图书馆是一座城市的文化符号，而地铁则是一座城市美好生活的连接。“轨道交通的阅读之旅——坐上地铁看苏图”阅读推广服务项目是苏州图书馆与苏州轨道交通集团合作开展的系列阅读推广活动。该项目 2019 年至 2020 年连续两年在 4 月 23 日世界读书日期间开展。通过打造轨交主题站台和书香车厢、开展系列阅读推广活动、宣传公共阅读资源等方式，进一步推动公共文化与公共交通的发展，双方携手合作推进全民阅读，让阅读成为一场别有风味的旅行。

一、项目设计

苏州轨道交通自开通以来，一直是市民上班、出行的重要交通工具之一。每天，数以万计的乘客通过地铁到达工作、生活、游玩的目的地，形成了庞大的客流量。2014 年起，苏州图书馆与苏州轨道交通集团紧密合作，先后建设轨交图书馆 3 个、图书自助借阅网投点 5 个，为地铁上的乘客带去阅读服务。2019 年至 2020 年，苏州图书馆与苏州轨道交通集团合作开展的系列阅读推广活动，努力营造处处可读、时时可读的文化氛围。

二、主要内容

“轨道交通的阅读之旅”活动项目主要通过轨道交通列车及地铁站内主题站台打造、读者互动、视频宣传等方式，进一步宣传苏州图书馆总分馆体系的资源与服务。具体内容分为以下四个部分：

1. 打造书香车厢

书香列车是“轨道交通阅读之旅”活动项目的重要环节，2019年至2020年该项目在轨道交通四号线打造了不同主题的书香车厢。2019年以中国传统文化为主题（见图1），2020年以诗词为主题（见图2），来往乘客仿佛徜徉于知识的海洋中，让阅读推广流动于城市之间。

图1　2019年活动主题车厢

图2　2020年活动主题车厢

2. 打造书香站台

苏州轨道交通四号线是贯穿苏州图书馆人民路馆和北馆的一条重要枢纽，苏州图书馆人民路馆紧靠三元坊站，苏州图书馆北馆临近活力岛站。2019 年开展“轨道交通阅读之旅”活动项目期间，活动通过“书香楼梯”、书香留言板（见图 3）等方式将轨道交通三元坊站打造成“书香站台”；2020 年，该活动继续延续“书香站台”形式，对三元坊站、活力岛站的进站台阶（见图 4）、站台屏蔽门、墙面灯箱等位置进行改造，增强阅读氛围的同时，让更多市民和游客了解苏州图书馆的特色服务。

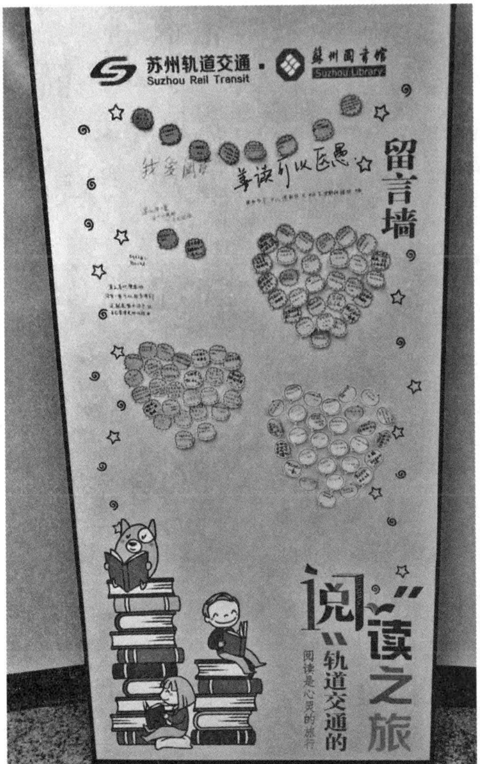

图 3　2019 年活动“书香留言板”

图 4　2020 年活动进站台阶

3. 开展丰富多彩的阅读推广活动

2019年4月19日至4月23日活动期间，在轨道交通广济南路站、三元坊站、活力岛站、木渎站、红庄站开展多项阅读推广活动，其中包括图书漂流、阅读展、非遗展演、苏州图书馆品牌活动“你选书　我买单”（见图5）等，让市民在轨道交通站台就可以感受到浓浓的阅读氛围；2020年4月15日至4月30日，开展阅读挑战赛和阅读猜书活动（见图6）。阅读挑战赛通过邀请市民一起阅读经典书单、轨道交通乘车知识、图书馆历史等相关知识，了解苏州图书馆和轨道交通的相关知识。阅读猜书活动设置在木渎、广济南路、石路、石湖东路、活力岛、三元坊、狮子山、东方之门等8个轨交站点，市民通过扫描展架上的二维码参与线上猜书名活动。

图5　2019年“你选书　我买单”活动

图 6 2020 年“阅读猜书”活动页面

4. 制作主题宣传视频

为了帮助读者更加直观、快速地了解苏州图书馆以及苏州轨道交通的功能及服务，两届“轨道交通的阅读之旅”活动制作了不同的主题宣传视频，并通过站台显示屏、PIS终端、微信、微博进行播放推广。2019 年，视频以苏州图书馆体系建设为重点，以故事的形式将轨道交通沿线的分馆及地铁网投服务点串联在一起，让乘客在候车间隙就可以了解身边的阅读资源（见图 7）；2020 年，宣传视频内容推陈出新，以苏州图书馆和苏州轨道交通为背景，邀请苏州图书馆和苏州轨交集团员工作为视频主角，以“同读一本书”为主题，拍摄朗读视频，倡导年轻态的阅读方式（见图 8）。

图 7　2019 年轨交（红庄站）苏州图书馆分馆视频推广

图 8　2020 年活动宣传片中苏州图书馆馆员视频画面

三、实施要点

1. 利用信息传播特性，满足不同借阅需求

乘坐轨道交通的市民通常以上班族、学生为主，这个群体通常生活节奏比较快，用于阅读的时间非常有限。通过对苏州图书馆 3 个轨交图书馆、5 个地铁网投服务点接待读者人次和借阅册次数据进行分析发现，这些场馆的图书借阅量大，到馆阅览人次相对较少。这反映出读者阅读需求旺盛，但受到时间限制只能选择在上班或上学途中就近借还图书。为此，“轨道交通的阅读之旅”活动充分利用轨道交通的信息传播特性，积极调动目标读者群体和潜在读者群体阅读主动性，为其打造一个浓厚的阅读氛围和舒适的学习环境。

2. 打造活动品牌，丰富活动形式

苏州图书馆与苏州轨道交通集团于 2019 年至 2020 年连续两年合作开展“轨道交通的阅读之旅”活动，成功打造活动品牌，在市民心中留下深刻的印象。2019 年，该活动打造特色车厢、书香站台，阅读推广活动以读者体验为主，开展非遗展演、苏州图书馆品牌活动“你选书　我买单”活动等。2020 年，该活动以“诗词”为主题，通过线上、线下两种形式开展。线下活动延续特色车厢和站台的打造，并增加诗词彩虹阶梯，提升阅读体验感。线上开展阅读猜书、阅读挑战赛活动，提升阅读趣味性，让更多的市民在搭乘轨道交通时就能加入阅读的行列。

3. 展示阅读之美，引领城市阅读风尚

2019 年，“轨道交通的阅读之旅”活动拍摄了苏州图书馆、苏州图书馆分馆以及网投取书点的主题宣传视频，通过视频读者可以了解到地铁沿线的总馆、分馆以及网投取书点的功能与服务，乘坐地铁就可以享受苏州图书馆总分馆体系的阅读服务。2020 年，该活动以诗词朗读的方式，用不同视角记录苏州图书馆与苏州轨道交通，侧面展现苏州图书馆的服务和藏书量与乘

坐轨道交通的便捷，尽显阅读与城市之美，倡导全民阅读的生活方式。

四、成效与影响

1. 以活动带人气，激发阅读热情

2019 年 1 月至 2020 年 12 月，“轨道交通的阅读之旅”主题活动共开展 2 期，通过轨道交通列车以及地铁站内主题站台打造、开展阅读推广活动、视频宣传等方式，吸引了累计超过 12 万人次参与活动，并得到了市民的广泛关注和一致好评。活动开展期间，得到重要媒体的多次报道（见图 9）。2019 年，该活动还荣获第十四届苏州阅读节优秀活动奖（见图 10）。

扬子晚报网

坐上地铁去看看苏州图书馆 开启轨道交通的阅读之旅

2019-04-19 23:46

4月19日，为进一步打造“全民阅读”氛围，推动“书香苏州”建设，在第24个世界读书日到来之际，苏州图书馆与苏州轨道交通集团合作开展了以“轨道交通的阅读之旅”为主题的系列阅读活动。

此次“轨道交通的阅读之旅“活动共分为四个系列，一是打造“书香车厢”，4月14日“书香车厢”在轨交四号线列车正式上线，富有中国传统文化气息的书香车厢让乘客一上车感受到浓浓的阅读气息；二是打造“书香站台”，苏州图书馆紧靠轨交四号线的三元坊站，通过“书香楼梯”、书香留言板等方式将“三元坊”站打造成“书香站台”；三是宣传公共阅读资源，拍摄了苏州图书馆在轨交沿线的分馆及地铁网投服务点的宣传视频，并于17日开始在轨交移动电视上循环播放，让乘客在乘车等候的过程中了解身边的阅读资源；四是开展系列阅读推广活动，在4月19日至4月23日期间在广济南路站、三元坊站、活力岛站、木渎站、红庄站轨交开展多个阅读推广活动，其中有“图书漂流”、“阅读展”、“非遗展演”等，在4月23日当天使用苏e行出行且出站序号尾数为423的乘客均可获得此次活动精美纪念品一份。公共文化与公共交通携手推进全民阅读，让阅读成为一场别有风味的旅行。扬子晚报/扬眼记者 张毕荣

图 9　2019 年扬子晚报网报道

图 10　2019 年荣获第十四届苏州阅读节优秀活动奖

2. 资源有效利用，实现合作共赢

“轨道交通的阅读之旅”活动的品牌化推广，采取轨道交通特有的信息传播途径，有效推广苏州图书馆总分馆体系、馆藏及阅读服务。苏州图书馆的阅读推广活动，推进市民对轨道交通相关知识的了解，有效调动双方资源，促进双方发展，实现合作共赢。

3. 文旅融合背景下，探索阅读推广新模式

从 2018 年国家文化和旅游部成立起，公共图书馆与旅游融合发展也成为了大趋势。在这样的背景下，图书馆行业如何推动文化与旅游融合发展是公共图书馆亟须解决的问题。“轨道交通的阅读之旅”活动项目则是在文旅融合背景下创新阅读推广模式的一次探索。基于新媒体环境下的传播，活动将苏州图书馆总分馆体系的发展、海量馆藏文献与苏州轨道交通的便捷、信息传播特性有效结合，通过“图书馆+轨道交通”的模式合作开展一系列阅读推广活动，以此展示阅读与城市的魅力。

（撰稿人：分馆管理部　陆秀萍　卢雨婷）

我们的节日

传统节日是中华民族所共用和共享的时间节点和文化坐标。每逢传统节日，苏州图书馆都要围绕节日特点举办各类读者活动，将馆藏文献资源、阅读推广项目、地方文化特色、线上技术运用等植入“我们的节日”阅读系列活动。经过十余年的活动开展，该活动已经成为我馆弘扬中华优秀传统文化的长期工作和品牌项目，并将其丰富的思想文化内涵源源不断注入读者阅读推广活动。

一、项目设计

2018 年 8 月，习近平总书记在全国宣传思想工作会议上指出:“中华优秀传统文化是中华民族的文化根脉，其蕴含的思想观念、人文精神、道德规范，不仅是我们中国人思想和精神的内核，对解决人类问题也有重要价值。”2020 年 9 月 28 日，习近平总书记在中央政治局第二十三次集体学习时强调:“在历史长河中，中华民族形成了伟大民族精神和优秀传统文化，这是中华民族生生不息、长盛不衰的文化基因，也是实现中华民族伟大复兴的精神力量，要结合新的实际发扬光大。”苏州图书馆作为面向苏州市民、读者的对外开放型学习、交流的文化中心，在新时代的大背景下，以“阅读+节日”的特点策划举办“我们的节日”阅读系列活动，形成了具有图书馆自身特点的节日阅读推广项目，对促进传统文化的发展传承，弘扬中华优秀传统，增强文化自信，营造浓厚书香节日氛围都起着非常重要的推动作用。

二、主要内容

“我们的节日”读者品牌活动已从中心馆向分馆逐渐推广开展，活动对象辐射各年龄段，本案例仅侧重于苏州图书馆借阅中心开展的成人读者活动做相关介绍。

1.“我们的节日”——春节

（1）设立春节主题图书专架

春节期间苏州图书馆以阅览室为活动主阵地，设立“节日里的中国”主题图书专架，通过集合与春节有关的文献书籍，读者足不出户就能了解各地的春节习俗、美食美景、人文风貌等。特别是在疫情期间，对于来自异乡的在苏州工作、学习的读者来说，这些图书更能在字里行间慰藉他们的春节思乡之情，拉近了图书馆与读者之间的距离，同时读者也对中国各地的传统文化知识有了更加全面系统的了解。

（2）“新年新书缘”民俗体验

“新年新书缘”作为开启新年的读者活动序曲，在新春佳节之际举办“书香纳福　乐享年味”春节活动，读者在大年初一不仅可领取定制款新年阅读礼袋，现场体验书写春联（见图1）、福字，生肖拓印（见图2），国潮非遗（见图3）等活动，同时到馆还可免费领取非装订过刊杂志，借阅大量全新上架图书，既体验了图书馆里不一样的春节民俗，同时也感受到浓浓年味、浸着万卷书香的文化氛围。

（3）元宵节读者猜灯谜

元宵节阅读推广活动以读者猜灯谜为主，采用线上、线下相结合的方式，读者既可以通过线上灯谜小程序完成“百题”猜谜竞答，也可以体验线下灯谜互动游戏。谜面既保留了传统节日猜谜的特点，同时也结合本馆馆藏图书、期刊、文献分类与开架区域特点等，读者不仅要猜出谜底，还要找到与之相对应的图书、杂志或者标签标识等（见图4、图5），猜谜游戏让读者进一步了解、熟知馆室设置分布情况。

图 1　“新年新书缘”书写春联

图 2　“新年新书缘”生肖图案拓印

图 3　“新年新书缘”国潮非遗体验

图 4　元宵节猜灯谜找刊名（1）

图 5　元宵节猜灯谜找刊名（2）

2. “我们的节日”——端午节

（1）图书检索PK

图书馆内的阅读常以静态的方式出现，竞技类的阅读推广相对偏少，为了培养读者的阅读乐趣，增强其阅读技能，让读者学会使用图书检索系统，引导读者在工作学习中有效查阅馆藏文献资源，端午节期间苏州图书馆借鉴赛龙舟竞技类比赛特点，开展主题图书检索PK赛，读者通过微信小程序竞答端口，在最短的时间检索出与“伍子胥”“屈原”“端午”相关的文献书目信息，类似的活动让图书馆的阅读推广不再局限于静态的图书借阅和阅读，而是更加生动、有趣，充满了挑战性和竞技性。

（2）钢笔字临创大赛

随着文旅新融合，拥抱“诗与远方”同频共振。图书馆要以文塑旅，以旅彰文，不仅服务到馆读者，揭示文献信息内容，同时也以图书馆自身平台挖掘、展示好当地特色人文风貌，助力地方文化赋能旅游推广。

苏州图书馆借阅中心在端午节期间启动苏州全市的钢笔字临创大赛，截至2023年已经成功举办四届比赛，形成了兼具规模性、特色性、示范性的钢笔字临创大赛。第一届的临写内容摘自古籍诗词中反映苏州人文风貌的词句，携参赛者感受文字里的苏州之美；“江南园林·园林楹联·风雅颂”，第二届的临写内容带读者走近苏州古典园林，摘选亭、廊、轩、榭中具有代表性的楹联词句，共仰先人留存下的手迹与墨刻；“江南文化·古桥楹联·水乡风情”，第三届的临写内容聚焦苏州水城特色，择选古桥上的楹联佳句，向读者展现了水韵苏州的人文风貌。“活化典籍　品读经典”第四届钢笔字临创大赛，从古籍中摘录大家耳熟能详的词句，实现了与长春市图书馆的馆藏资源联动，从珍贵古籍资源中探寻古人的墨宝与思想。苏州图书馆每年通过举办全市钢笔字临创比赛，采集临写具有苏州地方特色的词句，既是对古人先贤的一种缅怀，让读者在书写的过程中体会字句里的文化内涵与精神，同时也引导读者在走读游玩苏州的过程中，关注苏州地方文化的博大精深，鼓励不同年龄段的读者边走读苏州边了解它的前世今生，在字里行间阅读到更加立体的苏式文化。

3.“我们的节日”——中秋节

中秋节是中国传统节日中最富诗意的节日，也最适合打造沉浸式阅读体验活动，阅读对话、阅读分享、阅读欣赏等活动为节日增添一抹书香月色，让读者走进图书馆感受不一样的中秋赏“阅”活动。中秋节期间苏州图书馆“天香读书会”组织协会会员、读者，开展阅读分享活动——“花好月圆话中秋”，读者置身于精心布置的苏州图书馆北馆空中花园，着汉服、旗袍，谈词话句，赏曲猜诗，现场读者还与大家分享自己喜爱的与中秋或者月亮相关的诗句、书籍等，活动让大家在丰富学识的同时，也领略到别样的情意。同时，苏州图书馆在中秋节也更多地关注视障读者群体，联合“书香世家”酒店开展中秋、国庆双节特别活动——“手制月饼·情满中秋”（见图6），让视障读者亲手体验制作苏式月饼，共同感受浓浓的节日乐趣。

图 6　“手制月饼 · 情满中秋”视障读者亲手体验制作苏式月饼

4. “我们的节日”——重阳节

重阳节，苏州图书馆依托“我们的节日”，举办“庆重阳”系列广场公益服务活动（见图 7），贴合老年读者生活需求，邀请不同的单位设摊服务共同开展活动，如医护单位为老年读者提供免费健康问诊、邮政单位提供报刊征订、苏州市盲人协会提供按摩按压服务、图书馆现场办证过刊赠阅、银行提供防诈骗知识普及等。同时苏州图书馆还举办了“老家什 · 时光与乡愁”活动，向读者征集老物件，在生活分享、书本文字、节日民俗中唤起大家对过往生活的美好记忆。苏州图书馆连续两年开展“E”家人老年人智能手机应用大赛，依托于“E”家人老年人智能手机培训项目，通过比赛的形式巩固培训成果，同时激发老年人学习智能手机的兴趣，吸引更多老年读者加入“E”家人老年人智能手机培训活动，更好地融入智能化时代。

图 7　“庆重阳”系列广场公益服务活动

三、实施要点

1. 紧扣民俗特点，以书为媒

全民参与传统节日，既是一种社会风尚，也是一种文化传承，更是一个民族或国家的历史文化的积淀。每个节日都有其特定的意义与目的，因此图书馆策划“我们的节日”读者阅读活动首先需要紧扣各传统民俗特点，深知其中的含义，进行提炼；同时，结合图书馆自身馆藏资源、读者活动形式、开展活动平台等重新“嫁接”，形成以阅读为特色的传统节日活动。

2. 时间为轴，标新立异

传统节日贯穿起了一年的时间轴，在策划活动过程中首先需注意每个重要的时间节点，提前做好相关文案、活动形式、活动内容、活动对象、活动效果等的策划；其次，在每年同样的节日中加入一些不同的创新元素，使活动变得更加生动丰富，从而吸引读者参与活动。

3．形成系列活动，原创品牌

随着活动的开展与推广，内容和形式逐渐成型后，可形成主题系列活动，例如，每年端午期间举办的钢笔字临创大赛，采用一年一届赛制，从不同的主题内容中深挖苏州地方传统民俗、人文历史风貌、非遗传承项目等，不断对活动进行优化、提升，形成品牌系列活动，并长期深植于读者项目中，成为苏州图书馆原创的阅读推广活动。

四、成效与影响

“我们的节日”活动的策划举办，实现了图书馆与读者之间更多的互动，图书馆也为传统节日添加了浓浓的书香氛围，从节日的元素中不断探寻图书馆在文化赋能、文旅融合、文化惠民中更多的可能性，传统节日为图书馆阅读推广工作带来了读者流量，而阅读对传统节日的活化和传承起到了助推作用，使之呈现出了更加立体鲜活的特点。经过十多年的连续开展，伴随着苏州图书馆总分馆体系的延伸，“我们的节日”单项主题活动已覆盖苏州全市范围，苏州图书馆借阅中心近三年共开展活动 17 场，参与人数累计 6509 人次，并受到多家媒体的报道宣传，成为苏州图书馆常态化开展的一项品牌读者阅读活动。

该案例先后获得的荣誉有：第十五届“庆重阳”系列活动入选 2016 年度苏州市“我们的节日”主题活动优秀项目三类项目扶持名单，“我们的节日——重阳”苏州图书馆“庆重阳”系列广场公益活动入选 2018 年度苏州市“我们的节日”主题活动优秀项目三类项目扶持名单，“我们的节日”系列阅读推广活动荣获第十七届苏州阅读节优秀活动奖。

（撰稿人：借阅中心　王晔　潘兰婷）

苏州图书馆科普阅读活动

公共图书馆是开展全民阅读工作的主阵地，也是科普宣传的重要阵地。开展形式多样的阅读推广活动也是近年来公共图书馆的主要工作。目前公共图书馆所开展的阅读推广活动主要形式包括名家讲座、阅读沙龙、真人图书馆、图书推荐、文化展览、诗歌朗诵、征文比赛、知识竞赛、图书漂流等。如何将常规阅读推广活动和科普宣传结合起来，推陈出新，从而激发读者阅读兴趣，提升科普知识素养，成为图书馆开展阅读推广工作的重要课题。

苏州图书馆情报信息部作为馆内专注开展科普阅读活动的部门，面向读者群体常年开展各种类型的科普阅读推广活动，活动贯穿全年，并聚焦两个重要节点：苏州市科普宣传周（每年 5 月的第三个星期）和全国科普日（每年 9 月的第三个公休日）。

纵观 2014 年至今的科普活动（见表 1），活动的形式经历了从前期的科普讲座、科普展板宣传，到开展线下读者回声活动、线上科普推送，再到分馆拓展科普活动、开展科普走读活动；活动的阵地，从最初的只在总馆线下开展，发展到线上线下同时开展，再到在合作单位开展活动的形式；活动的对象也从最初的线下到馆读者，发展到线下线上读者共同参与，这也是和苏州图书馆读者活动开展的发展历程相契合的。

表 1　苏州图书馆科普活动开展形式一览表

时间段	活动形式	参与活动人群
2019 年前	科普展板展览 读者回声答题活动 读者信息素养培训	到馆读者

续表

时间段	活动形式	参与活动人群
2019 年—2022 年	读者信息素养培训（总馆、分馆、社区） 科普书目推荐 苏州图书馆微信公众号信息推送	到馆读者 线上读者
2023 年至今	读者信息素养培训（总馆、分馆、社区） 苏州图书馆微信公众号信息推送 科普书目推荐 科普走读活动（“阅动未来——行走的科普”）	到馆读者 线上读者 （带领读者到科普场馆）

在尽心尽力开展科普阅读活动的同时，上级部门也对苏州图书馆开展的活动予以肯定，并颁发了各种奖励，据统计，2014 年至今，苏州图书馆获得国家级科普奖项 2 次、省级 2 次、市级 6 次。其中 2021 年，中国科协授予苏州图书馆“2021 年全国科普日‘优秀组织单位’”称号，2023 年苏州图书馆申报的“阅动未来——行走的科普”活动入选中国科协 2023 年全国科普日优秀活动。3 年中，中国科协两度对苏州图书馆进行表彰（见表 2）。

表 2　历年科普活动获奖信息汇总

获奖时间	项目名称	奖项名称	颁奖单位
国家级			
2021 年 12 月	苏州图书馆科普活动	2021 年全国科普日“优秀组织单位”	中国科学技术协会
2023 年 12 月	“阅动未来——行走的科普”科普走读活动	2023 年全国科普日优秀活动	中国科学技术协会
省级			
2021 年 11 月	“普及科普知识，倡导健康生活”科普展板	健康作品征集大赛图文类二等奖	江苏省卫生健康委员会、江苏省爱国卫生运动委员会办公室

续表

获奖时间	项目名称	奖项名称	颁奖单位
2022 年 7 月	“前沿科技里的高光时刻 它们的前缀是‘中国’”	2022 年全国科技活动周暨江苏省第 34 届科普宣传周优秀活动	江苏省科学技术协会
市级			
2023 年 5 月	“地方文化 苏州院士”系列科普推送	“点赞·科普苏州”2022 年度科普活动	苏州市全民科学素质工作领导小组
2022 年 12 月	“喜迎二十大，科普向未来”系列主题活动	2022 年苏州市“全国科普日”创新活动	苏州市全民科学素质工作领导小组办公室
2019 年 12 月	苏州图书馆科普活动	2019 年苏州市第 31 届科普宣传周、全国科普日“优秀组织单位”	苏州市全民科学素质工作领导小组
2016 年 10 月	苏州图书馆科普活动	2016 年苏州市第二十八届科普宣传周、全国科普日“优秀组织单位”	苏州市全民科学素质工作领导小组
2015 年 11 月	全方位科普宣传体系	第十届苏州阅读节优秀活动奖	苏州阅读节组委会
2015 年 10 月	苏州图书馆科普活动	2015 年苏州市第二十七届科普宣传周、全国科普日“优秀组织单位”	苏州市全民科学素质工作领导小组

为助力公共图书馆事业高质量发展，笔者将以“阅动未来——行走的科普”活动为例，介绍此科普活动的活动策划、活动组织、活动评估等方面的情况。

一、项目设计

“阅动未来——行走的科普”活动旨在将传统的科普活动以走读的形式呈现给读者，带领读者亲身体验、亲自阅读、亲手实践，在行走中感受科学氛围，在实践中掌握科学知识，在阅读中了解科学常识，以阅读内容为载体，将静态的文本阅读与动态的体验活动相结合，打造可感可触的阅读新模式。

二、主要内容

2023年初，苏州图书馆情报信息部策划了“阅动未来——行走的科普”活动，目的是联合苏州市各科普教育基地，结合科普教育基地的场馆资源、讲师资源和图书馆的图书资源，以强强联合的模式开展读者走读活动，以期达到“1+1>2”的效果。

1. 首场活动——苏州市气象科普园

苏州图书馆和苏州市气象局联系，经沟通确定活动地点为苏州市气象科普园，并提前进行现场踏勘。活动通过苏州图书馆微信公众号发布，读者可在公众号上进行预约。由气象科普园的工作人员带领读者参观讲解室外各种气象仪器和室内展馆，然后由气象专家在会议室为读者普及气象知识，最后由图书馆开展气象科普图书的现场借阅活动。4 月 27 日活动报名上线，2 分钟内所有名额被一抢而空。

4 月 29 日下午，苏州图书馆读者团 15 组家庭 50 余人，走进苏州市气象科普园，在讲解员的带领下，开启一场新奇的气象科普之旅（见图 1）。工作人员带领读者参观体验气象大数据、数值模拟、多媒体等气象设备，并做专场气象讲座，科普“气象云图长什么样”“天气雷达图怎么看”“如何预报天气”等知识。面对这些新奇的气象知识，读者们纷纷表现出浓厚的兴趣。

图 1　2023 年 4 月 29 日，读者走进苏州市气象科普园

2. 第二场活动——苏州职业大学绿色新能源应用技术科普园、吴文化园

5 月 28 日，苏州图书馆“阅动未来——行走的科普”科普体验活动走进苏州职业大学绿色新能源应用技术科普园、吴文化园，15 组亲子家庭 50 余人参与了此次活动（见图 2）。苏州图书馆带领读者参观并为他们讲解现代绿色能源技术、吴文化知识，带领读者感受穿梭苏州“水巷、城墙”等多种类型的互动体验，让到场的读者们在轻松愉悦的氛围下感受科技的魅力和文化的传承。

一个个新奇独特的能源设备，一段段震撼人心的文化历史……读者们走进了一个涵盖科技、人文、历史等知识的科技场所。孩子们在体验中学习，在学习中提升动手能力，玩得不亦乐乎。在绿色能源充电设备前，小读者们全神贯注地听苏州职业大学老师讲解能源未来发展知识，并争先恐后地体验充电设备，深入其中，探求知识。在吴文化馆，读者们仿佛进入时空隧道，感受吴文化的璀璨发展历史，吴国馆、方技隅、文艺馆、嘉韵

图 2　2023 年 5 月 28 日，读者走进苏州职业大学绿色新能源应用技术科普园

台、石湖书院、苏州水巷、廉石馆、城墙馆……大家纷纷惊叹吴地传统文化的精致典雅、文人荟萃、底蕴丰厚。

3. 第三场活动——苏州移动 5G 创新应用实验室

8 月 22 日，苏州图书馆“阅动未来——行走的科普”科普体验活动走进苏州移动 5G 创新应用实验室，15 组亲子家庭参与此次活动（见图 3）。苏州移动有限公司的讲师为小读者们讲解了 5G 网络、大数据、物联网、信息服务，介绍 5G 技术应用、云计算应用、数字城市建设、工业互联网等领域的一些应用场景，引起读者们的兴趣。

4. 第四场活动——苏州科技大学青少年物理实验科普基地

在 2023 年“全国科普日”期间，苏州图书馆“阅动未来——行走的科普”科普体验活动走进苏州科技大学青少年物理实验科普基地，15 组亲

图 3　2023 年 8 月 22 日，读者走进苏州移动 5G 创新应用实验室

子家庭 40 余人参与了此次活动（见图 4）。一个个新奇独特的物理设备，一项项令人惊叹的物理实验……读者们如同走进包含光学、电学、力学、电磁学等科技知识的海洋里，在老师们和大学生志愿者的讲解和指导下，孩子们动手实操，仔细观察实验现象，认真学习、深入交流。

通过各种物理实验的讲解、演示和体验，读者们了解到各种实验现象背后蕴藏的物理原理，从而理解物理原理在日常生活、科技领域的应用，在轻松愉悦的氛围下感受科技的魅力。

5. 现场借阅

每次活动现场，苏州图书馆还贴心地为读者带去近百本相关领域的馆藏科普书籍，读者们纷纷就自己感兴趣的书籍进行现场借阅。活动丰富了读者们的知识储备，更是读者们理解、探索自然科学和人类智慧奥秘的良好途径。

图 4 2023 年“全国科普日”，读者走进苏州科技大学青少年物理实验科普基地

三、实施要点

1. 前期调研

苏州图书馆常年开展各类科普阅读活动，但活动形式一般局限于馆内科普展板展览、科普讲座、读者回声活动、科普图书推荐等模式。随着读者科普素养的提升，读者对活动的要求也越发提高。可参与性、可获得性、可互动性是读者对图书馆活动越发关注的要点。

2. 征集意见

2020 年至 2022 年，苏州图书馆情报信息部在开展年度读者座谈会时，加入读者代表参与活动策划的内容议程，由读者代表提建议、讲心得，并对读者的意见和建议进行汇总。会后在总结分析读者需求时，发现读者对传统活动的形式感兴趣度呈逐年下降的趋势，越来越多的读者提议走出图书馆的范畴开展活动。

3. 活动策划

2023年，苏州图书馆与苏州科协座谈，提出将科普活动与阅读走读活动结合的想法，获得了苏州科协的支持。为此，苏州图书馆与苏州多个科普实验基地对接，并做好活动方案进行沟通对接。首场活动的安排，苏州图书馆和苏州市气象局联系，经沟通确定活动地点为苏州市气象科普园，并提前进行了现场踏勘。

4. 评估调整

首场活动受到了读者的热烈欢迎，为此，苏州图书馆征集了读者的活动反馈，以期加强评估调整。在后续活动中，也增强了互动性和相关的活动改进。后续，工作人员复盘活动，并形成活动细节相关机制，做好人员配比和应急预案，不断完善，取得了良好的口碑和评价。

四、成效与影响

苏州图书馆通过一年的“阅动未来——行走的科普”项目实践，受到了中国科协的认可和读者的欢迎，活动获评2023年全国科普日优秀活动。公共图书馆变身为趣味科普领航员，取得了良好的社会反响。

后续，苏州图书馆将长期持续做好科学普及、阅读推广工作，坚持把科普知识贯穿到读者生活中，充分发挥科普活动的平台和载体作用，创新活动内容和方式，为进一步提升全民科学素质水平，作出积极贡献、发挥重要作用，体现责任与担当。

（撰稿人：情报信息部　沈晓祥）

"音乐的力量"主题阅读推广活动

苏州图书馆坚持以习近平新时代中国特色社会主义思想为指导，以人民为中心的工作导向，培育和践行社会主义核心价值观，助力新时代文明实践。为充分发挥公共图书馆社会教育职能，促进音乐图书馆的优质阅读内容供给，苏州图书馆以音乐图书馆为阵地，创新打造“音乐的力量”特色主题阅读推广系列活动。

一、项目设计

自2019年苏州图书馆北馆建成开放以来，苏州图书馆着手构建以音乐图书馆为特色的活动服务平台，依托以黑胶唱片为主的特藏资源，以“阅读+音乐+艺术/诗歌/……”的形式，联合苏州大学音乐学院及外国语学院、苏州市音乐家协会、苏州爱乐乐团、保利WeDo苏州青少年交响乐团、音乐表演艺术家、民间黑胶收藏家、音乐志愿者等众多社会力量，创新推出、持续打造、不断升级，以“音乐的力量”为大IP，涵盖“音为有你　伙伴计划”“名曲导赏音乐会”“图书馆之夜音乐会”“黑胶时光”“红歌回响100年”等子品牌的一系列特色主题阅读推广活动服务，并在音乐图书馆建立了“苏州大学音乐学院研究生工作站”（见图1）。苏州图书馆创新阅读形式、传播形式和服务形式，旨在提升苏城市民读者尤其是未成年群体的音乐素养，为高质量公共文化服务作出新的贡献。

图 1　2022 年 11 月 25 日，苏州图书馆“苏州大学音乐学院研究生工作站”揭牌

二、主要内容

1. 线上活动

音乐图书馆自 2020 年推出“音乐的力量”资源推介栏目，将音乐图书馆内 8000 余件黑胶、CD、书籍等相关馆藏资源，通过“苏州图书馆”微信公众号、视频号向读者推荐，并随着对馆藏资源的深入了解和分析，不断升级改版。新版“音乐的力量”以古典音乐发展史为脉络，每期推荐一位不同时期的古典音乐代表人物及曲目，以拍摄黑胶播放的 VLOG、音乐背后的故事、音乐知识小贴士等方式向市民读者传递优美悠扬的古典音乐旋律，普及轻松有趣的古典音乐知识。根据每期线上推文，音乐图书馆将每期推荐的黑胶资源介绍及推文链接二维码做成海报，于馆内 LED 屏中滚动播放，同时设置每期推荐黑胶展台，供进馆读者选听，以期帮助进馆

读者进一步了解经典音乐背后的故事，感受音乐图书馆丰富优质的馆藏资源，提升在馆体验。

“音乐的力量”线上活动自第一期“音乐，治愈的力量”推出以来，目前已经推出 82 期，阅读量累计 55974 次，收获了音乐爱好者们的喜爱。

2. 线下活动

“音乐的力量”线下活动由苏州图书馆音乐图书馆负责整体活动的策划、组织与执行，以及提供以音乐图书馆为主阵地的图书馆特色文化设施资源、特色馆藏资源等相关资源。围绕“名曲导赏音乐分享会”“图书馆之夜”“黑胶时光”“红歌唱响 100 年”等子品牌，音乐图书馆开展一系列讲座、沙龙、音乐会、访谈、分享会、展览等形式多样的线下音乐主题阅读推广活动服务。

2020 年至 2023 年线下活动累计开展 34 场，参与 2570 人次。其中，与苏州大学音乐学院、苏州市音乐家协会的共建项目“音为有你 伙伴计划”中的“名曲导赏音乐会”（见图 2）开展了 12 场，“图书馆之夜”音乐

图 2　“音乐的力量 · 名曲导赏音乐会”活动现场

会（见图3）开展了8场；由音乐馆志愿者及馆员主讲的“黑胶时光之旅”（见图4）沙龙活动开展了9场；“书式生活，阅动苏州”分馆配送活动中“红歌唱响100年”共计开展了5场，将音乐沙龙活动服务送到市民读者家门口。

三、实施要点

1. 以阵地服务为抓手，推动公共图书馆特色文化设施助力新时代文明实践

音乐图书馆充分利用苏州图书馆特色文化设施资源，建设以“音乐的力量”为中心的特色主题阅读推广活动大平台。苏州图书馆以“音乐+”为媒介，打通苏州图书馆音乐图书馆、苏州大学音乐学院、苏州市音乐家协会、民间音乐家等资源和服务，建设服务活动体系，签订共建协议，统

图3 “音乐的力量·图书馆之夜音乐会”活动现场

图 4　2020 年 12 月，“音乐的力量”首次线下活动读者合影

筹整合资源，发挥各自优势，拓展共同效能，紧密围绕合作目标与愿景，开创性地实践一系列经常性、面对面、市民读者喜闻乐见的音乐主题阅读推广活动服务。

2. 以创新实践为突破口，推动公共图书馆特色主题阅读推广活动服务高质量发展

苏州图书馆依托以苏州图书馆音乐图书馆为主的阵地和资源，联合苏州大学音乐学院建设集培育、交流、实践和合作等功能于一体的“苏州大学音乐学院研究生工作站”，立足音乐特色，打造效果好、口碑佳、可持续、有创新性的特色主题阅读推广活动服务。例如，以“阅读+朗诵+音乐+歌唱”的形式，联合苏州大学外国语学院、苏州爱乐乐团于苏州图书馆北馆北大厅共同演绎海涅的诗与乐。在活动策划、活动场地、资源建设、资源共享、宣传推广等方面多方互相支持与研讨，打造“音乐的力量”特色主题阅读推广活动服务品牌。

3. 以提升青少年精神素养为聚焦点，打造未来"公共文化美育基地"

在下一阶段，合作各方共同策划打造在全国具有引流示范效应的"公共文化美育基地"，发挥全民艺术普及功能，注重体验性和趣味性，策划开展适合未成年人的音乐主题阅读推广活动。合作各方将深入基层开展文艺支教，为农村未成年人群体送去音乐讲座、音乐课堂与音乐会等系列活动，让艺术的梦想在大山里、村落间落地生根。

4. 以"互联网+"为引擎，探索数字化赋能

广泛运用"音乐的力量"大平台上各个合作机构的微信公众号、短视频、直播、移动数字平台等媒介资源，创新开展在线音乐会、音乐沙龙等线上服务，拓展辐射半径。联动各类新媒体，策划市民读者乐于参与的、传播力强的活动形式、互动话题等，扩大活动覆盖面，提升社会关注度。

5. 以共建共享为联结点，广泛发动社会力量参与

把握社会公益事业发展趋势，不断壮大"音乐的力量"特色主题活动平台，通过共建共享、联合宣传等方式，积极寻求更多热心公益事业的企事业单位、社会组织、互联网平台等社会力量，不断促进"音乐的力量"服务内涵延伸和模式创新。

四、成效与影响

于2020年创新推出的"音乐的力量"特色主题阅读推广系列活动服务线上线下累计惠及读者近6万人次，看苏州、引力播等媒体相继报道，进一步提升了活动的覆盖面，活动取得了良好效果，也进一步提升了活动的传播量级，扩大了影响力。目前"音乐的力量"作为苏州图书馆音乐图书馆重点打造的品牌活动，将用最好的资源服务市民读者，用更优的内容供给满足市民读者的精神文化需求，现阶段已经初步形成稳定的忠实读者群，在馆藏资源分享、音乐知识的普及等方面取得了一定的成效，未来将推进更加丰富完善的活动体系建设，持续输出创新的活动内容，将“音乐的力量”打造成为苏城市民读者所熟知的音乐主题阅读推广活动服务品牌。

（撰稿人：阅读推广中心　周佳　刘芷含）

“吴门缥缃”中华优秀传统文化推广活动

公共图书馆是传播知识、提供文化服务的重要机构，承担着推动传统文化传承与创新的重要使命。“吴门缥缃”中华优秀传统文化推广活动作为一个典型的活动案例，不仅是苏州图书馆在传统文化传承创新方面的积极探索，也是吸引读者进入图书馆、利用图书馆的有效方式。“吴门缥缃”系列活动，通过多种形式，为读者提供了亲身体验传统文化和参与传统手工艺活动的机会，让传统文化变得生动有趣，拓宽了读者对传统文化的认识和理解。

一、项目设计

该活动依托苏州图书馆丰富的馆藏古籍资源，立足苏州本土文化，通过展览、讲座、互动交流、现场演示、手工制作等内容丰富、形式多样的活动，宣传优秀传统文化，普及苏州地方文化知识，拉近古籍与社会公众的距离，促进中华优秀传统文化创造性转化和创新性发展。

二、主要内容

1. 非遗传承手工活动

古籍保护中心通过举办非遗传承手工活动，有效地引导读者了解和学习我国非物质文化遗产的相关历史知识，并参与传统手工艺的传承和保护。

活动内容上，“吴门缥缃”系列活动注重选择具有代表性和影响力的非遗传统手工艺项目，如雕版印刷、拓印、剪纸等，采用授课与手工制作相结合的形式，让读者了解传统手工艺的历史渊源、技艺特点以及文化内涵，然后引导读者亲身体验，参与手工制作，培养他们的动手能力和艺术创造力，激发他们对传统文化的兴趣。例如“吴门缥缃”之“墨印书香知古今”活字印刷活动（见图1），选取与苏州有关的诗词的雕版或活字印版，让读者在体验雕版印刷技术的同时，感受传统诗词以及苏州地方文化的魅力。“吴门缥缃”之“传拓吉字庆上元”活动（见图2），由讲师向读者讲述拓印的来源和发展历史，并亲自带领读者拓印“顺”“喜”“安”“康”等具有吉祥寓意的字砖，体会古代石刻拓碑的历史传统。

图1　苏州图书馆在学古堂举办“吴门缥缃”之“墨印书香知古今”活字印刷活动

2. 古籍知识普及活动

古籍是中华传统文化的重要载体，在传承中华文明中发挥着重要作用。2022年，中共中央办公厅、国务院办公厅印发了《关于推进新时代古籍工作的意见》，明确指出要“加大古籍宣传推广力度，多渠道、多媒介、立体化做好古籍大众化传播”。苏州图书馆古籍保护中心深入学习贯彻文件

图 2 苏州图书馆在学古堂举办“吴门缥缃”之“传拓吉字庆上元”活动

精神，通过古籍知识普及讲座、装订线装书等形式，向读者传授古籍知识，让更多人认识古籍、了解古籍。

古籍知识讲座，主要是选取一些大众熟悉的古籍进行详细解读，引导读者深入了解古籍内容。例如：“吴门缥缃”活动之解读《弟子规》（见图 3），由讲师向读者讲述《弟子规》的内容，并教授读者相关的古代日常礼仪；“吴门缥缃”活动之“四书五经的前世今生”，讲师向读者讲述“四书五经”的基本内容和发展变化，以及经书流传过程中发生的各种故事。授课期间，讲师也注重与读者的互动，鼓励他们提问并分享见解，增加讲座的互动度和趣味性。“吴门缥缃”活动之“古代图书的典藏与修补”（见图 4），则主要是指线装书装订体验活动，活动中先由古籍保护中心的古籍修复师向读者介绍古籍装帧有关的知识，如古书的载体、装帧、种类等等，并简单介绍古籍修复的流程，演示线装书的制作过程，最后现场指导读者制作属于自己的线装书。

图 3　2016 年 8 月，苏州图书馆在天香小筑举办
“吴门缥缃”之“童蒙经典解读”

图 4　2017 年 7 月，苏州图书馆在古籍楼举办“吴门缥缃”
之“古代图书的典藏与修补”活动

3. 专家讲座及交流活动

苏州图书馆古籍保护中心还通过组织“吴门缥缃”系列专家交流活动，为读者提供与专家面对面交流的机会，让读者能够更深入地了解和学习传统文化知识。活动形式主要为专家讲座、读者座谈两种。活动主题注重选择与经典名著、苏州文学名家等相关的专题。例如“吴门缥缃”之“纪念文征明诞辰550周年专题活动——看文征明展览　读文征明故事”活动（见图5），即采用专家讲座的形式，大家通过共读《明史·文徵明传》，分享文徵明的故事，探究文征明取得的辉煌成就以及被后世景仰的原因，并对同时代的中国文化和世界文化进行了比较分析。“吴门缥缃”系列活动之“品读《红楼梦》　探访大观园”（见图6），则采用座谈会的形式开展，专家带领读者阅读《红楼梦》，并将大观园与苏州园林进行了比较，让读者

图5　苏州图书馆在苏州文学馆举办“吴门缥缃”之“纪念文征明诞辰550周年专题活动

图 6　苏州图书馆在苏州文学馆举办“吴门缥缃”之
“品读《红楼梦》 探访大观园”活动

们对苏州园林以及《红楼梦》有了更深层次的认识。

读者通过专家交流活动，既可以解决自己的疑惑，又能从专家及其他读者处获得新知，激发读者学习热情，从而引导他们进一步深入发掘、研究传统文化，真正了解传统文化的精髓与内涵。可以说，这种互动，为读者提供了一个良好的学习传统文化的平台。

三、实施要点

1. 创新活动形式

“吴门缥缃”中华优秀传统文化推广活动在活动形式上，结合现代技术手段和传统文化元素，吸引更多的读者参与其中。首先，利用微信公众号、短视频等新媒体工具，通过发布与传统文化和古籍相关的短视频、图片以及活动宣传，引起读者的兴趣，激发他们参与传统文化活动的意愿。其次，可以结合传统文化元素，创造更具特色和吸引力的活动形式。例如在古籍知识普及讲座中引入互动式的游戏环节，增加讲座的趣味性和互动性。最后，将“吴门缥缃”作为精品活动品牌推出，控制活动人数，主打“小而精”，使参加活动的读者能够得到更多的指点或动手时间，更能深入活动内容。活动形式的创新，可以吸引更多的读者参与传统文化活动，提升活动的影响力和效果。

2. 明确目标群体

传统文化的推广是一个潜移默化的过程，不同的阅读推广模式，面向的是不同的目标群体。在现有的模式下，“吴门缥缃”系列活动的目标群体主要分为两类。由于非遗传承手工活动和古籍知识普及讲座内容偏向科普、浅显易懂，并且手工制作趣味性较强，所以面向的读者群体一般为低年龄段的中小学生；专家交流活动更偏学术，内容较深入，通常适合成年人参加。除此之外，图书馆可以根据目标群体的特点和需求，扩大读者群体，如将活动面向的读者分为大学生、职场人士等，并通过“走出去”的方式，拓展活动渠道。例如，对于青少年群体，可以通过学校合作、社区宣传等方式，引导他们参与传统文化活动；对于职场人士，可以通过企业合作、线下推广等方式，将传统文化活动融入他们的工作和生活；对于老年读者，则可以走进街道、社区，丰富他们的日常生活。

总之，目标群体的准确定位，有利于传统文化活动的开展读者获得更符合需求的服务和体验。

3. 强化读者跟踪与服务拓展

建立读者档案和跟踪机制，有利于获取读者需求的反馈以及更具个性化的优质传统文化服务的开展，增强读者对活动的认同感和满意度。图书馆可以通过整理活动历史记录，分析读者信息等方式，建立读者档案。在档案中，记录读者对活动的建议、诉求等信息，以便更好地了解他们的关注点，以及对传统文化的需求；可以通过向参与活动的读者发放调查问卷等方式，了解读者对本次活动的评价和建议，通过收集读者的反馈意见，及时调整活动的内容和形式，提供更加符合读者需求的服务。

4. 引进开发文创产品

图书馆也可以通过引进和开发与传统文化相关的文创产品，为读者提供更多元化和具有特色的传统文化体验，提升读者对传统文化活动的兴趣和参与度。首先，可以依据反响较好的活动主题，与传统文化机构、非遗传承人等合作，引进和设计具有传统文化元素的文创产品。例如，可以制作与活字印刷活动相关的雕版和活字小型摆件、与制作璎珞活动相关的璎珞饰品、古籍书影的书签等。其次，还可以通过图书馆自身的创意和设计，开发与传统文化相关的文创产品，例如可以设计和制作具有苏州图书馆特色的文创产品，如书签、笔记本等，将传统文化与图书馆服务相结合，为读者提供更加独特且具有纪念意义的传统文化体验。

四、活动成效与影响

“吴门缥缃”中华优秀传统文化推广活动自 2016 年以来，已举办 40 余场，参与者近 2000 人次，是苏州图书馆传统文化推广的经典品牌。活动带领读者学习传统文化知识，体验非遗技艺，深入了解古籍文化，开展 8 年来，先后荣获 2017 年“苏州阅读节优秀活动奖”、中国图书馆学会“2018 年阅读推广优秀项目”、2018 年“苏州阅读节优秀活动奖”和苏州市“优秀阅读创新项目”、2018 年苏州市群众文化“五个一百”工程优秀文化活动品牌、2019 年“第二届公共图书馆创新创意推广活动案例”、2020 年苏州市“优秀阅读创新项目”等多个奖项。

“吴门缥缃”中华优秀传统文化推广活动会秉持初心，不断创新，让读者在书香中感受传统，在手作中传递文化，让传统文化、非物质文化遗产在新的形式中焕发活力，为推动中华优秀传统文化的创新发展做出进一步的努力。

（撰稿人：古籍保护中心　董一洁）

探秘苏图数字体验馆

在21世纪的信息化浪潮中，图书阅读这一传统知识获取和文化传承的方式正面临着前所未有的挑战与机遇。数字技术的高速发展不仅极大地丰富了人们的生活，也在根本上改变了人们的阅读习惯和学习方式。实体书籍和线下图书馆，这两个曾经被视为知识和文化的重要载体，逐渐在数字化的浪潮中展现出新的发展可能性。在这样的背景下，苏州图书馆作为一家具有前瞻性的公共服务机构，致力于探索和实现图书阅读方式的现代化转型，创立了数字体验馆，成为引领阅读新趋势的典范。

苏州图书馆数字体验馆的建立基于一个核心理念：将先进的信息技术与丰富的图书资源相结合，创造一种全新的、互动式的阅读和学习环境。这一理念旨在解决传统阅读方式难以适应快速发展的信息时代的问题，同时也着眼于充分利用数字技术所带来的新机遇，以期达到激发公众阅读兴趣、提升知识获取效率的目的。

一、设施概览

苏州图书馆数字体验馆位于北馆五楼南区，占据了385平方米的宽敞空间。在这里，空间的设计充分考虑了科技与阅读的完美结合。通过采用虚拟现实（VR）、增强现实（AR）、360度全息展示和裸眼3D等前沿科技，数字体验馆为读者创造了一个充满未来感和科技感的阅读空间。在这样一个高科技环境中，读者不仅能够享受到传统阅读的乐趣，同时也能体验到科技带来的全新感官刺激与知识获取方式，极大地提升了读者的参与度和体验感。

二、特色服务精选

1. VR心理体验中心

在信息化社会的快速发展下，人们面临的心理压力和心理健康问题也日益显著。传统的心理健康教育和治疗方法存在一定的局限性——它们往往需要长时间的面对面交流，同时，对于一些心理现象的理解和感知也较为抽象，人们难以直观地感受和理解。苏州图书馆数字体验馆伴随着心理健康领域的创新步伐，设立了VR心理体验中心，旨在通过高科技手段，提供一个全新的心理健康学习和体验环境，使得心理现象和心理调节方法更加直观、易于理解和接受。

VR心理体验中心的设置，基于心理学知识的普及与宣传需求。它利用虚拟现实（VR）、互联网技术和可穿戴设备等高科技手段，通过趣味性强的互动体验，将复杂的心理理论和看不见摸不着的心理现象清晰呈现在读者面前。这种新颖的体验方式，不仅提高了心理健康知识的普及效率，也使得公众能够对心理健康问题有更深入的理解和认识。

首先，结合VR技术的心理体验中心，能够模拟实际的心理治疗场景，如思维暴露疗法、冥想放松训练等，让参与者在虚拟环境中亲身体验和学习这些心理调节方法。这种仿真体验相比于传统的讲解和演示，更加生动、具体，能够让参与者在沉浸式的环境中对心理知识和技巧有更直观的感受。

其次，通过互联网和可穿戴设备的结合使用，VR心理体验中心还能够实时监测参与者的身体和心理反应，如心率、呼吸频率等，这些数据的反馈能够帮助参与者更好地了解自身的心理状态。

总之，苏州图书馆的VR心理体验中心不仅为公众认识和理解心理健康问题提供了一个全新的途径，同时也为心理学的普及和心理健康干预的创新开辟了广阔的空间。这种科技与心理健康服务相结合的模式，不仅提高了心理健康教育的趣味性和有效性，还为心理健康领域的未来发展提供了新的思路和可能。VR心理体验中心见图1。

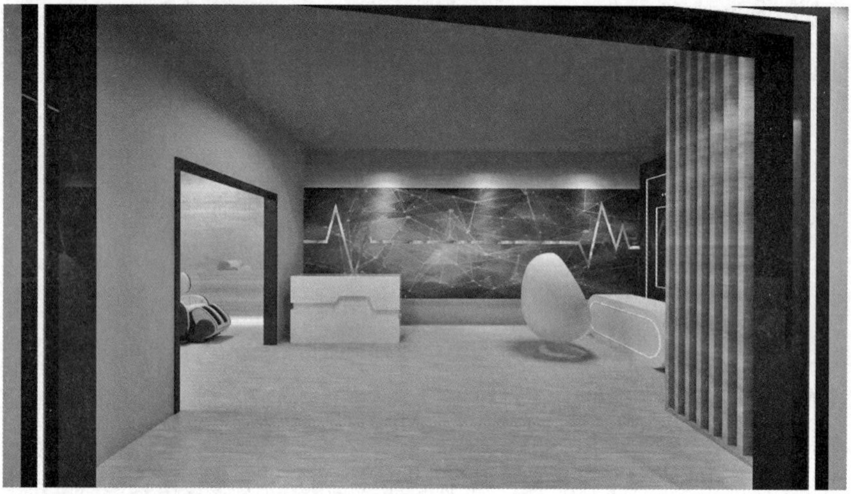

图 1　VR心理体验中心

VR心理体验中心含以下系统：

心理关爱自助系统。结合心理学理论和高信度量表，为读者提供个性化的心理测评与自助关怀。通过云评估系统和丰富的心理健康资源库，读者可以在没有心理师面对面的情况下，也能够获得专业的心理评估与引导。

VR心理体验系统。通过虚拟现实技术构建多种心理减压和身心训练场景，参与者只需佩戴VR设备，即可身临其境地进入各种放松或训练环境中，有效改善压力、焦虑等心理状态。

智能音乐放松系统。依据音乐治疗学原理，该系统为参与者量身定制音乐曲目，优化心理和情绪状态，达到身心放松的效果，是整个心理关爱体系中的重要组成部分。

2. 综合体验区

zSpace虚拟现实学习体验：利用虚拟现实技术，将抽象的科学知识以直观、具象化的方式呈现，丰富了STEM教育的内容与形式，激发了学习者的探索兴趣和创新思维。zSpace虚拟现实学习体验区见图 2。

图 2 zSpace虚拟现实学习体验区

体感AR拍照体验：该体验项目让虚拟场景与现实世界融合，给参与者提供了全新的互动式摄影方式，加深了对科技和文化内容的沉浸体验，拓宽了传统图书阅读的边界。体感AR拍照体验区见图 3。

3D互动立体书体验：运用增强现实技术，让平面书籍画面立体化，并且增加互动元素，让读者在阅读时可以与书籍内容产生互动，使得学习过程更加生动有趣，增强了阅读与学习的动力。3D互动立体书体验区见图 4。

虚拟书法体验：该体验打破了传统书法需要纸、笔、墨、砚的局限，通过感应技术，让用户在无须真实接触书写工具的情况下，也能体验到书法创作的乐趣，进一步推广了中国传统文化的普及。虚拟书法体验区见图 5。

瀑布流图书借阅屏：作为一种新型的图书展示与借阅方式，该系统以流动的互动照片墙的形式展示图书资源，读者仅需扫描二维码即可完成借阅操作，书籍还能自动送至附近的取书点，极大地提高了借阅的便捷性和效率。瀑布流图书借阅屏见图 6。

图 3　体感AR拍照体验区

图 4　3D互动立体书体验区

图 5 虚拟书法体验区

图 6 瀑布流图书借阅屏

VR自由体验区：以其高科技配置，为参与者提供了沉浸式的虚拟现实体验。由VR一体机、VR头盔以及VR全向运动平台组成，这一区域通过360度移动跟踪和精准的空间定位技术，使得用户能够在虚拟空间中自由漫游，并与虚拟环境中的元素进行多感官的互动。

体验区内的VR一体机尤其突出了其在知识传递方面的优势。它覆盖了天文学、地理学、海洋学、人文学科、科学和科普以及旅游等多个领域，通过虚拟现实技术将这些领域的知识以三维立体的形式生动呈现。与传统的纸质阅读相比，VR一体机提供的是一种全新的阅读体验，让读者仿佛置身于知识的海洋中，极大地拓宽了知识的边界，增加了学习的趣味性。VR自由体验区见图7。

图7 VR自由体验区

三、结论与贡献

苏州图书馆数字体验馆的建立标志着一个新时代的到来，其中科技与图书的融合不仅仅是一种尝试，而是打开了人们接受知识和享受阅读的全新门径。

数字体验馆的建设，突破了物理空间的限制，为读者提供了一个无界限的学习和探索空间。在这里，最新的虚拟现实（VR）、增强现实（AR）、360度全景显示等技术得到了充分的应用。通过这些技术，读者可以身临其境地体验到书本中的场景，与历史人物对话，甚至参与故事情节的发展，使得学习和阅读成为一种全新的体验。

苏州图书馆数字体验馆还侧重于创新性教育的推广。通过利用zSpace虚拟现实学习系统、3D互动立体书等工具，它使得复杂的科学原理和历史事件变得直观和易于理解，极大地激发了年轻读者，尤其是儿童和青少年的学习兴趣和创造力。此外，这种互动式学习方式也为读者提供了个性化的学习路径，允许他们根据自己的兴趣和节奏进行探索和学习。

传统的图书阅读方式受到物理空间的限制，信息的传递较为单一。然而，数字体验馆通过智能化设备和科技的应用，突破了这些限制，使知识的传递变得更加立体和直观。例如，VR技术让读者能够“身临其境”地体验历史事件或科学现象，这样的互动体验不仅能够提高读者的学习兴趣，还能帮助他们更深刻地理解复杂的概念。

此外，数字体验馆将读者带入了知识的深海和想象的天空，极大地激发了他们的探索欲和创造力。在这里，读者不再是被动接受知识，而是成为积极探索和体验知识的主体。这种主动的学习方式有助于培养读者的批判性思维和解决问题的能力，同时也将他们的文化生活提升到了一个新的层次。

苏州图书馆数字体验馆的成功实践不仅为苏州乃至全国的图书馆服务模式的创新提供了宝贵的经验，而且展示了图书馆在科技快速发展时代下的适应能力和前瞻性布局。这一项目显示了图书馆如何可以超越其传统功能，成为文化传播和科学普及的重要平台。通过引入科技元素，图书馆不再只是静态的知识仓库，而是转变为动态的、互动的学习环境，为读者提供一种全新的知识探索之旅。

从更宏观的角度来看，苏州图书馆的这一创新项目对于全面建设文化丰富、科技先进的现代城市具有重要的启示意义。它不仅提升了城市的文化软实力，也为城市的科技创新和教育发展开辟了新的路径。更重要的是，它为城市居民提供了一个融合学习、娱乐与休闲为一体的多功能空间，提高了公众的生活质量，并促进了社会的全面进步。

总体而言，苏州图书馆数字体验馆的建立是图书馆应对数字化挑战、积极融入现代社会的一个典范。它不仅改变了公众的阅读方式，更为图书馆的未来发展指明了方向，展现了图书馆在科技、文化和教育融合中的无限可能和深远影响。

（撰稿人：数字图书馆　梁谷嘉）

天香读书会

自2014年以来，全民阅读连续10年被写入《政府工作报告》。苏州图书馆作为公共文化服务体系中的重要事业单位，积极响应促进全民阅读的号召，围绕“弘扬优秀传统文化、普及科学知识、支持公众终生学习”功能定位，不断探索阅读活动新方式，推出一系列阅读文化活动，天香读书会便是其中之一。天香读书会是由苏州图书馆发起的公益性读书会，旨在向广大读者推广阅读，激发读者的阅读兴趣，以书会友，建造读者的精神家园。

一、项目设计

天香读书会以“书”为纽带，依托丰富的馆藏资源，根据书籍蕴含的文化价值，策划丰富多彩的阅读活动。联合共建单位，引进社会力量，在坚持发挥书籍主导作用，做好图书馆宣传的同时，重视读者在读书会中的主体作用，通过共读一本书、主题分享会、走读等多种形式，满足不同读者需求，打造集趣味、深度、人文关怀为一体的品牌活动。让读者在阅读、分享中获得乐趣，获取新知；在行走和体验中深度理解阅读和现实的意义。其主要内容分为“天香・共读”“天香・走读”“天香・趣读”“天香・荐书”“天香・主题分享会”等系列。

二、主要内容

1. 天香・共读

深度阅读是阅读活动中文本意义的深层建构过程。“整本书阅读”和“深度阅读”不仅能让读者更好地建立知识图谱，并且有利于读者提高阅读能力和理解力，培养毅力，涵养心智。“天香·共读”系列活动倡导深度阅读，为读者搭建共读和分享交流的学习型平台，连续性开展每月共读一本好书活动。每期活动的共读书目由馆员或读者推荐投票决定，书目的选择尽量涵盖历史类、社科类、传记类、小说类、心理学类等多种类型，活动试图带领读者尝试阅读不同类型的书目，打破读者的阅读舒适圈和壁垒。每期共读活动中，读者根据馆员在“读者之星”服务平台发布的活动规则，在规定时间内，读完一本书，并按照次数和字数要求在“读者之星”服务平台写读后感，完成阅读打卡。活动以这种不断“输入+输出”的方式督促读者完成整本书的阅读，并在读书的过程中随时梳理总结。共读打卡结束后，天香读书会组织读者开展线下分享交流会，让每位读者都有发言的机会，切身体验共读和面对面交流分享带来的认知上的拓展、多维的视角以及思维的碰撞。活动开展期间，天香读书会完成了《符号里的中国》《火种》《诗人十四个》《我心归处是敦煌：樊锦诗自述》等共读活动（见图 1）。

图 1 《符号里的中国》线下分享交流

2. 天香 · 走读

苏州作为独具魅力的国家历史文化名城，有着跨越千年、博大精深的过往，也有着活力十足的当下，处处可行，处处可读。“天香 · 走读”系列活动邀请地方文化学者带领读者走读苏州大街小巷、名人故居、山水园林等，从历史、地理、人文、建筑特色、楹联碑刻、诗词散文等多个方面，进行深度解读，并通过推荐相关文学作品，引导读者带上书本，走苏州，探江南。“走读艺圃，读《长物志》”专场活动带领读者走读苏州古典园林艺圃，品味园林中建筑、山水、花木、书画之美的同时感悟先人的智慧（见图2）。在走读的过程中，嘉宾老师还带领读者一起分享交流艺圃第二任主人文震孟的弟弟文震亨所作的《长物志》，了解一个时代文人的审美意趣和精神生活。“走读金砖博物馆，读《大运河漂来紫禁城》”专场活动中，读者在嘉宾老师的带领下走进了设计独具匠心，浓缩了陆慕砖窑文化印记的小众博物馆——御窑金砖博物馆。苏州的建城故事以及御窑金砖

图2 “走读艺圃”专场活动

博物馆所承载记录的风俗人情、文化历史，老师娓娓道来，条分缕析，如数家珍。在走读的过程中，嘉宾老师将博物馆所展示的金砖工艺与单霁翔先生在《大运河漂来紫禁城》这本书中所讲述的金砖工艺巧妙结合，在阅读和行走中带领读者触摸历史和城市的肌理，感受城市的人文之盛、风俗之美，体会江南传统文化的独特魅力。用阅读行走，为文化赋能。

3. 天香·趣读

“天香·趣读”系列活动将阅读和生活休闲相结合，通过手工体验、以影观书、英语围读、飞花令、朗诵等多种既古典又新颖的形式，吸引更多市民参与到阅读活动中来。“天香·趣读”系列活动不断创新活动的形式和内容，让读者在生活中不断和阅读产生链接，保持对阅读的新鲜感，在轻松和其乐融融的活动氛围中发现阅读更多可能性。“苏图萌探”专场活动利用苏州图书馆三楼借阅大厅的人文空间和读者流量，精心布置“苏图畅销书”微书展，并将天香读书会会员上半年共读打卡的书评做成复古书墙。读者可现场抽取工作人员事先准备好的卡牌并根据卡牌上的线索猜作者和书名，或根据读者书评做成的书墙猜书名，读者还可自行搜集线索，最终找出放在馆内书架上的对应的书籍。有趣的游戏重新调动起了读者对一本书的新鲜感和对阅读的兴趣。“长安的荔枝VS苏州的荔枝”专场活动带领读者走进位于姑苏区平江历史街区大儒巷38号的古昭庆寺，凭窗听雨话荔枝（见图3)。有关荔枝的书籍、从古至今对于“荔枝道”的研究和发现、文学作品中荔枝的意象、影视剧《长安的荔枝》、苏轼的《荔枝叹》、粤语版《长恨歌》、荔枝红茶的做法、小时候吃过的荔枝和荔枝干……那些关于荔枝的趣事，读者娓娓道来。在趣话荔枝中，实现了读书会人文、美食和古建的相聚。

4. 天香·荐读

“天香·荐读”活动是天香读书会2023年推出的一个线上荐书系列活动，面向全市征集读者荐书，推荐内容包括书的封面、版本、内容简介和

图3 “长安的荔枝VS苏州的荔枝”专场活动

读后感等，活动定期将读者的荐书内容通过苏州图书馆微信公众号推送，让读和写相得益彰，以此激励读者自己读书的同时也将好书推荐给更多读者，充分发挥读者在阅读活动中的主体性，以读者带动读者，传递城市阅读的精神气质。2023年，天香读书会共收到26份读者荐书，包括《翦商：殷周之变与华夏新生》《失落的卫星：深入中亚大陆的旅程》《娜塔莎之舞：俄罗斯文化史》等等。

5. 天香·主题分享会

“天香·主题分享会”系列活动定期邀请文化学者开展丰富多彩的主题分享，包括人文社科类、历史类、心理类、教育类等，并配合读者推荐书籍，着重普及科学文化知识，丰富广大读者的精神生活。主题分享活动时间一般为非周末，以便服务到非周末休息的市民群体。活动形式以嘉宾分享为主，读者分享交流书籍为辅。“书本中的鲁迅”主题分享通过对鲁迅生平事迹、鲁迅文学作品的解读等，向读者展现了一个既“横眉冷对千夫指，俯首甘为孺子牛”，饱含忧国忧民思想，严肃犀利的，又幽默风趣、充满想象力的鲁迅，传递了其精神的现实意义（见图 4）。“舌尖上的苏州年味”主题分享向读者展示了苏州饮食文化、年俗以及苏州美食里面蕴含的苏州人精致和极致讲究的生活态度，让读者体验了一场别开生面的色、香、味俱全的文化大宴。

图 4 “书本中的鲁迅”主题分享

三、实施要点

1. 线上联合线下，保持读者黏性

天香读书会利用“苏州图书馆公众号”“天香读书会微信交流群”“读者之星”等线上服务平台，以线上联合线下的方式，做好引导和服务工作，并定期开展针对读书会会员的专场活动，加深读者之间的互动，保持读者黏性。利用线上、线下渠道充分了解读者的意见和建议，及时评估活动成效，改善活动形式和内容。读者在这里可以读书，但不止读书，平时可在

线上线下互相分享书籍、阅读感受、苏州的文化活动、生活状态等，以书会友，找到精神栖息地和归属感。

2. 细分读者需求，不断创新服务内容和形式

随着时代的多元化发展，读者的需求也在不断变化。细分读者需求，以需求驱动阅读服务活动的开展，日益重要。天香读书会通过分析读者的阅读兴趣和动机，并结合当下的时政热点，不断推陈出新。如在注重引导已有一定阅读经验和阅读习惯的读者进行深度阅读的同时，也考虑阅读经验相对薄弱的读者的需求，既有小而美的围读活动，也有中大型表演型活动，注重读者的体验感和参与感。读书会作为图书馆的一个品牌活动，在不断丰富活动形式，引起读者阅读兴趣的同时，仍以书籍蕴含的价值为主线，嵌入书籍或阅读的元素，以宣传图书馆，让读者走进图书馆，拿起书本。

3. 联合共建，引进社会力量

图书馆与社会力量合作的作用不容小觑。联合共建，引进社会力量，充分调动社会各界参与，不仅有利于资源互补，形成各方协同配合，还可以扩大服务阵地，增强宣传力度。天香读书会不断发挥图书馆作为“城市书房”主阵地的作用，引进来走出去，联合社会力量、共建单位、其他读书会等，将阅读推进城市的每一个角落。如和苏州革命博物馆合作，走进中共苏州独立支部旧址读《火种》，不仅可以为读者营造沉浸式阅读氛围，带领读者更好地体会革命先辈奋斗、探索和牺牲的精神，传承信仰，而且利用双方平台和跨界的市民群体，起到引流的作用。有些社会公益性读书会，有很好的理念、组织模式和主题设计，但苦于找不到合适的场地。天香读书会和社会公益性读书会的合作，不仅能够丰富双方读书会的主题和内容，服务更多读者，也让图书馆的场地得到充分利用，以读书会作为图书馆的窗口，促进不同社会群体读者之间互相了解。

四、成效与影响

天香读书会始终坚持“读者为中心”的原则，依托丰富的馆藏资源，每年策划开展多场形式多样的活动，让读者在这里获得阅读的归属感和认同感。以书会友，一起学习新知识新技能，探索未知领域；试图解决遇到的关于人生和情感的问题，进行自我精神疗愈。很多读者工作多年，因为遇到读书会再次拿起了书本，捡起了阅读的习惯；很多读者在这里认识了读书搭子，交到很好的朋友；也有其他读书会员通过天香读书会一改对图书馆严肃形象的认识……3 年间，读书会共开展线上、线下活动 60 余场，不仅吸引了很多本地市民，还吸引了很多其他城市市民的参与，收获众多读者好评，并受到名城苏州网、《姑苏晚报》、引力播、看苏州等媒体报道，引发社会群体更广泛的关注。

天香读书会凭借多样化、广覆盖的阅读活动，荣获 2019 第十四届苏州阅读节“优秀活动奖”、2022 年度苏州市优秀阅读推广组织奖、2022 年度苏州市优秀阅读创新项目奖。

（撰稿人：借阅中心　李娜　陈琳　王炜祯）

“领读＋”系列活动

苏图“领读＋”系列活动以习近平新时代中国特色社会主义思想为指导，按照坚定文化自信、推动社会主义文化繁荣兴盛的要求，结合新时代全民阅读工作重点，组建以知名作家、专家学者、阅读推广人为主体的领读人队伍。依托苏州图书馆已形成的总分馆体系，苏州图书馆充分利用现代媒体手段，通过线上线下深入开展各类主题阅读活动，深受广大读者喜爱。

一、项目设计

随着现代社会的发展，人们沉迷于快餐文化，阅读习惯逐渐减弱，对于深度阅读的兴趣逐渐下降。为了激发和培养广大读者的阅读兴趣，提升阅读能力，苏州图书馆设计了苏图“领读+”系列活动，包括“领读者计划”阅读推荐、“领读＋”读书分享会及阅读挑战赛在内的三大主题阅读模块。活动通过引导读者发现优质图书、培养正确的阅读态度和方法，逐步提高读者的阅读兴趣和阅读能力；通过精心策划和有针对性的宣传，吸引更多的读者参与活动，扩大读者群体；活动推广优质图书，让读者了解更多的优秀作品，提高图书借阅量；通过活动营造出良好的阅读氛围，鼓励读者之间交流和互动，增进彼此之间的了解和信任；提高广大市民的文化素质，增强文化自信心和凝聚力。

二、主要内容

苏州图书馆围绕“领”字做文章，通过微信公众号线上报名和组织推荐报名的方式面向全社会招募30位热爱阅读、热衷公益的社会各行业中的阅读爱好者，并根据他们的专业、年龄、特长等甄选包括作家、科学家、医生、民间阅读组织、阅读推广者在内的首批领读者，通过荐书、阅读，从不同的视角为读者提供多维度的立体式全民阅读模式。全年不间断定期开展集美文、朗诵、知识普及、艺术欣赏于一体的“字里行间”线上互动体验式阅读活动 12 期；在“4 · 23 世界读书日”阅读嘉年华期间举办王尧、张佩琢、查慧贤、安娜妈咪、潘兰婷领读者阅读推荐活动共 5 期，苏州图书馆微信公众号、视频号同步推广，社会效益明显，得到读者一致好评。

在此基础上，苏州图书馆尝试把文字阅读与文学寻找、甄别、分享更紧密结合，为广大读者提供更广阔的人文社科视野，“领读 + ”特别邀请作家与读者近距离讨论，一起奔赴一场不期而遇的思想碰撞，为阅读接力。苏州图书馆先后举办苏州市作家协会副主席王一梅阅读分享会——“如何汲取书中的营养”、北京科普作协会员王懿墨线上讲座——“军事作战中的手语密码”、作家荆歌阅读分享会——“爱上阅读，成为更多维的自己”、鲁迅文学奖得主朱辉阅读分享会——“小说的阅读和欣赏”、《作家》与苏州作家文学沙龙活动、吴中区作协主席葛芳阅读分享会——“开学第一课 · 读万卷书，行万里路的成长故事”（见图 1）、吴江区作协主席周浩锋阅读分享会——“地域视角下的阅读与写作”等，围绕江南文化传承与发展，深入揭示作家作品创作背景及内涵，获得广大读者的积极反馈。

为推动阅读服务对象更精准、内容更丰富，“领读 + ”尝试与各大剧院合作，选取经典话剧《恋爱的犀牛》《红与黑》《酗酒者莫非》，音乐剧《赵氏孤儿》（见图 2）、《苏东坡》作为解剖的对象。邀请国家一级导演徐俊、孟京辉戏剧工作室最强演员组之一“空花组”、上海戏剧学院艺术管理专业教师黄海、中国戏剧家协会理事李龙吟、摄影师李晏、演员李想等演艺届大咖来苏图开展包括剧本围读、公开讲座、演员读者互动在内的多项活动。为践行“普惠均等”服务理念，“领读+”进一步尝试开展特殊人群阅读分享会，先后推出“六一特别活动——儿童歌舞剧《鼹鼠的月亮河》亲子阅读剧本互动分享会”“与‘星’牵手　童享盛夏——关注孤独症儿

图1 2023年9月3日，葛芳阅读分享会——“开学第一课·读万卷书，行万里路的成长故事”在苏州图书馆北馆举行

图2 2022年7月31日，《赵氏孤儿》音乐剧主创见面会在苏州图书馆北馆举行

童阅读活动”等，打造各个社群的可视、可听、可感知、可互动的“大阅读”，吸引了大批读者前来参加。

三、实施要点

1. 注重文化底色，融合江南文化品牌，整合资源优势

文化底色是一个国家、一个民族的精神基因，具有重要的历史和现实意义。在推动中华优秀文化创造性传承与发展的过程中，注重文化底色的整合和资源优势的综合利用，融合领读和江南文化开展阅读活动，将会产生显著的效果。苏图“领读+”通过知名作家领读和带领读者学习优秀的文化经典，引导人们加强对文化的认知和理解。特别是组织开展关于江南文化的阅读活动，如“文学苏州·名家沙龙——《作家》与苏州作家”、吴江区作协主席周浩锋阅读分享会——“地域视角下的阅读与写作”等，通过阅读、讨论等形式，让人们深入了解江南文化的历史渊源、精神内涵和艺术特色，感受江南文化的魅力，提高对中华优秀文化的认同感和自豪感，推动中华优秀传统文化创造性转化、创新性发展。

2. 丰富人民群众精神生活内涵，推动阅读服务对象精准、内容精确

在推动阅读服务对象精准的过程中，苏州图书馆通过多种手段来满足不同人群的阅读需求。比如，为儿童设置专门的阅读空间和阅读活动，举办“六一特别活动——儿童歌舞剧《鼹鼠的月亮河》亲子阅读剧本互动分享会”，帮助他们建立良好的阅读习惯和兴趣；为青少年提供丰富多样的读物，举办王一梅阅读分享会——“如何汲取书中的营养”（见图 3）和葛芳阅读分享会——“开学第一课·读万卷书，行万里路的成长故事”等，引导他们形成正确的价值观和人生观。

阅读内容的精确性不仅包括信息的准确度，还包括与读者现实生活的紧密联系。苏州图书馆需要为读者提供与他们经验和兴趣爱好相关的内容，如尝试与各大剧院合作开展剧本围读，打造“如何高效提升朗诵能力　打

图 3　2022 年 6 月 26 日，王一梅见面会"如何汲取书中的营养"
在苏州图书馆北馆举行

造专业朗诵作品"专业讲座，使特定读者产生共鸣和启发，并促进其自我认知和成长。同时，苏州图书馆还注重阅读内容的深度和广度，如邀请鲁迅文学奖得主朱辉讲述"小说的阅读和欣赏"，北京科普作协会员王懿墨讲述"军事作战中的手语密码"等，涵盖多个领域的知识和文化，为读者拓展视野和思维空间。

3. 推进阅读新媒体应用，加强平台建设，提升传播能力

随着信息技术的迅速发展，阅读已经不再局限于传统纸质书籍。在推进阅读新媒体应用的过程中，苏州图书馆注重在线阅读平台和移动阅读的应用，提供丰富的数字化阅读资源，拓展阅读内容的广度和深度。广度上，涵盖不同领域的内容，包括文学、历史、科学、艺术等，满足读者多样化的兴趣和需求。深度上，要注重内容的质量和可靠性，提供准确、权威的信息资源。"领读+字里行间"线上互动体验式阅读活动通过微信公众号分享的方式在线推广，打造“非常时间”的互动式美文分享赏析，在给人以美的享受的同时，充分展示文字所传达的内涵、能量，展现了我国诗词、散文、书法等传统文化的博大精深，展现文字之美。在这个线上平台，读者们能够一起领略书页间的美好，品味作者的思想，感受文字的力量，一起细细品读文学的真谛。此外，推进阅读新媒体应用，苏州图书馆加强传播能力，建立合作机制，加大宣传力度，提高公众对阅读新媒体的认知和接受度。同时加强与出版社、作家协会、学校等机构的合作，共享资源，互相支持，形成良好的生态系统。通过建设多样化的阅读平台，拓展阅读内容的广度和深度，加强传播能力，建立合作机制，苏州图书馆能够更好地满足读者的需求，推动阅读事业的健康发展。

四、成效与影响

苏图“领读＋”阅读推广活动在倡导大众多读书、读好书，共同感受阅读之美的同时形成以专家指引、社会参与、政府支持、平台支撑的全民阅读立体式参与机制，使阅读活动更高质量发展，体现更强优势。通过线上线下深入开展各类主题阅读活动 25 场，惠及读者 28 万余人次，活动弘扬新时代主旋律、讲中国故事、品江南文化，倡导大众多读书、读好书，共同感受阅读之美。苏州图书馆微信公众号、视频号同步推送，苏州日报、姑苏晚报、引力播、学习强国相继报道。苏图“领读＋”阅读推广活动荣获 2022 年度第十七届苏州阅读节优秀活动奖。

（撰稿人：文献流转中心　戚颖吉　孙贺倩）

“苏州图书馆”微信视频号

随着移动互联网的快速普及和发展，受众对于传播内容的基本需求也从传统的图文逐渐向音视频扩增，视频化表达成为当前社会新媒体推广的一大趋势。2021 年文化和旅游部在《“十四五”公共文化服务体系建设规划》中明确指出，公共图书馆要“主动适应公众阅读习惯和媒介传播方式变化，通过新媒体广泛开展在线阅读推广活动”。2022 年 4 月，“苏州图书馆”微信视频号开通，利用视频号进行图书馆信息传播和服务宣传推广，为读者提供更加丰富、多元的动态内容传播平台，积极构筑舆论“潮流场”。

一、项目设计

苏州图书馆原有新媒体矩阵包括微博和微信公众号。苏州图书馆官方微博创立于 2011 年 2 月 22 日；微信公众号创立于 2014 年 4 月 11 日。以苏州图书馆为依托，新媒体矩阵主要为读者提供线上活动、馆内动态、栏目推荐、活动预约、网上借阅、志愿者报名、在线咨询等服务。

2022 年 4 月，为激发图书馆媒体宣传的互动性和传播力，扩大社会影响力和品牌形象力，秉持着为读者构建新的信息传播载体，覆盖更多读者年龄层次和阅读需求的理念，苏州图书馆开通微信视频号。视频号主要内容涉及图书馆公共服务、人文关怀、社科普及、政务服务等，呈现方式也更为多元，包含创意短片、情景短剧等。

二、主要内容

视频号位于微信主界面“发现”栏，在视频号界面里有“关注”“朋友”“热门”和“附近”等多个栏目。视频号运营效率不仅要看作品发布情况，更要看作品的质量。作品质量很大程度来源于选题和拍摄、剪辑等技术。基于此，苏州图书馆在视频号打造方面，着眼于以下几个主题与分类。

1. 政务、社科普及类视频

政务类以“政务+短视频”为主基调，重点关注苏州图书馆高质量发展进程，着力打造数字政务新时代，借助短视频的流量优势快速达到“1+1＞2”的传播效应，打造更加鲜活、深入人心的“苏图故事”，从而增强政务形象的权威性和公信力，打造视频端具有官方标识的公共服务专属窗口。

除此之外，科普类短视频还依托苏州图书馆丰富的知识资源储备、科学完备的知识组织体系以及深入基层贴近读者的公共服务设施，重点宣传本馆文献资源二次开发、阅读培养指导等服务工作。在增强自身文化自觉，守住文化根脉的同时，有针对性地搜集、整理、记述极富地域特色的文献资源，向读者展示传统优秀文化魅力，从而体现图书馆作为“知识库”和“知识导航员”的责任担当。

例如：2022 年 11 月 29 日，《全国首个地级市古籍馆苏州古籍馆揭牌》。通过视频纪实拍摄苏州古籍馆，结合苏州图书馆天香小筑修缮工程，苏州图书馆利用展览、活动等形式，打造古籍活化样本，力争成为全市古籍的典藏和研究基地。让读者感受到“书写在古籍中的文字都活起来”的重要内涵。

2. 情景短剧类视频、摄影作品

虚构类短视频及摄影作品以图书馆四季更替的场景为背景，设计剧情脚本并进行拍摄，鼓励读者在场景中思考、探索书本里的内容。苏州图书馆通过用直观画面记录看到的风景、遇见的人、经历的事、读过的书，告诉读者，无论未来会走向何处，图书馆始终站在时间定格的瞬间，变化的只有不断更新的书籍以及沉浸在书海中的身影。

纪实类摄影作品则是以图书馆大型活动为平台，通过拍摄图书馆公共文化服务工作的相关内容，多角度宣传图书馆，从而培养读者良好的阅读习惯，营造书韵深厚的文化氛围。

例如：2023年7月，苏州图书馆首支原创MV《家门口的图书馆》发布，曲风将诞生于苏州的传统曲艺形式——昆曲，与当代潮流音乐形式——说唱相结合。这种传统文化和现代时尚元素有机融合的模式，迅速在平台火爆出圈，点击率破万。

3. 创意短片类视频

通过对图书馆要素构成体系的深入探析，确定宣传片要展示的主要内容，苏州图书馆凭借独特的剧本创意，改变传统视频拍摄的枯燥乏味性，形成一系列风格清新、充满趣味性、能鲜明体现图书馆服务理念的视频，紧贴社会层面的时事热点，吸引年轻用户的关注。

例如：2023年11月，《“青”心推荐——馆员荐书》创意短视频作品上线。25个不同类型的荐书短视频，在“苏州图书馆”微信视频号上进行高频次推送，展现苏州市范围内青年馆员的青春责任、职业担当，倡导了良好的“悦读”新风尚。

三、实施要点

1. 团队的专业性

视频号以“术业有专攻”为主导，针对推广全民阅读方面的亮点举措和成绩、公共文化服务市域一体化工作等拍摄主题，引入不同类型的专业视频拍摄团队，全面展示图书馆各类阅读场景和服务。

2. 流程的完备性

拍摄前期制定全面、完备的拍摄计划；拍摄中实时调整和优化；后期跟紧视频制作，通过对视频拍摄全局的把控、过程的及时反馈，保证视频质量。切实满足不同年龄段读者的多类型阅读需求和阅读偏好。

3. 受众的互动性

在视频号最终呈现出的视频中，出镜的并不往往都是演员、馆员等，通常也会有一部分读者参与拍摄和互动。例如，在 2023 年开年视频《这就是阅读》中的理发师、花艺师、咖啡师以及运动员，除了职业的身份外，他们也是万千读者中的一员，通过他们的演绎传达阅读的意义，更能带动屏幕外读者的情绪和感受，提高读者的代入感。

4. 内容的共鸣性

优质的内容是传播的生命力，而新媒体的生命力在于弘扬正能量。正能量自带大流量、强磁场，牢牢吸引着广大读者、群众。聚焦读者的阅读需求，捕捉共情点，筛选具有主流价值的选题，打造贴近读者、让读者深刻记忆、沉浸其中的视频作品，引发读者的共情、共鸣。

以爆火"出圈"的《苏图狂飙记》为例，短视频以当时热播的电视剧《狂飙》为创作蓝本，通过鲜活的镜头语言，充分展示苏州图书馆总分馆的特色阅读场景、丰富馆藏资源及浓郁书香氛围。

镜头下，短视频通过各种巧妙转场，将图书馆的阅读场景与主人公的书籍查阅之旅相结合，以剧情宣传苏图。

视频情节虽幽默风趣，但不忘对主旨进行升华。短视频紧扣公共图书馆的育人服务宗旨，希望大家热爱阅读，多读好书，做守法公民。这条兼具创意、教育引导意义和正能量的短视频一经推出，立即刷屏朋友圈，点击率破 2 万，在读者中引发强烈共鸣。

这是视频主创团队对弘扬正能量网络精品的"破圈"尝试，一方面，要与受众"同频"；另一方面，要和当下的关注点相结合。讲好新时代故事，努力把内容与思想内涵、表现形式融为一体，用"年轻态"的表达方式，让正能量故事"潮"起来。

四、成效与影响

截至 2023 年 12 月，“苏州图书馆”微信视频号累计推送《玩转图书馆》系列、《阅旅程》系列等原创短视频 203 个，其中《观照历史　明鉴未来》《阅读的力量》等被全网转载并引发热搜，登上微博同城热搜榜，总点击量超 300 万。视频号在全国公共图书馆视频服务监测总表里两次进入排行榜前 10 名，分别是 1—2 月份，以 721.52 的WVCI（视频号传播力指数）排在第 8 名、11—12 月份，以 791.49 的WVCI排在第 5 名。基本实现了由单向传播向互动式、服务式、场景式传播改变；有效拓宽了宣传阵地，实现了阅读推广的互动交流、共建共享。

未来，视频号还将更加注重原创内容的生产和思考，在注重作品质量的同时，适时加快更新频率；更加积极主动地与读者评论进行互动，向读者传递更加有价值的图书信息服务；打造良好苏图文化品牌形象，有力助推全民阅读工作再上新台阶，促进图书馆高质量发展。

（撰稿人：研究咨询部　周燕霏　董雯婷　王昀）

“姑苏八点半”网络直播活动

网络直播指的是依托于网络技术，在同一时间实现主播与观众之间高效互动的社交方式，具有互动性强、直观性强以及灵活性强等优势。本文以苏州图书馆“姑苏八点半”网络直播活动为案例进行分析，对其成功因素进行总结，探讨该案例的推广意义。

一、项目设计

开展“姑苏八点半”网络直播活动是落实苏州市重点文旅工作部署的积极举措。2020 年 4 月 26 日，由苏州市委、市政府主办，市文化广电和旅游局承办的苏州市旅游促进大会召开，“姑苏八点半”文旅夜经济品牌闪亮登场。作为苏州提振文旅消费信心的突破口。“姑苏八点半”围绕夜show、夜游、夜食、夜购、夜娱、夜宿 6 个“面”，区县版块紧密联动，合力打造一个具有苏州特色的“夜魔方”，让充满烟火气的苏州夜生活热起来、嗨起来、火起来。

开展“姑苏八点半”网络直播活动是苏州图书馆树立江南文化活动品牌、提升新媒体应用能力的重大考验。苏州是江南吴文化发源地与承载地，历史厚重、人杰地灵，藏书文化源远流长、书香耕读世代相传。苏州话作为极具代表性的吴语方言，承载了深厚的地方文化。近年来，苏州图书馆积极推广和宣传江南文化，致力于苏州话的普及与传承，分别在线上线下打造了“珍享学苏州‘闲话’”与“跟伲喻老师学讲苏州‘闲话’”子品牌。此前活动规模较小，受益群众有限。新媒体直播活动具有顺应潮流、受众面广等宣传优点，因此考虑将新媒体技术和苏州话教学活动相结合，将“苏州话教学课堂”搬出图书馆，依托国家级平台进行现场直播，寓教于游，让更多人了解苏州图书馆、云游江南姑苏。

因时而起，顺势而动，苏州图书馆紧扣夜经济品牌，于2020年8月8日在人民日报新媒体客户端推出“‘姑苏八点半’文化乡愁里的江南”直播活动，让观众感受夜幕下的苏州城市气息。

二、主要内容

1. 前期准备

（1）确定直播地点

苏州历史悠久，文化底蕴深厚。因为整场直播着重介绍苏州文化，故直播地点选择在首批“中国历史文化街区”——山塘街（见图1）。

图1 苏州图书馆“姑苏八点半”直播中山塘街夜景画面

山塘街位于江苏省苏州古城西北，东至“红尘中一二等富贵风流之地”阊门，西至“吴中第一名胜”虎丘，全长约3600米，约合7华里，故称“七里山塘到虎丘”。唐代，白居易任苏州刺史，对苏州城外西北河道进行疏浚，开挖成山塘河，傍河而建的古街被称为山塘街。沿街的古建筑，大多是晚清和民国时期的建筑，如今已成为繁华的旅游商业街。

（2）确定直播媒介

从本质上来看，公共图书馆的核心功能在于为大众提供优质的文化服务。在对网络直播进行具体运用过程中，选择具有公信力的传播平台，显得尤为重要。综合受众覆盖面、平台影响力等因素，最终确定与国家级媒体《人民日报》进行战略合作，在其官方客户端开展为期半小时的直播活动。

（3）确定直播人员

一场直播活动的成功与否，与活动主持人的专业素养密不可分。在主持人的选择方面，苏州图书馆与苏州市山塘历史文化保护区发展有限责任公司达成合作意向，由景区方推荐的金牌讲解员联合具有苏州方言专业学习背景的图书馆员进行“双主持”直播（见图2）。最大限度地让全国群众听得明白“苏州历史”、听得懂“苏州方言”。

图2　苏州图书馆“姑苏八点半”直播中主持人介绍苏州评弹

（4）确定直播文稿

根据山塘街景区方面给出的最佳游览路线，与馆员实地考察相结合，直播文稿最终确定由“御碑亭、冈州会馆、岭南会馆、咸丰老铺、通贵桥”等五个篇章组成，以标志性景点为媒介，深入浅出讲解姑苏文化内涵。同时，考虑到受众群体的不同，文稿中还积极融入苏州话童谣、洋苏州版块，邀请苏州本地小朋友现场唱《笃笃笃，卖糖粥》《摇啊摇，摇到外婆桥》等苏州话童谣；邀请外国友人品鉴松鼠桂鱼、桂花糖粥等地道苏州美食。情与景相融，尽显江南水乡人文气息。

2. 活动过程

2020 年 8 月 8 日晚上 8 点，“姑苏八点半”网络直播活动在山塘街和人民日报客户端线上线下同步开启。这次直播活动的主持人是苏州图书馆“珍享学苏州‘闲话’”活动的珍珍老师和山塘历史文化保护区的讲解员小龚。珍珍用吴侬软语的苏州“闲话”和小龚一起，在镜头前带领网友们游御碑亭、冈州会馆，听苏州童谣，赏山塘夜景，品地道苏州美食，听苏州评弹（见图 3）。

图 3　苏州图书馆“姑苏八点半”直播中山塘街古戏台评弹表演

本次直播活动特地设置了分会场：“我是苏州人——致敬贝聿铭”（见图 4）。贝聿铭先生是享誉全球的华裔建筑大师，其祖祠所在地“贝家祠堂”，正位于山塘街 603 号。贝聿铭于 2019 年 5 月 16 日逝世，时值贝老逝世一周年之际，苏州图书馆在直播活动中特意增设“我是苏州人——致敬贝聿铭”环节，邀请曾经作为苏州市政府代表团一员赴美拜见贝老的苏州图书馆时任馆长曹俊，在山塘街贝家祠堂前，向海内外观众讲述贝老与苏州的不解之缘，生动体现图书馆的“人文情怀”。

图 4　直播活动中山塘街贝家祠堂简介

三、实施要点

一条山塘街，半部江南诗，直播活动的有效开展，让观众们读到了水墨江南的诗情画意，读到了绵延千古的人文情怀，读到了江南的市井，也读到了姑苏夜的繁华。

1. 案例成功的原因

（1）前期宣传预热到位

在直播活动之前，苏州图书馆依托微信、微博等社交平台开展宣传工作。具体体现为：在人民日报客户端，以滚屏形式，进行为期三天的节目预告，增加观众对该直播活动的知晓度；在苏州市政府新闻办公室官方微博“苏州发布”以及苏州图书馆官方微信平台进行宣传，发布活动彩排“剧透照”，吸引读者目光。多措并举，最终取得良好成效。

（2）准确把握读者需求

图书馆的服务对象就是读者，图书馆的一切工作都要围绕“为读者服务”来展开，直播活动也同样不例外。在文稿的撰写、景点的选择方面，馆方积极与读者沟通，准确把握读者需求。例如，针对外地读者不熟悉“苏州话”的情况，在实际直播过程中，馆方将普通话与苏州话进行有机结合，并要求主持人适当放慢语速，做到重点词句重点讲解，确保读者“听得清、听得懂”。

（3）直播预案准备充分

苏州地处江苏最南边，受亚热带季风气候影响，夏季降水量十分丰沛。直播活动在预设的室外直播基础上，增加了室内直播备选方案，对主持人需要站立的亭台楼阁等地进行实地考察，确保灯光、音效符合直播要求。

另外，针对直播活动中出现的诸如景区人群拥挤、直播信号中断等问题，馆方也准备了包括配备安保团队、设立备用信号源等在内的多项相应预案，确保直播顺利完成。

2. 案例推广的意义

近年来，网络直播行业飞速发展，根据中国互联网信息中心发布的第45次《中国互联网络发展状况统计报告》显示，截至2020年第一季度，我国网络直播用户已经达到了5.6亿，占网络用户总数50%以上。在网络直播行业蓬勃发展的同时，我国公共图书馆也在不断尝试创新服务。网络直播在图书馆服务中的应用逐渐广泛，高效、远距离服务成为可能。

四、成效与影响

在国家大力倡导发展“夜经济”的宏观背景下，苏州图书馆在人民日报客户端创新开展的“姑苏八点半——文化乡愁里的江南”直播活动，开播前预约量突破了10.6万人次，最终35分钟的直播活动，吸引超33万网友在线观看和热评。活动进一步坚持了以人民为中心的发展思想，彰显人本价值、弘扬优秀文化，满足了人民群众对美好生活的新期待。

苏州图书馆馆员撰写的《“姑苏八点半”文化乡愁里的江南——苏州图书馆新媒体服务案例介绍》在2020—2021江苏省图书馆学会学术年会论文和业务案例征集活动中荣获一等奖（见图5）。

荣誉证书

周燕霏、董雯婷、韩建峰　同志：

在2020—2021江苏省图书馆学会学术年会论文和业务案例征集活动中提交的案例被评为一等奖。

特颁此奖，以资鼓励。

案例题目：“姑苏八点半”文化乡愁里的江南——苏州图书馆新媒体服务案例介绍

二〇二一年十月

图5　苏州图书馆“姑苏八点半”直播案例获奖证书

总的来讲，苏州图书馆借助网络直播的形式开展服务的模式创新取得了巨大的成功，但是受到经验、设备等多方面因素的限制，活动过程中也暴露出一些问题。在今后的发展过程中，苏州图书馆将进一步探索网络直播与图书馆服务结合的有效形式，进一步提升图书馆的创新水平，为今后公共图书馆高质量发展的实现奠定坚实的实践基础。

（撰稿人：研究咨询部　周燕霏　董雯婷　韩建峰）

“妙BOOK言”阅读市集

为促进文化旅游消费及扩大丰富优质文化产品供给，苏州图书馆于2023年首度举办“妙BOOK言”阅读市集。通过设立图书、非遗产品、文创产品摊位，以及举办多样化的阅读互动活动，苏州图书馆在弘扬优秀传统文化的同时，也为广大市民提供了一个休闲娱乐的好去处，让大家在轻松愉悦的氛围中感受阅读的魅力。

一、项目设计

“妙BOOK言”阅读市集由苏州市文化广电和旅游局主办，苏州图书馆承办，苏州市非物质文化遗产保护管理办公室、苏州市摄影家协会、苏州市音乐家协会、相城区文化体育和旅游局、相城区文学艺术界联合会共同协办。

“妙BOOK言”阅读市集不仅是一个消费场所，更是一个文化艺术交流的平台，集书市、露营、文创、非遗、读书会、音乐、轻饮食为一体，为广大市民读者打造出一个休闲放松的好去处（见图1）。通过融入图书馆服务、创意互动活动、阅读体验活动等形式，市集扩充了内涵，创新了阅读推广模式，丰富读者的文化生活，助力形成爱读书、读好书、善读书的社会风尚。

二、主要内容

2023年5月12日至14日，苏州图书馆在北馆外书香公园举办了为期3天的“妙BOOK言”阅读市集。本次市集联合20余家品牌设立摊位，非遗课程、打卡集章等多项互动活动也同步进行，为广大市民读者带来了

图 1 “妙BOOK言”阅读市集现场

一场妙不可言的阅读派对。

1. 阅读市集场地分区

现场场地分为拍照打卡区、露营区、市集摊位区和活动交流区。

（1）拍照打卡区。设置背景墙，布置巨型打卡装置，打造绝美拍照区，为读者留下美好回忆。

（2）休闲露营区。搭建天幕帐篷，放置懒人沙发、座椅等，读者可以在此安静地享受阅读。

（3）市集摊位区。现场共设置 20 个摊位，有阅读主题摊位，包括书店集成摊位（新华书店、钟书阁、樊登书店、艾伯特的书店等）、“你选书　我买单”现场图书借阅摊位、“乐读盲盒”惠民盲盒发放摊位，还有多个文创、艺术品、手工艺品、非遗产品、咖啡、轻饮食等摊位，包括乔麦年画、王晓剪纸、云帆苏绣、檀香扇厂、翁世炎盘扣、信心花舍等。

（4）活动交流区（见图 2）。在场地中央搭建巨型天幕作为活动场地，开展各式创意活动，包括雕版印刷、手冲咖啡体验、苏扇制作、夜读活动、

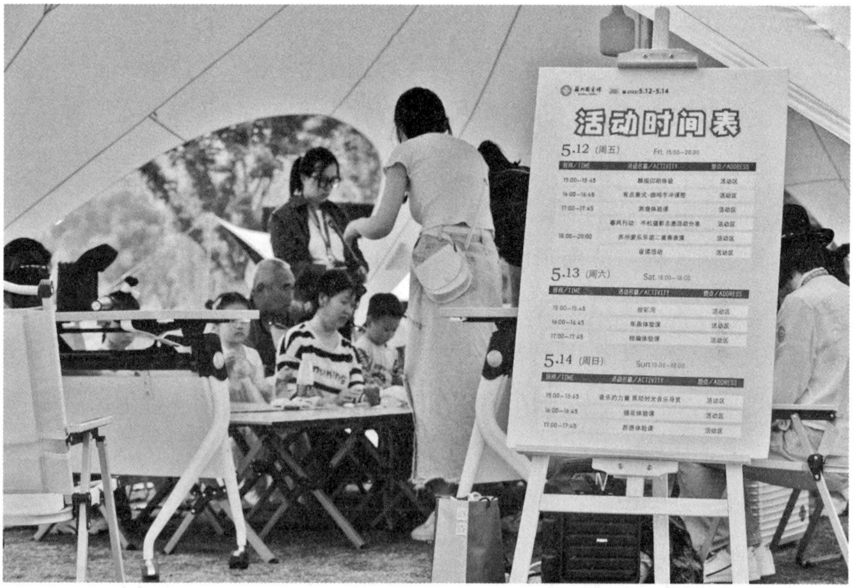

图 2　阅读市集活动交流区

年画课程、粽编体验、黑胶欣赏、插花艺术等 10 余项互动体验活动。

2. 阅读市集配套活动

（1）集章打卡活动：在阅读市集入口“乐读盲盒”摊位领取集章卡，读者可通过转发朋友圈、市集消费、现场借阅、趣味问答等方式集章。集齐五枚印章即可获得“乐读盲盒”或苏州图书馆 × 乔麦年画联名藏书票一份。

（2）图书漂流：活动在一周前开始预热，邀请读者将家中闲置图书送至图书馆内，图书馆按照图书金额发放等额换书券。在阅读市集现场，读者凭换书券交换图书，也可以以书换书。

（3）夜读活动：夜幕降临，华灯初上，在市集首日夜晚，图书馆与读者开启一场阅读分享会。以茶文化为主题，配上馆员的一本书，带领读者朗诵美文和赏析中国传统古典音乐，音乐与阅读相互交织，营造出一种独特的氛围，让读者们沉浸其中，享受这难得的宁静与美好。

（4）雕版印刷技艺体验活动：雕版印刷于 2006 年入选第一批国家级非物质文化遗产名录。活动特邀雕版印刷技艺非遗传承人吴亚东，现场展示各类雕版，并讲解传统印刷术的操作流程，指导读者制作精美的雕版印刷作品，感受中华优秀传统文化的魅力。

（5）苏扇课程：苏扇制扇工艺在 2006 年经国务院批准被列入第一批国家级非物质文化遗产。本次活动邀请苏州檀香扇厂老师带领读者在绢宫扇上作画，创作一幅属于读者自己的“苏扇”作品。

（6）乔麦年画课程：桃花坞木版年画于 2006 年入选首批国家级非物质文化遗产。活动由苏州桃花坞木版年画传承人、苏州版画艺术家乔麦主讲，主要介绍苏州桃花坞年画的历史故事、代表作、技艺特色等内容。读者们亲自体验年画印刷“一团和气”，获得了自己的专属年画（见图 3）。

（7）“云帆苏绣”刺绣艺术体验课：苏绣，是中国四大名绣之一，首批

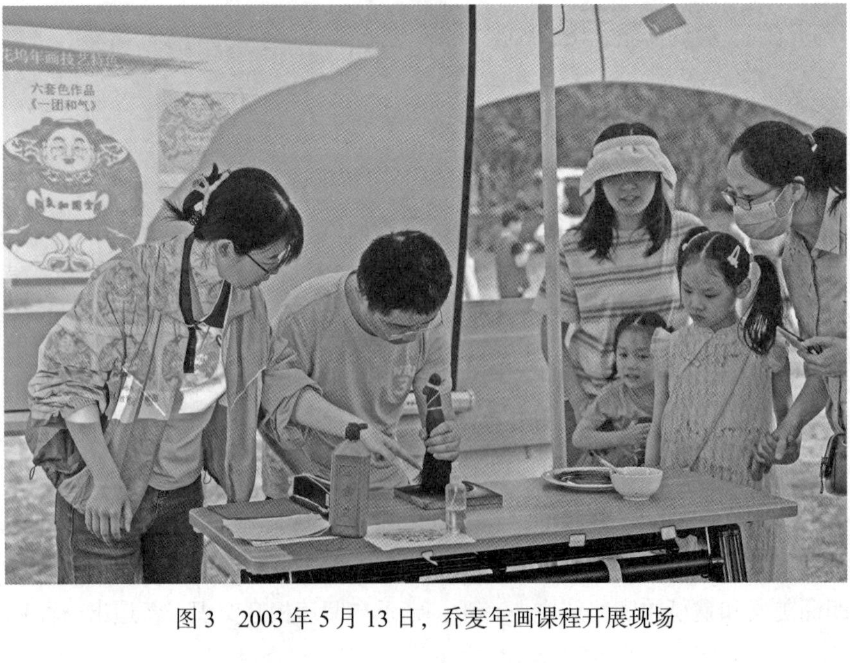

图 3　2003 年 5 月 13 日，乔麦年画课程开展现场

国家级非物质文化遗产。活动邀请苏绣老师，为读者科普刺绣小知识，帮助读者了解中国非物质文化遗产、当地特色苏绣，并现场教学，带领读者学习刺绣的针法、穿线等技艺。

（8）粽编体验课：粽编，一种独特技艺，深受人们的喜爱。活动邀请了经验丰富的粽编大师，亲自指导学员们如何运用双手，用棕榈叶编织出精美绝伦的粽编作品。

（9）咖啡手冲课程：手冲咖啡是最纯粹的咖啡美学，它是一种生活的表达，是社交的调剂品，是灵感的催化物。活动特邀咖啡师讲解咖啡相关知识，让读者朋友学习并体验手冲咖啡制作过程。

（10）“神奇的海洋世界”少儿捏彩泥活动：小小彩泥中蕴含了孩子们的无限创意。老师指导小读者们揉、捏、搓、按、压、混色等多种创意手法，小读者们发挥想象，用手捏出一幅幅海底图画，栩栩如生，惟妙惟肖。

（11）“音乐的力量·黑胶时光之旅”：将苏州图书馆品牌活动搬到阅读市集，活动以音乐图书馆黑胶唱片特色资源为切入点，馆员志愿者向读者介绍黑胶唱机基础知识，并邀请读者现场使用、体验。

（12）“花里有话”插花艺术体验课：在母亲节当天，邀请插花老师为读者讲解花材、插花入门原则、花卉养护知识，以及插花技巧等内容，并让读者亲手制作花篮，以此表达对母亲的感激之情。

三、实施要点

（1）阅读内涵与市集的融合。阅读市集，图书与阅读是主角。在这里，市民读者们不仅可以借阅、交换到自己喜欢的图书，还可以参与到丰富多样的阅读活动中。“你选我买·万卷书集”摊位集结了多家书店，其中图书均参加苏州图书馆“你选书　我买单”活动，读者可直接在摊位免费借阅新书。“图书漂流”摊位则摆出种类丰富的闲置书籍，读者可在此以书换书，让旧书焕发出新的活力。“阅享夜读”活动以小型读书分享会的形式开展，包含小提琴协奏曲表演、茶文化一本书美文朗诵、中国古典音乐黑胶分享等内容，读者们在此以书会友，共享夜间阅读好时光。这些摊位与活动将图书与市集紧密结合，打造出阅读市集特有的文化氛围。

（2）文化元素与市集的融合。市集在阅读的基础上，融入了非遗、手作、文创等多种文化元素，使得市集内容更加丰富多彩，实现文化与商业的有机融合，为市民读者带来了全新的文化和购物体验。其中，年画、苏扇、苏绣、粽编、雕版印刷等非遗体验活动琳琅满目，这些非遗项目在集市中的呈现，为市民读者提供了一个近距离接触、了解和喜爱非遗文化的平台。

（3）互动玩法与市集的融合。本次市集策划了一条贯穿所有摊位的“主线任务”。在“乐读盲盒”摊位，读者可领取集章任务卡。读者可以通过参与市集现场的图书借阅、购物消费、趣味知识问答以及转发分享等活动，累积印章。当印章收集满后，读者可免费换取糖画、手绘头像、图书盲盒以及苏州图书馆定制藏书票等丰厚奖品。精心设计的动线覆盖了所有摊位，旨在引导市民读者更好地体验市集的内容，并且能在参与互动的过程中收获知识和乐趣。

四、成效与影响

2023年5月，“妙BOOK言”阅读市集成功举办，汇聚了20个品牌，开展了12场富有创意的互动体验活动，吸引了超过1000名市民读者的热情参与，线上推送及照片墙的点击量更是突破30万次，充分展现了文化产业的生机勃勃，也体现了市民读者对创新阅读推广活动的热爱。今后，苏州图书馆将继续丰富阅读市集的内涵，策划主题阅读市集、时令阅读市集等，期望通过此类活动，进一步激发文旅消费的潜力，为文化产业的繁荣发展贡献力量，我们相信阅读市集这种形式将日益受到大众的喜爱，成为广大市民积极参与的文化盛事。

（撰稿人：阅读推广中心　周佳　范心怡）

“苏图首发”系列活动

全民阅读是提升大众科学素质和文化素养的重要举措。《中华人民共和国公共图书馆法》第三十六条提出“公共图书馆应当通过开展阅读指导、读书交流、演讲诵读、图书互换共享等活动，推广全民阅读”[①]，从立法的角度将全民阅读纳入公共图书馆的服务范畴。在实践层面，随着政策的落地，各地图书馆、出版社、书店（以下简称“馆社店”）加大阅读推广服务的力度。特别是随着人工智能、“互联网+”等技术的迅速发展，馆社店融合发展被提上了新的高度。2019 年，“苏图首发”品牌活动应运而生，有效搭建了馆社店的共享合作平台，打通了出版社、读者、图书馆之间的“绿色通道”，读者可在新书发布的当天借阅到图书，大大提升了阅读的时效性和体验感，打造全民阅读的全新格局。

一、项目设计

为了优化供给体系，做深行业融合，大力推进内涵式的高质量发展，苏州图书馆以“开放办馆”为理念，充分调动社会力量参与公共阅读服务，走出了一条有广度、有深度、有温度的全民阅读创新之路。“苏图首发”正是基于这样的理念，旨在有效搭建起公共图书馆、出版社和书店三方的交流合作共享平台，建立出版社、读者、图书馆之间的“绿色通道”，在新书发布的当天，读者即可在图书馆借到新书。该品牌活动有效缩短了新书出版到图书馆上架的时间，让市民朋友更快地掌握出版动向，阅读精品图书，也让图书馆外的资源“走进来”，又将图书馆的服务辐射出去，助推

① 中华人民共和国公共图书馆法［EB/OL］.［2024-02-26］. https://www.gov.cn/xinwen/2017-11/05/content_5237326.htm.

全民阅读走向深入。

二、主要内容

苏州图书馆基于“立足本地，面向全国”的理念，深耕本地出版社资源，联动全国各大出版社，携手传统媒体和新媒体，积极构建融媒传播矩阵，拓展推出新书分享、文化沙龙、专家品鉴等高品质的阅读活动，传承弘扬地方文化，深化促进文旅融合，以馆社店联动的方式，开启高质量全民阅读、建设书香苏州的新篇章。活动自 2019 年创办以来，采用线上线下联动的方式，有条不紊推进，受到广大市民朋友的喜爱。

1. 开展“苏图首发”线下系列活动

“苏图首发”活动充分调动知名书商和出版社等社会力量，旨在构建集新书发布、快速借阅等于一体的首发矩阵。团队与时俱进，群策群力，围绕“江南文化、非遗体验、科普知识、文化传播”等最新主题，尤其是在“4・23 世界阅读日”“江苏书展”等重要时间节点，通过策划一系列新书分享会（见图 1）、名家对话、图书展览、线上全媒体（音视频）发布等多样的活动，传承地方优秀传统文化，促进文旅融合发展。每次首发线下活动，图书馆会邀请作者亲临现场，与读者交流互动。同时，图书馆与书商、出版社密切合作，现场开放新书借阅和新书销售通道，让读者第一时间既能品读名家新作，又可以与名家面对面交流，进一步强化读者的主体地位，以个人实践传播全民阅读思想，从而带动更多的读者参与阅读活动。

2. 举办出版社专题优秀书展

随着活动的持续推进，“苏图首发”活动推陈出新，并在 2024 年率先推出了出版社专题优秀书展（见图 2）。每期“苏图首发”仪式后的一个月内，苏州图书馆将联合书商和出版社，举办该期首发图书所属出版社的专题优秀书展。图书馆技术人员前期通过大数据技术，分析读者群体特征、

图 1　2022 年 8 月 26 日，苏州图书馆在北馆报告厅举办苏图首发启动仪式暨《猛将还乡：洞庭东山的新江南史》分享会

图 2　2024 年 3 月 1 日，苏州图书馆在北馆大厅举办“苏图首发”之出版社专题优秀书展

阅读需求等信息，开展面向读者个性特点、行为偏好的针对性阅读推广服务，并将读者的需求与出版社的资源进行深度对接。出版社围绕图书馆的实际需求，结合近年来畅销书、热门书、经典书等类型，呈现集美学、艺术、文化等于一体的展览。同时，苏州图书馆为方便读者借阅到一手新书，优先筛选该出版社近两年内的图书进入“你选书　我买单”品牌活动清单，现场提供出版社优质新书、好书供读者借阅。读者既可以品读到出版社的优质图书，也可以参加书展并打卡集章，有机会获得苏州图书馆的精美礼品。这一举措大大提升了出版商的参与热情，也受到了广大市民朋友的喜爱。

3. 开展“苏图首发”线上系列活动

“苏图首发”活动线上线下齐发力，共同推进阅读推广走深走实。活动每年会制定详细的活动计划，在重要的时间节点推出线上系列活动，通过图书馆官方微信、官方微博、官方视频号直播，借助融媒体传播等形式开展线上图书交流分享活动。如 2023 年“苏图首发之非遗进苏图——《勤为大家乐》图书分享会”活动（见图 3），苏州图书馆与苏州市滑稽剧团深度合作，邀请《勤为大家乐》的作者、梅花奖得主张克勤与读者朋友面对面分享，并且带来了一场精彩纷呈的滑稽戏表演。本次活动依托苏州图书馆视频号直播的形式，吸引线上线下观众 2 千余人。不少读者都意犹未尽，表示既能感知苏州非遗滑稽戏的魅力，也能通过图书了解艺术家台前幕后的故事。

三、实施要点

1. 搭建平台，优势互补

全民阅读推广至今，通过馆、社、店三方努力，已具备共同发展、共融互补的基础，馆社店联动势在必行。在这一体系中，公共图书馆承担主导者的角色，以公益性、公开性、共享性为原则，有着稳定的读者资源，

图 3 2023 年 3 月 26 日，苏州图书馆在北馆报告厅举办“苏图首发”之“非遗走进苏图——勤为大家乐”活动

在资源、活动等方面提供多样化服务。出版社是纸质资源和数字资源的源头，又掌握不少名家资源，内容资源是出版社的优势。转型升级的书店正成为城市第三空间，由于特色鲜明、环境舒适、分布广、新书多，书店有着明显的空间优势。“苏图首发”应运而生，通过有效搭建三方的合作交流平台，高效整合三方的优势资源，“苏图首发”在新书发布的当天，推动新书、好书送达读者，使读者感受到阅读氛围，提高读者的阅读效能。

2. 精准服务，高效送达

“互联网+”时代，全民阅读推广呈现出了新变化与新特征：数字化阅读成为主流，图书出版介质日渐多元化，数字图书、有声阅读等新业态不断涌现，新、老介质阅读互相融合。在大数据环境背景下，传统的馆、社、店粗放式的服务方式很难满足读者多样化的阅读需求，进而对图书馆提供精确科学服务提出了更高的要求。“苏图首发”作为苏州图书馆 2019 年全新推出的阅读品牌活动，积极利用新兴技术开展服务，将新技术推广应用到信息推送、活动传播等场景中，并通过用户个性化分析，主动推动相关书目信息，以数字化、智能化赋能读者阅读体验，更好地满足读者多样化、个性化的阅读需求。

3. 形式多样，文旅融合

党的二十大报告强调："坚持以文塑旅，以旅彰文，推进文化和旅游深度融合发展。"苏州作为中国历史文化名城、全国书香城市，文旅融合优势显著。同时，作为文化传播的窗口，新时代下的公共图书馆需为优秀传统文化搭建展示平台，积极响应开展非遗的培训、展览、讲座、学术交流等专题研究活动的号召，加大传播力度，增强传播效果，促进中华优秀传统文化的创造性转化和创新性发展。苏州图书馆通过一系列的创新举措，推出"苏图首发"系列活动，基于本地出版社，联动全国各大出版社，携手传统媒体和新媒体，围绕江南文化、非遗传承、名人传记、生态文明等主题，以名家讲座、新书分享会、读者沙龙、图书展览、走读研学等多样化的形式，吸引读者朋友走进图书馆。同时，也弘扬了苏州的传统文化，促进苏州全域旅游，以馆社店联动的方式，开启高质量全民阅读、建设书香苏州的新篇章。

四、成效与影响

"苏图首发"活动自2019年开展至今，将线上微信公众号推荐图书和线下新书分享会相结合，涵盖江南文化、名人传记、党史教育、生态文明、热门IP等各方面，线上线下累计举办活动40余场，点击浏览量已达2万余次，累计服务读者已达3千余人，累计媒体报道30余篇。

（撰稿人：采编中心　孔玲燕）

苏州图书馆志愿者协会

改革开放以来，随着社会经济的发展，我国开始出现对志愿服务的探索。随着志愿文化的兴起与发展，文化志愿者成为社会主义精神文明的传播者，志愿服务不断升温，社会影响日益扩大，越来越多的人加入志愿服务的行列。苏州图书馆长年累月、坚持不懈地开展阅读推广服务，一支充满爱心、耐心的志愿者服务队伍——苏州图书馆志愿者协会诞生了。

一、项目设计

苏州图书馆志愿者服务萌发于2001年人民路馆开馆之初，当时参与志愿服务的成员以苏州图书馆青年馆员为主，青年馆员们利用业余时间，为弱势群体提供送书上门服务。2006年5月至10月，苏州图书馆通过举办“让我的声音陪伴你”爱心磁带征集活动，招募了54名社会爱心人士加入志愿者队伍。2008年12月14日苏州图书馆志愿者协会正式成立，协会挂靠于苏州图书馆借阅中心，并制定了协会章程以规范对志愿者的管理工作。协会秉承“敬业、高效、创新、团结、专业”的理念，充分发挥志愿者的力量，为读者提供读者引导咨询服务、图书整理服务、读者调查服务、弱势群体服务、参与品牌活动等多项公益活动。截至2023年，苏州图书馆志愿者协会团队人数达1000人，根据志愿者服务内容，可分为“日常工作协助服务组”和“公益活动项目组”，其中项目组志愿者有100多人，人员数量相对稳定，有力地保障了协会工作深入、持久的开展。近年来，志愿者服务协会创立了以“我是你的眼”“‘E’家人老年人智能手机培训”“‘手’护的声音”等为代表的一系列公益活动品牌。随着志愿者人数的稳定和素质的提升，苏州图书馆的志愿服务团队得到了进一步的巩固和提升，志愿服务的内容也在原有的基础服务上进一步延伸和细化。

二、主要内容

1. 志愿者参与日常读者服务工作

苏州图书馆的志愿者广泛参与图书馆的日常读者服务，包括图书整理、网借找书、读者咨询引导、读者问卷调查、新书上架、维护阅览室秩序等，为读者答疑解惑，提供各种咨询服务。为方便进馆读者，志愿者们还在总服务台提供爱心老花镜、便民轮椅、应急药品、爱心针线包等便民设施，常态化开展学雷锋志愿服务。在节假日、寒暑期，开展“你阅我赠”志愿服务，精选部分非装订保留的过刊，由志愿者免费发放给读者（见图1）。学生志愿者队伍于每年寒暑假期间进行读者服务，弥补了寒暑期读者流量高峰造成的服务人员的不足。志愿者加入日常服务工作，一方面能弥补图书馆人力资源的不足，提高图书馆的读者服务水平；另一方面，志愿者通过参与图书馆的日常管理服务，加强了图书馆与读者之间的沟通。

图1　志愿者开展“你阅我赠”活动，给读者发放过刊

2. 志愿者参加特殊群体服务

苏州图书馆的志愿者深入参与图书馆的特殊读者群体活动，发挥着重要作用，目前已形成各类特殊群体志愿服务项目。例如，针对视障读者的“我是你的眼”志愿服务项目，常年服务于视障群体，每年开展30余场活动，目前已形成十大主题，包括盲人读书会、无障碍电影、苏州大讲坛、“一帮一 手牵手”、“走出户外 触摸世界”、视障读者系列培训、“真人图书馆”、“超凡”盲人朗诵艺术团、心聆其境、声音的房子等，每周二下午在苏图定期开展活动；针对听障读者的“‘手’护的声音”志愿服务活动，是针对听障读者群体策划的志愿服务项目，以阅读“无碍”架起图书馆与听障群体沟通交流的桥梁，项目将“手语+阅读”的互动体验方式融合到阅读活动中，听障读者一方面在阅读活动中汲取养分提升自我，启智增慧，另一方面通过手语，也能积极参与全民阅读活动；针对老年读者的“‘E’家人老年人智能手机培训”志愿服务项目，通过学生志愿者一对一讲解，围绕老年读者基本生活需要进行整体策划，学习包括“线上苏图”“交通出行”“医疗健康”“旅游休闲”“民生服务”“媒体资讯”六大版块内容，帮助老年读者跨越智能时代“数字鸿沟”（见图2）。

3. 建立健全志愿者管理体系

苏州图书馆志愿者协会制定了《苏州图书馆志愿者协会章程》及各项管理制度。协会注重对志愿者的招募与培训，创造性地打造志愿服务项目，吸引想做公益的人加入文化志愿者服务团队，发挥自己的才能。协会根据项目需求纳新，在苏州图书馆志愿者智慧云平台筛选报名的志愿者，通过电话回访、面试沟通、培训等程序，进行细化招募，分别安排志愿者加入志愿服务项目。协会还会对志愿者进行针对性的培训，为他们普及图书馆服务知识和服务礼仪，以保障相关志愿服务能高质高效地开展（见图3）。协会还对在志愿服务活动中表现出色的志愿者，采取一些鼓励办法，例如：依据“志愿者活动及服务记录”，凡服务满十小时以上的，根据需要为志愿者开具材料证明，以作为对志愿者个人表现的认可；根据“志愿者活动

图 2 “E”家人老年人智能手机培训志愿服务项目，志愿者在一对一培训老年读者

图 3 开展志愿者培训，普及图书馆服务知识

及服务记录”，每年苏州图书馆志愿者协会都对评选出的优秀志愿者，给予一定的表彰与奖励；评选出的优秀志愿者可优先参与苏州图书馆举办的各类名人讲座、作家见面会等活动，也可优先参观苏州图书馆举办的各种展览；志愿者凭借苏州志愿者智慧云服务平台上有效记录的志愿服务时长，可开具苏州市志愿者总会志愿服务证明，并根据志愿服务时长获得志愿星级评定。随着“苏图志愿者智慧云平台”的建立并投入使用，志愿者管理体系变得更加规范，为志愿者服务工作提供了良好硬件支持。

三、实施要点

1. 平等包容：满足读者精神文化需求

苏州图书馆志愿者协会始终把读者的文化需求放在首位，细分服务对象，针对不同群体开展相应的志愿服务项目，为其提供内容丰富、与时俱进的文化产品，使其更好地享受文化权益、更好地融入社会。打造“真人图书馆”，拥有丰富知识和生活阅历的志愿者在和视障读者面对面的交流中，为视障读者打开更多新世界的大门、感知多元化的人生。“无障碍电影”，通过志愿者真人现场讲解电影，让视障读者也有全新的电影体验。“读书有范”活动通过志愿老师导读的方式，让有声阅读引导大家更多参与阅读，提高了盲文书籍的借阅量，拓展了盲文阅览室馆藏盲文书籍种类，培养和激发了视障读者的阅读兴趣，拓宽了其眼界。开办志愿者手语培训班，邀请苏州市聋人协会专职手语老师对有一定手语基础或对手语有极大兴趣的志愿者进行培训，打造志愿者手语团队，更好地服务听障读者（见图 4）。“珍享学”苏州闲话志愿服务活动，由苏州图书馆的珍珍老师担任主持人，并联合苏州评弹学校及社会各界有专业知识的志愿者，通过线上线下相结合的形式，进行吴语教学与吴文化的普及。

2. 提质增效：促进志愿服务项目品牌化

项目化是志愿者服务提质增效的重要方法，也是推进志愿服务工作可

图 4 “手”护的声音志愿者手语培训，志愿者手语团队合影

持续发展的重要抓手。苏州图书馆志愿者协会以志愿服务项目化、品牌化为引领，推动志愿服务提质增效。经过多年的运行与发展，已形成“我是你的眼”“‘手’护的声音”“‘E’家人老年人智能手机培训”“珍享学苏州‘闲话’”等多个志愿服务项目。为充分发挥志愿者的专长与才能，2023年，志愿者协会全新打造了“阅生活+”志愿服务项目，围绕阅读与生活招募有专业特长的志愿者担任分享嘉宾，包括园艺老师、收纳老师、律师、医生等，与读者分享阅读，感悟生活。同时，组建展览讲解志愿者团队，通过培训、试讲等环节，最终选定 10 名志愿者进行志愿讲解服务。2023年暑假期间，他们为“册府千华——《永乐大典》与苏州文献展”服务 88 场次志愿讲解（见图 5）。协会在扩大志愿服务范围、满足读者文化需求的同时，持续大力推进志愿服务项目品牌化建设。

3. 练好内功：构建长效系统的招募运行机制

志愿者是公共图书馆读者服务不可或缺的重要力量，在提升服务效率、优化读者体验等方面起到了重要作用。为保障文化志愿服务的长远良好发

图 5　志愿者给读者讲解“册府千华——《永乐大典》与苏州文献展”

展，苏图志愿者协会加强对志愿者的招募与培训，打造志愿服务项目，充分吸引想做公益的人加入文化志愿者团队，发挥自己的才能。根据志愿者自身特点和优势，打造志愿者专属志愿服务活动，给志愿者提供发挥才能的更大空间。例如：组织以范佳音老师为代表的志愿者为视障读者读书，打造“读书有范”志愿者专属读书栏目；国家语言有声数据库苏州方言发音人沈亮老师携手应薇老师，成为“珍享学”苏州闲话栏目的固定志愿者；中国好人“顾凤娟”作为苏图志愿者走进消防救援站，揭秘水乡苏州的“红色地图”。协会不断根据志愿服务项目纳新，招募有特长的志愿者组成项目团队，服务全新的志愿服务项目或充实其他服务项目内容。协会还不定期开展志愿者团建活动、评优活动等，在增强志愿者团队的向心力和凝聚力的同时，增强图书馆与志愿者间的黏性（见图 6）。

图 6　志愿者代表参加国际志愿者日团建活动，一起动手制作手工坐垫

四、成效与影响

苏州图书馆作为城市文明窗口的服务单位，以“平等、免费、专业、礼貌、高效”的服务理念，助力苏州全国文明典范城市创建和人民群众精神生活共同富裕。苏州图书馆志愿者协会着力完善志愿服务体系，广泛开展各类志愿服务活动，不断引领志愿服务工作深入开展，取得较好社会影响。截至 2023 年，共开展志愿者服务 2789 场次，提供志愿服务 32258 小时，服务 14300 人次，扩大了阅读推广覆盖面，更好地推动了全民阅读。苏州图书馆志愿者协会所推动的志愿服务项目中，“我是你的眼”志愿服务项目于 2019 年在全国宣传推选学雷锋志愿服务“四个 100”先进典型活动中被评为“最佳志愿服务项目”和“文化和旅游志愿服务典型案例”。

2020 年，苏州图书馆志愿者协会被评选为第三届江苏全民阅读“十佳阅读志愿服务组织”。2021 年，苏州图书馆志愿者参与的“‘E’家人老年人智能手机培训”项目，荣获第十六届苏州阅读节优秀活动奖。协会广泛发动志愿者参与养老和助残活动，2023 年，苏州图书馆被评选为苏州市养老服务先进集体。

志愿者队伍建设的路任重而道远，苏州图书馆志愿者协会将继续规范志愿服务工作，并积极探索包括特殊读者在内的各类群体的志愿服务项目，通过充分发挥和借助志愿者的力量，积极开展志愿服务活动，弘扬社会正能量。

（撰稿人：借阅中心　陈艳秋　黄文婷）

“悦读妈妈”志愿服务团队

公共图书馆是面向全民提供知识、信息及文化服务的公益性机构，是社会公共文化体系的重要组成部分。除了提供文献借阅、资料查询服务外，还肩负着开展社会教育和传播文化的责任。随着社会各方面的飞速发展，人民群众对文化服务的需求日益增长，不管是针对成人还是少年儿童的服务，公共图书馆都面临着自身人力资源不足、知识结构有限的困难和不足，这就需要引入社会力量即志愿者。苏州图书馆的“悦读妈妈”是以少年儿童这一群体为服务对象的志愿者团队。

一、项目背景

为鼓励更多的家庭开展亲子阅读，培养孩子的阅读兴趣，提高亲子阅读的质量，苏州图书馆于2011年就推出了“悦读宝贝计划”，为0—3岁的婴幼儿免费发放“阅读大礼包”，并开展配套的阅读活动，让儿童在尽可能早的年龄就开始喜欢图书并从中受益。

但仅凭到图书馆参与阅读活动，对于培养“悦读”宝贝而言，作用其实是有限的。对于学龄前儿童而言，他们接触最多的是幼儿园和家庭，只有调动起幼儿园老师和家长的力量，营造学校、家庭热爱阅读的氛围，才更利于培养孩子的阅读兴趣。

苏州图书馆实行总分馆体系建设，总馆和各分馆不仅是阅读、借还图书的场所，还需要经常开展各类阅读活动，尤其是少儿活动，如果有一支高素质的专业志愿者队伍加入，必定会为书香社会的建设注入新的活力。

在这样的背景下，2015年3月，苏州图书馆“悦读妈妈”志愿者团队正式开启招募，团队成员以幼儿园老师和热心家长为主。招募结束后，志愿者并不是要立即设计实施一场阅读推广活动，而是要进行全方位的培训后才能“上岗”，保证了志愿者具有一定的专业水准。

二、志愿者培训主要内容

为了保证志愿者的专业性，苏州图书馆开设了“悦读妈妈”志愿者培训课堂，通过一系列自成体系的课程，增强他们的专业能力，提高他们的专业水准。培训课堂内容分为五大模块：故事妈妈课堂、智慧妈妈课堂、成长妈妈课堂、巧手妈妈课堂、健康妈妈课堂（见图1）。培训课堂不仅教志愿者们如何为孩子阅读，还系统地讲解孩子在成长过程中所要注意的营养、发育、生理、心理等问题，还包括夫妻关系、婆媳关系等家庭问题，争取为孩子们提供和谐的家庭环境，进而创建良好的阅读环境。在这样的课堂中，志愿者们获取的知识是立体化的、全方位的。

故事妈妈课堂主要为志愿者们开展如何讲故事即“故事的讲读技巧”方面的培训，包含三个子主题：“故事文本解读”“故事讲读技巧”（见图2）“故事讲读中的互动”。儿童文学作品和一般文学作品不同，具有韵律性、游戏性和可操作性的特征。在给孩子讲故事之前，不仅要理解文本内容，还要揣摩人物的语气、语调，学会模仿不同年龄的人物乃至小动物的声音。

智慧妈妈课堂主要为志愿者们开展“图画书的选择与欣赏”方面的培训，包含以下三个子主题：“图画书的基本常识”“图画书的解读方式”“图画书的选择及亲子共读建议”。图画书看似是给孩子看的，其中却隐藏着很多的奥秘。在亲子阅读的过程中，志愿者可以和孩子反复共读，不断地去探索图画书的叙事结构和图文关系等，孩子们一定会有意想不到的发现。

成长妈妈课堂主要为志愿者们开展“婴幼儿早教”方面的培训，包含以下三个子主题：“关注孩子成长的心理营养”“孩子的情绪管理”“走进孩子的童心世界”。孩子的成长不仅包含身体健康，还包括心理健康。爱、安全感、独立性、价值感、与人链接这五个方面都是孩子不同阶段

图 1 “悦读妈妈”志愿者培训第六期海报

图 2 故事妈妈课堂——给孩子讲故事的N种技巧

成长的心理需求。孩子们只有获得了充足的爱，才有能力传递爱，传递美好。

巧手妈妈课堂主要为志愿者们开展"阅读延伸游戏"方面的培训，包含以下三个子主题："画故事，做绘本""做手偶，讲绘本""做道具，演绘本"。我们在给孩子讲故事的过程中不仅依靠讲解，还要配合有趣的手偶等道具，听完故事做一本属于自己的绘本，几个小朋友对绘本进行一次展演，都会帮助孩子加深对故事和其中人物的理解。

健康妈妈课堂主要为志愿者们开展"婴幼儿营养保健"方面的培训，包含以下三个子主题："婴幼儿食物大揭秘""婴幼儿营养和食物搭配制作""婴幼儿春夏季健康保健"，见图 3。在孩子成长过程中需要多种营养元素的支持，缺乏任何一种，都可能会对孩子的健康产生影响。在为孩子选购食物时，一定要学会辨别其中所含的营养成分，科学搭配，才能帮助孩子保持强健体魄。

图 3　健康妈妈课堂——婴幼儿营养和食物搭配制作

三、特色与亮点

与图书馆其他培训活动相比，“悦读妈妈”志愿者培训课堂在理念上就与众不同。其关注重点不是通过一节课传授给家长多少知识，而是着眼于培养“悦读妈妈”志愿者团队。通过培养种子选手，以“奉献爱心”的形式，以“传播科学”的精神，深入社区、分馆、民工子弟学校等基层单位，对更多家长开展培训，将科学知识的种子撒向更广阔的天地。

在培训方式上，“悦读妈妈”志愿者培训课堂也突破了以往单靠老师理论性讲解的模式，而是将理论与实际操作结合，精讲与泛讲结合，课程结束后还有汇报演出。志愿者们在课上不仅能学到有关孩子生理、心理方面的知识，而且能够利用绘本做游戏、做手偶，组织故事会等。“悦读妈妈”志愿者培训课堂虽然不直接针对孩子，但它通过增强孩子养育者和教育者的知识储备，最终让孩子受益。

四、实施要点

1. 讲师及课时保证

既然要吸引老师和家长们自愿利用业余的时间来接受培训，那么在讲师的配备上则必须优秀、专业，课时安排也须合理。“悦读妈妈”培训课堂几位主讲老师韩梅、盘海鹰、张宇都是苏州知名的儿童专家。韩梅老师是苏州幼儿师范高等专科学校儿童文学专业的教授，盘海鹰老师是苏州著名的早教专家，张宇老师则是苏州著名的营养和保健专家，保证家长和老师们获取的知识和方法更加科学有效。

在课时安排上，图书馆将培训时间集中在周六，每周一次，历时一个月。这样既保证学员们能够利用业余的时间前来上课，也保证家长们一周一天的休息时间，易于为大家接受。

2. 志愿者成员保证

“悦读妈妈”志愿者招募公告一经发布，便受到了广大幼儿园教师和热心妈妈们的热烈欢迎。第一期培训通知下发不到一个月，就收到几十位志愿者的申请。

“悦读妈妈”培训课堂历时近两个月，占用的都是老师和家长们的业余时间。为了提升幼儿园老师和家长们的上课热情，除了专业的教师配备、系统的课程设计外，图书馆还与教育局合作，将培训课程纳入幼儿园老师再教育系统，在图书馆参加培训，能够为老师们争取继续教育积分，苏州教育局也对图书馆工作也给予了大力支持。

3. 规章制度保证

在“悦读妈妈”志愿者招募公告中，苏州图书馆就明确了志愿者的权利和义务。志愿者有免费接受全面、系统培训，取得结业证书，累积继续教育积分的权利，同时也需要履行相应的义务，即愿意在空闲时间接受图书馆的活动安排。学员们在报名时即根据自己的家庭住址或工作单位，选择志愿服务的区域。只有在服务时长达到一定要求后，图书馆才会颁发结业证书。在年底的时候，对于特别优秀的志愿者，图书馆也会给予一定的表彰奖励，形成良性循环。

五、活动开展及成效

“悦读妈妈”首期培训课堂的成功，为第二期课堂的开办带来了良性影响。“悦读妈妈”志愿者培训共开展了六期，苏州图书馆也在不断总结经验，优化培训课程。培训结束后，“悦读妈妈”志愿者开始作为种子选手走进社区、图书馆分馆，为更多的孩子带去有趣的故事和阅读延伸活动。志愿者们也从刚开始的需要两人合作完成一场活动，到可以一人独立完成一次志愿者活动。

截至 2023 年 12 月，“悦读妈妈”志愿者共走进 40 家社区图书馆（见图 4、图 5），开展活动 600 多场，15000 多人次参与，产生了良好的社会反响，受到了家长和小读者们的一致好评。“悦读妈妈”志愿者项目也获得了一系列的荣誉，“悦读妈妈”进社区活动荣获 2016 年第十一届苏州阅读节优秀活动奖，“悦读妈妈”志愿者课堂入选 2017 年苏州市文化志愿服务引导扶持项目并荣获第二届苏州市群众文化“繁星奖”，2019 年获评苏州市优秀阅读创新项目。

“赠人玫瑰，手留余香”。相信有了强有力的措施和机制保障，我们的“悦读妈妈”志愿者活动一定能够在苏州基层图书馆奉献力量，促进未成年人健康成长，最终保证家庭和孩子受益。

（撰稿人：苏州少年儿童图书馆　何亚丽）

图 4　“悦读妈妈”进社区——《蚂蚁和西瓜》（志愿者：徐嘉敏、李洁）

图 5　“悦读妈妈”进社区——《什么时候才下雪》（志愿者：顾春芳）

雏鹰志愿者

随着素质教育日益被重视，越来越多的青少年加入志愿服务的团队，许多学校将志愿服务时长纳入学生入团、评优等项目的考核标准中。苏州少年儿童图书馆的“雏鹰志愿者”活动，就是专为在校学生打造的一个社会实践项目。由于这里的志愿者都是在校学生，图书馆在志愿者工作内容设置上要简单易学，又不失趣味性和挑战性，从小学生到大学生，在苏州少年儿童图书馆都能找到适合自己的工作岗位，让志愿者们在完成工作的同时能获得成就感。图书馆的工作人员会在志愿者上岗前对其进行简单的培训，通过有效的讲解调动志愿者的积极性，帮助他们快速胜任图书馆的工作。

一、项目设计

对于还没有真正进入社会的青少年来说，参加志愿服务无疑是一个很好的与社会接触、交流的机会。通过参加志愿服务，青少年可以开阔视野，培养沟通交流、团结协作的能力，还可以增强自信，激发学习的动力。为此，苏州少年儿童图书馆开展了“雏鹰志愿者”系列活动，为青少年提供了校外社会实践的平台。作为青少年校外第二课堂，少儿馆更能给参加志愿服务的青少年带来亲切感，志愿者们服务的对象通常是与自己年龄相仿的小读者，没有了代沟，服务更顺畅，工作效率也能大大提高，志愿者在获得荣誉感的同时，工作也会更加积极；另一方面，志愿者辛勤的工作形象，也能给其他小读者起到表率作用，令他们更加爱惜书籍，遵守图书馆的规章制度，尊重他人的劳动成果，并且能吸引更多的青少年加入志愿者团队。

二、主要内容

1. 阅览室管理

在“雏鹰志愿者”所有服务项目中，阅览室管理是最易掌握，也是预约人数最多的一个项目，包含了图书管理员、秩序巡视员、环境保护员、爱心导读员 4 个岗位。图书管理员主要负责将读者还回的图书按索书号有序归架，并将书架整理整齐，图 1 为志愿者正在整理书架；秩序巡视员主要负责在场馆内巡视，发现如大声喧哗、追逐打闹、损坏书本、偷藏书本、偷偷将食物或饮料带入阅览室内等违规行为及时制止；环境保护员主要负责书架及阅览区域的清洁卫生工作，图 2 为志愿者正在清洁阅览室书桌；爱心导读员主要负责帮助小读者使用书目查询系统，引导小读者快速找到想要的书籍。以上岗位工作内容简单、易操作，但对体力有一定要求，故面向小学五年级以上的青少年招收志愿者。

图 1　图书管理员正在整理书架

图 2　环境保护员正在清洁书桌

2. 作业帮帮忙

“雏鹰志愿者”之作业帮帮忙是苏州少年儿童图书馆于2023年新增的一项活动（见图3），志愿者通过线上报名后需先提交一段讲课视频，由苏州少年儿童图书馆的工作人员审核后择优选用。每年，我们都会联系优秀视频的创作者作为主讲人来苏州图书馆开展线下讲课活动，并根据课程难易程度设置报名参加线下活动的儿童年龄范围，以保障作业帮帮忙线下活动能顺利开展。

图3 苏州少年儿童图书馆在人民路馆读者交流中心开展作业帮帮忙活动

3. 缤纷故事会、小手大创想

如果家有小学一年级以上的少儿，并且乐于展示，那就可以报名参加缤纷故事会或小手大创想志愿服务项目。报名缤纷故事会的志愿者需要向小朋友们展示自己拿手的故事和表演；小手大创想则是发挥动手能力，教小朋友们做手工。

4. 特殊成长礼

“雏鹰志愿者”之特殊成长礼是面向初中一年级以上的青少年开设的志愿服务项目，报名参加此项目的志愿者需以演讲的方式向其他小朋友分享自己的心得体会，内容可以是学习方法、旅游见闻、成长体验、身边的好人好事等积极向上的事例，以此将优秀的品德传扬下去。

三、实施要点

1. 活动发展概况

苏州少年儿童图书馆“雏鹰志愿者”活动品牌于2017年成立，面向全市在校学生招收志愿者。随着活动形式日渐成熟，活动内容也越来越丰富，如今“雏鹰志愿者”活动已包含社会服务、文艺展演等多方面服务内容。

2020年，“苏图雏鹰志愿者”微信小程序上线（见图4）。学生可以在小程序上一键报名预约，实现了方便快捷的报名。除此之外，学生还能通过小程序了解各岗位志愿者所要承担的工作内容及年龄要求，以此来选择适合自己的岗位。通过“我的预约”，志愿者们可以查询到自己的预约记录及预约办理情况，可作为志愿服务的凭证。

图4 “苏图雏鹰志愿者”微信小程序

青少年对“雏鹰志愿者”活

动的热情日益高涨，苏州图书馆各分馆也加入到志愿服务的队伍中，如今已有71家分馆成为了青少年开展“雏鹰志愿者”活动的基地，学生可以就近选择志愿服务的场馆。

2023年10月，苏州少年儿童图书馆举办了首场“雏鹰志愿者”之作业帮帮忙线下活动，无论是活动的形式，还是志愿者的表现，都受到了参与家长的好评，苏州电视台新闻综合频道“苏州新闻”栏目还对此次活动进行了报道。

2. 队伍建设情况

“雏鹰志愿者”活动因工作环境舒适、工作内容简单易掌握、工作量适宜，受到了广大青少年的青睐，自2017年举办至今，每年都吸引着大批青少年参与志愿活动，且报名人数呈逐年递增状态。据统计，2021年“苏图雏鹰”微信小程序志愿者预约量为4070人次，到2023年底，当年志愿者预约量已增长到10071人次，比2021年翻了2倍多。在每年的雏鹰志愿者队伍中，中学生成为了主力军，约占志愿者总人次的70%，而这些志愿者参加活动的时间，以暑期最为集中，7—8月参加“雏鹰志愿者”活动的人数约占全年志愿者总人数的50%，他们中有的已经是“雏鹰志愿者”活动的忠实粉丝了，每学期在苏州图书馆的累积志愿服务时长超过了100小时。

苏州图书馆对每一位志愿者的付出都十分关注，2024年初，优秀的雏鹰志愿者受邀参加苏州图书馆年度成果汇报会，他们作为代表接受大会表彰，这也给其他志愿者起到了很好的激励作用，吸引更多的孩子加入“雏鹰志愿者”团队。

3. 服务报名方式

苏州少年儿童图书馆的“雏鹰志愿者”活动通常安排在周末及节假日的9：00—11：00、13：00—15：00、15：00—17：00三个时间段，每次志愿服务时长为2小时，青少年可根据自身情况选择合适的时间段。首次报名参加志愿服务的同学只需在微信小程序搜索“苏图雏鹰”，填写完整的个人信息（包括姓名、学校、年级、班级、联系方式等），然后自行选择志愿服务项目、服务场馆和服务时间，点击“提交申请”，提示“预约成功”即可。同时，苏州少年儿童图书馆还根据青少年兴趣广泛、精力充沛、学习能力强等特点，不断扩展、优化志愿者岗位设置，以满足更多青少年的社会实践需求。

4. 服务反馈制度

每一期“雏鹰志愿者”活动都会有相应的少年儿童图书馆工作人员负责跟踪指导，其中阅览室管理岗前培训主要包括以下三方面内容：第一，工作开始之前带领志愿者熟悉场馆，了解图书馆相关的规章制度，掌握馆藏图书的分类布局，指导志愿者如何规范摆放图书；第二，工作过程中对志愿者遇到的问题及时给予解答；第三，工作结束后对志愿者的工作成果进行检查并评分。

除阅览室管理以外的其他志愿服务项目，工作人员会提前与志愿者沟通活动内容、活动时间和活动场地，并配合志愿者准备活动材料，以确保活动能顺利开展。

5. 考评激励机制

每次活动结束后，图书馆工作人员根据志愿者在工作过程中的表现进行综合评分，评分分为A、B、C三档。另外，图书馆还会给每一位参加“雏鹰志愿者”活动的志愿者出具志愿服务证明。

在每学期期末，苏州少年儿童图书馆都会给每位志愿者所在的学校和班级寄去表扬信，感谢他们对社会做出的贡献。图书馆工作人员还会根据志愿者服务时长和综合评分来评选出获得“雏鹰奖”的志愿者10人，获得“优秀奖”的志愿者30人，获得“积极参与奖”的志愿者50人，发放奖状和奖品，以鼓励更多的少年儿童积极参与“雏鹰志愿者”活动（见图5）。

图 5 “雏鹰志愿者”领奖

三、成效与影响

“雏鹰志愿者”是苏州少年儿童图书馆的一项青少年志愿者活动，志愿者们通过参与阅览室管理、缤纷故事会、小手大创想、作业帮帮忙等志愿服务，既收获了知识，又奉献了爱心。在与他人的合作相处中，志愿者们结识新朋友，学会谦让，与人和睦相处，管理能力也得到了一定的提高，对图书馆更是增添了一份亲近感。青少年参加志愿服务，从小养成讲求秩序、友爱合作、奉献社会的良好习惯。

据统计，多次参加“雏鹰志愿者”活动的青少年在时间控制、空间规划、人际交往等方面都得到了提升，充分说明“雏鹰志愿者”活动在培养青少年的责任感、自信心以及沟通交流能力等方面都起到了积极作用。

丰富多彩的活动项目、简单易操作的报名方式，使得“雏鹰志愿者”活动成为众多学生社会实践的首选，吸引了超3万名青少年参与其中，志愿者们利用假期参与公益志愿活动，既服务了他人，也提升了自己。苏州少年儿童图书馆作为活动的组织者，主动进取，不断优化活动内容和活动形式，促使更多的青少年参与、热爱公益事业。

志愿者们用行动诠释了爱心不分大小，弘扬了志愿精神。愿每一份爱心都能在“雏鹰志愿者”活动中得到升华！

（撰稿人：苏州少年儿童图书馆　王佳）

后　记

2024年是苏州图书馆成立110周年，为进一步凝聚起干事创业的磅礴力量，促进事业健康发展，总结巩固既往工作成效，面向未来谋求发展优势动能，苏州图书馆编辑出版本书，以资纪念。

本案例选编的编纂，是对苏州图书馆2004年以来服务创新的聚焦与对未来发展方向的积极探索。我们希望通过本书的编辑出版，促使自身不断学习、反思与提升，从而推动公共图书馆事业的进步与发展。本书从策划到成书，历经数月，凝聚了编者团队的辛勤汗水与智慧结晶，旨在搭建一座桥梁，连接理论与实践，激发更多创新的火花。在浩瀚的图书馆实践案例中，我们秉持着"创新性、代表性、实用性、可复制性"四大原则进行筛选。通过对案例的深入剖析，我们深刻感受到公共图书馆行业正朝着数字化、智能化、个性化、开放共享的方向迈进。同时，公共图书馆也更加注重社会责任与文化传承，积极融入社区，成为推动社会进步的重要力量。这些启示为公共图书馆事业的发展方向提供了宝贵的参考。

编写过程中，我们面临了诸多挑战。在此，衷心感谢所有为本书编写提供支持与帮助的同仁、专家及苏州图书馆的读者朋友们。希望本书中的案例能为行业提供借鉴和启发，也希望社会各界能批评指正，为我们后续改进与完善提供方向。我们期待，本书能够成为推动公共图书馆事业发展的重要力量，为构建更加美好的阅读世界贡献一份力量。

编者

2024年8月